普拉提
训练全书

【美】瑞尔·艾萨考维兹（Rael Isacowitz） 著　　张展鹏　徐 靖　吕同梅 译

人民邮电出版社

北 京

在致力于发展普拉提事业的过程中，两个人坚定的支持，得以让我不断地探索每一天：我的妻子阿黛尔，她充分诠释了"每个成功男人的背后有一个伟大的女性"这句谚语；还有我的儿子艾伦，他将始终是我的终极导师。

谨以此书和我每天所做的练习，献给全球各地的学生。那些我曾遇见，及永不会遇到的人——你们都激励着我去做最好的自己。

> "我们探索的脚步将永无止境，直到回到最初的起点。那时，才第一次真正了解自己出发的地方。"
>
> ——《小吉丁》，托马斯·斯特尔那斯·艾略特，1888 年~1965 年

目录

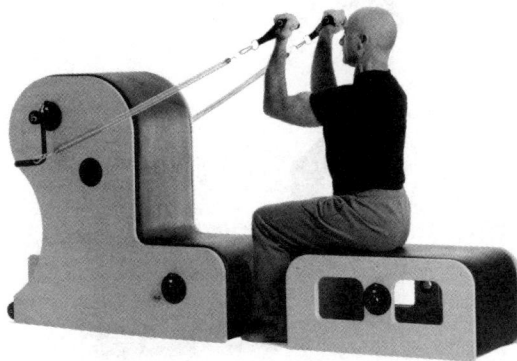

序

凯瑟琳·斯坦福·格兰特（1921 年 8 月 1 日～2010 年 5 月 27 日）是本书第一版序的作者，她在整个普拉提领域中留下了不可磨灭的光辉印记，将被她的家人、朋友和整个普拉提行业所怀念。

　　1991 年我在新墨西哥的圣菲第一次见到瑞尔时，普拉提行业还很不成熟。在约翰·克劳德·韦斯特的推荐下（他曾与我一起学习，在纽约经营自己的工作室），我受邀加入教授稳踏椅的工作坊。稳踏椅是一种普拉提器械，我曾与约瑟夫·普拉提共同练习过很多次。在那之前，普拉提界还没人向我咨询专业的意见。在圣菲的聚会是一次重要突破：我被认可为第一代普拉提教师，与大家分享信息，互换经验与专业知识。

　　在接受了双膝外科手术后，著名的舞蹈家和编舞家铂尔·朗将我引荐给了普拉提先生。普拉提先生用稳踏椅为我做膝部理疗，他认为这是对我最有益的方法。在康复期间，我学到了大量有关稳踏椅的知识，并创造出了属于自己的练习方式。1973～1988 年，在班德尔公司的教学中，我继续使用稳踏椅。时至今日，我仍然在使用它，包括在纽约大学提斯克艺术学院的普拉提课中。

　　当进入圣菲的工作室时，我立即被一群来自世界各地的专业人士包围，他们渴望获得知识，并热衷普拉提练习。当我要求一名志愿者展示动作时，有个人急切地跳了起来，坐上了稳踏椅进行展示。我立刻意识到他是一名娴熟的练习者，并且对普拉提有一定的了解。但当开始指导并调整他的排列和动作时，我看到他脸上惊讶的表情。自以为是的年轻人！我在心里暗自笑了笑。他虽强壮，但过于依赖力量，而不是身体的核心区域。

　　几个小时的学习中有讲解、示范、调整和纠正。我很敬佩他在另一位老师面前表现出的好学和谦卑态度。这次研讨会是普拉提发展的转折点。从那时起，几乎被淘汰的稳踏椅又重新获得了人们的青睐。

　　这名年轻人就是瑞尔。他经常对我说那次见面改变了他的职业生涯，使他走上了内在探索和自我评估的道路。他的工作和教学方式都发生了改变；他学会了如何从内在开始运动。渐渐地，我和瑞尔成了好朋友。现在我成为普拉提行业的前辈之一，瑞尔则成了一位世界知名的普拉提老师。他创建了一个很好的培训体系——人体艺术与科学国际（BASI 普拉提课程），并邀请我担任荣誉顾问。

　　1991 年，瑞尔要求我在他的南加州工作室开研讨会。我答应了他的请求，但并不清楚会在什么时候

扫码听资深普拉提导师
为你解答新手常见问题

举行。之后我们每次遇到，他都会提醒我要兑现承诺。我花了 14 年时间来完成，2005 年我从纽约到南加州办一场研讨会，瑞尔也是授课老师。学生们都想要看他们的老师如何被另一位老师指导，这堂课将会变得更具价值。

瑞尔体现出了非凡的掌控力，而这种掌控力绝对是由内在开始展开运动。与此同时，他展示出渴望继续学习和成长的热情。我们需要延续普拉提，保留过去、尊重未来，维护普拉提运动的原则和价值。很少有人能像瑞尔那样做到这一点，他正是普拉提先生寻求的男性传承者。

凯瑟琳·斯坦福·格兰特
第一代普拉提老师，普拉提先驱

前言

本书第一版的出版代表了我 16 年来的精心策划和 3 年间实际创作的巅峰。我想将我作为老师和普拉提学生的经历用言语表述出来。但每当我试图这样做，这种身体和精神状态系统的庞大都使我不知如何表达。我知道，为了给普拉提爱好者提供深刻而有价值的东西，我需要更多的知识和经验。于是我回到工作室，对所有的练习潜心钻研，对普拉提进行更深的探索，并指导了无数次课程。这个不断扩大的教育过程跨越了五大洲，练习时间比我能够回想起的还要多。

大约在 1990 年，我第一次产生了写书的冲动，那时我练习普拉提已经超过 10 年。我在以色列的温盖特体育学院获得了舞蹈专业学士学位，并在英国获得了舞蹈硕士学位。青年时代，我就是一个狂热的竞技运动员，并且早在十几岁就开始练习瑜伽。然而，努力掌握普拉提的感觉就像是重新学习爬行和行走。这种谦逊的经验教会了我如何以一种从未体验过的舒适而流畅的方式进行运动，它启发着我，有时也会让我产生挫败感。我开始了一段终身学习和练习的旅程，这将加深我对运动的理解，并为我提供获得身心健康的方法。

现在，随着本书第二版的出版，我最初写书时的痛苦似乎是值得的。我自身的工作、知识和经验都在不断积累、沉淀；在世界范围内练习普拉提的人数持续增长；普拉提在健身、运动训练，甚至治疗领域进一步占据了地位。因此，对合格教师的需求也在不断增加，教师们的教育程度和条件也越来越好，足以应对普拉提训练方法的发展。我在 1989 年成立了教育机构——人体艺术与科学国际（Body Arts and Science International，以下简称 BASI）。它现在已经遍及世界 30 个国家，并且仍在持续增长。

约瑟夫·普拉提一直希望普拉提这项运动能得到普及和发展。但我想，今天普拉提训练方法的普及已经超越了他最远大的梦想。他希望看到他的训练方法在每所学校中进行普及，因为他坚信这种方法能以积极的方式影响整个社会。他希望医学界能够接受这种方法对身体和心理的有益影响。

而今，约瑟夫·普拉提的梦想成真了。他的方法已经被许多学校被采用，并且越来越多地出现在诊所、医院和研究中心。研究证实了他的多项原则和理念，医学界也正在认识到它的价值。我一直相信，如果地球上的每个人每天都做普拉提垫上练习，我们将生活在一个更好的世界中，普拉提会给予你无与伦比的美妙感觉！

约瑟夫·普拉提因为种种原因遗憾辞世。在他的 *Your Health* 一书中，他表达了他对医疗行业和人们的封闭心态的不满。遗憾的是，他和他的妻子克莱拉没能活着见证他们的训练方法发展至今的现状。然而，他们的教学精神仍然存在，我深刻地感受到了个人责任，去维护他们工作的完整性和高标准。我希望这本书能够对保持普拉提的活力做出有价值的贡献。

致谢

这本书是我35年来的职业巅峰之作，几页的致谢并不足以感谢一路上帮助过我的人。许多人为我提供了教导、启发和指引，包括学生、老师、同事、同学、朋友和我亲爱的家人。他们所有人都影响着这本书的成果，对此我深表感激。

许多人也为首版书做出了巨大贡献：马丁·伯纳德、朱莉·罗达、成杰森博士、克里斯·默里、卡罗尔·阿佩尔和卡拉·亚当斯。他们为这本书的创作提供了巨大的帮助，触动了许多人的生活，我们共享这份殊荣。

人体动力出版公司的汤姆·海涅向我提出了撰写第二版的要求。汤姆不仅在我写第二版的过程中一直对我提供帮助，也在我与亲爱的朋友兼同事卡伦·克莱格勒共同创作《普拉提解剖学》的整个过程中始终陪伴着我。汤姆设法让我按照正确的方式和计划练习，认识我的人能够证明，这种方式本身就是一种卓越的技艺。

我还要对优秀的编辑卡拉·扎克致以感谢，她对这本书有着真正的兴趣，并十分欣赏这门训练方法。她的评论总是那么睿智、周到、引人深思。我一度想要草草了事，而她则会引导我重新开始，帮助我精益求精。她与汤姆共同陪伴着我，她始终严格督促我、辅助我，直至项目完成。

柯克·菲塞克是一名摄影师和设计师，同时也是我的朋友，他再次慷慨地贡献出了他宝贵的时间、专业的知识以及卓越的才华。除了为本书第一版所拍摄的2500张照片外，他还为第二版拍摄了1000张照片。柯克非常有耐心，即使拍摄拖得比预期更长，他也努力保持平静和活力。柯克现在与其他优秀的普拉提老师一样，对身体排列和肌肉激活有着深刻的理解。

我还要骄傲地对这些才华横溢的模特表示感谢，他们的奉献和技能持续激励着我：丽莎·哈伯德、利思·斯图尔特、克里斯蒂·库珀·怀特和特雷西·马利特。他们每个人都与我一同训练，而且都是资深的普拉提老师，并创建了自己的品牌。其中三名也是第一版的模特，他们三个人的外观和表现甚至比7年前更好，多么令人惊讶！（Leah在这7年间有过两个孩子，有一个是拍摄前6星期出生的）。他们的成就充分、完美地诠释了普拉提体系。这一切都是对普拉提力量的坚实证明。

1989年，我成立且发展了普拉提教育机构BASI，另在1991年于南加州成立了普拉提中心。BASI学院和工作室中的普拉提工作人员和全体教员是我所做的这一切的支柱。我很自豪能与你们共事。不知如何该表达对大家的感激之情。在此，向你们致谢！

我很荣幸地走上这条探索和实践的道路，并在途中遇到这么多高尚而慷慨的人。我希望用这本书来回馈大家。

简介

    本书针对想全面理解普拉提训练的人——从普拉提训练方法的基本哲学、益处到普拉提练习动作。我试图覆盖尽可能广泛的范围,目的是给普拉提教学者和练习者提供一本明确的教科书。本书并不是唯一的专业性书籍,我希望它能为深入研究普拉提的人们提供指导。

    在第二版中,我为许多练习动作增加了变式,以使练习更容易理解,并适合更广泛的人群,不论是刚开始练习普拉提的新手、在治疗环境中使用普拉提的老师,还是与运动员合作的资深讲师。大多数变式都降低了练习的难度,而某些变式练习则增加了挑战性。

    本书中提及的所有普拉提课程和普拉提训练方法都是约瑟夫·普拉提所发明的身体和精神调节系统。虽然一些运动与它们最初的练习方式或顺序不同,但它们的目的和主题都受到普拉提先生原创作品的启发,并与之密切相关。著名编舞者乔治·巴兰钦将普拉提评价为"身体方面的天才"普拉提的遗赠对于数代教学者和普拉提爱好者来说仍然是宝贵的资源。

    约瑟夫和他的妻子克莱拉在 20 世纪 20 年代中期从德国来到纽约,不久后设立了第一个普拉提工作室。这就是普拉提的历史,是方法本身的一个重要和基本的组成部分。了解普拉提训练方法的历史能加深我们对练习的理解。当时,没有计算机来强化圆肩综合征的发展,也没有快餐导致肥胖,汽车的稀少使人们的身体更加活跃,下背部疼痛不会像今天一样普遍出现在 80% 的人身上。世界已经改变了!

本书涵盖了人体运动的艺术与科学，它与普拉提训练方法相互关联。我相信普拉提训练方法的每一项练习都能够并且应当从科学（通过解剖学、生理学、生物力学和运动学）与艺术（通过美学、内在感觉、心理成分、能量和生命力的流动）两方面获得证明。人体运动的艺术与科学之间显著的相似之处已经得到了时间的证明。心灵和身体共享一种滋养、共生的关系，带来了深刻的、甚至不可思议的结果。这种身体与心灵的关系正是普拉提的核心所在。

对普拉提各方面的深入探索将远超过本书范畴；例如，需要超过100页的描述才能完全地讲述呼吸。相反，我将普拉提训练方法的信息作为一个整体，强调动作指示并通过演示、描述和分析来解释每项练习的方法。当然，其中也包括有关呼吸的讨论，因为它是该方法的中心原理之一，并为每次锻炼提供呼吸模式。本书中没有详细描述关于解剖、生理和生物力学的主题，但这些研究领域的知识对普拉提专业人士和狂热爱好者十分重要，因此强烈建议进一步研究这些领域。相关建议，请参阅本书末尾的精选资源列表。

本书会引导你进行一系列不同级别的练习，从初级、中级，再到高级。书中的200多项练习均被适当分类；每种器械的练习都拥有一个单独的章节。每章中的练习根据身体的区域和某些肌群的功能进行划分。每个板块当中，都具有单独的练习和称为系列与分组的练习集合。每项练习的描述包括其难度级别和推荐的阻力范围。此外，本书还提供了肌肉重点、锻炼目标、相关注释，一些对于进行练习和教学演练都深具价值的想象方式，以及有助于确保积极结果的要

点清单。本书不包括最高级的和大师级的练习，这些练习会单独放在另一本书中进行介绍。

多年来，出现了几种练习普拉提的方法。经典方法主张进行练习，并将练习排序，正如约瑟夫·普拉提所做的那样。而其他的一些方法则主要与康复相关；它们使用普拉提器械创造了特殊治疗的方法，但却在很大程度上改变了练习方式。通常，练习者不采用原始的练习方式或全面练习，有时与原始资料的关系并不十分密切。还有其他方法针对特定的人群，例如适合舞蹈家或运动员的练习计划，这些方法也会扬弃原始普拉提的练习和哲学。

在整本书，以及我的教学和实践中，我努力坚持约瑟夫·普拉提成就的本质，同时也允许演变过程的发生。我把这种方法称为身体的艺术和科学，并创建了BASI。该方法在当代环境中融合了普拉提方法的艺术和科学，并且该组织是全世界普拉提爱好者和专业人士分享动态学习系统的平台。演变有时会被误解为摒弃约瑟夫·普拉提的经典成果。然而，任何演变都不应偏离其实质太远。

我认为BASI所进行的普拉提的演变，是在维持原有信息的基础上，保持普拉提先生所处时代的方法。演变是有必要的，但要以约瑟夫·普拉提的原始成就为基础，并保留他的理念和成果，它才能被称为普拉提。

约瑟夫·普拉提植下了一种新的身体调理方法的种子，但我们可以推测他未对其下定义，他甚至理解我们今天所实践的许多概念。计算机和复杂的研究方法能够为我们提供科学证实，而当时普拉提和其他创新者基本上是凭靠直觉。这种由当代所证实的内容，

在早期只是凭靠直觉，它们推动了普拉提在许多领域的应用，如治疗、健身训练、产前和产后锻炼，以及老年人锻炼。

治疗师们一直希望拥有一个体系，可以使患者从康复的早期阶段到达获得健康的长期目标，使身体功能运转良好。运动员们已经找到了在竞争中强化自身体能的方法，这种方法具有额外的优势。而舞蹈演员们也发现了一种体系，通过这种体系可以提高他们的力量、灵活性和技术，同时保持他们所需的体型。电影演员、马戏表演者、音乐家、歌手等从业者，都在不断努力以提高他们的表现并延长他们的职业生涯。普拉提非常适合上述这些人群。

各个领域当中最优秀的人们现在都已经强烈地意识到了使用头脑和身体的重要性。本书中阐述了普拉提训练方法的本质。当运动员的身体功能已经达到最大化，例如速度、力量和进行所需动作的必备技能，那么额外的训练和练习则会产生递减效果。发掘心灵的潜力和它与身体之间的复杂连接，将有可能带来一些潜在优势。

许多人在普拉提当中找到了答案，它的可信性现在已被广泛接受。

普拉提不仅在心灵和身体之间，也为日常生活和最佳表现之间、康复和健康运动之间搭建了一座桥梁，它还提供了一个系统，当利用该系统发挥全部潜力时，可以加强生活的方方面面。它为各种行动不便的人以及精英运动员们提供了解决方案。无论是 11 岁或 80 岁，无论男性或女性，都能从中获得益处。它并非能让你在短短几节课就改变身体，或摇一摇魔棒便使你获得完美的体型（有时会有这种说法）。它具有的适应性和多样性才是它的神奇之处。

普拉提适合那些找不到符合自身需求的环境、器械或体系的老年人。它也适合想要改善外形和自我感觉的年轻人。同时，它还适合希望消除痛苦，获得理想功能水平的健康或非健康人群。它能使想要改变生活而追求生活平衡的人们变得更好。换句话说，普拉提适合所有人（但不一定每个人都需要它）。只要存在美好的念想，就有无数被发现和未被开发的潜能在等着你。

改善身心健康

以前，普拉提还较为冷门，如今却如此风靡。普拉提何以这般迅速传播？正如马尔科姆·格拉德威尔在其所著的畅销书 *The Tipping Point* 中所述：普拉提广受欢迎的原因在于它能够给人的身心带来许多持久的益处：不仅能增强体能、美化身材、提升运动表现，更能使人感到充实愉悦。

舞蹈界长期受益于普拉提，这其中有一定的原因。从舞蹈演员们所展示出的技巧和他们表现出的身体素质水平上看，舞蹈演员算得上是顶级运动员了。不过，舞蹈演员的体能消耗巨大，且极易受伤。一些研究表明，舞蹈演员的身体损伤率甚至要高于足球运动员。因此，舞蹈演员们需要特殊的运动方案来辅助舞蹈训练，并帮助避免运动损伤，同时加速恢复。作为一名舞蹈演员，我认为约瑟夫·普拉提可谓舞蹈界的幕后英雄，他的方法帮助了许许多多的舞蹈演员，不仅促进了他们的职业发展，甚至挽救了他们的职业生涯。现在，舞蹈演员们多年来采用的普拉提和专项训练相结合的方法，已呈现在大众面前，人们同样可从中获益。

运动员是最早采用大量交叉训练法，并从中受益的人群。现在，他们发现了普拉提，并将其作为增强体能和避免受伤的训练方式。普拉提的广泛运用充分证明了它的价值。顶尖高尔夫球手和游泳运动员都对普拉提青睐有加；热爱普拉提的人群还包括精英舞蹈演员、花样滑冰运动员和网球运动员，还有众多电影演员、歌手和音乐家。此外，普拉提对于没有运动经验的人来说也是非常好的选择，它是能帮助人们进入健身领域的极佳途径。

2000 年，我进行了"关于采用普拉提训练法来增强体能"的演讲。在准备过程中，我对部分奥运会游泳运动员作了非正式调查，对他们是如何寻求交叉训练方案，以及他们对普拉提能够增强体能的看法提问。运动员们给出的答案多种多样，但大多数受访者都提出两点：增强核心力量、感受到力量和身心控制能力的提升。这两点是普拉提的本质。在获得这些益处方面，几乎没有其他训练方法能与普拉提相提并论。

任何人都可以练习普拉提吗？是的。是否每个人都会选择普拉提作为健身方案？不。并非所有人都会接触普拉提。另外就特定的训练目的而言，普拉提可能不是最高效的选择。例如，健美运动员要求最好通过力量训练来实现增肌。为提高速度和灵敏性的短跑运动员，则更喜欢做一些增强式训练或其他形式的抗阻训练（但我认为健美运动员和短跑运动员仍可通过普拉提的某些方面获得显著成效，例如普拉提能够加强核心力量、强化意识，以及增加灵敏性和控制力）。

不过，普拉提广泛的适应性及吸引力着实令人惊叹。它的受益对象不局限于年轻人、运动健将或超级运动员，它同样能够服务大众。我始终认为，位于生命两极的青少年和老年人，是能最大限度受益于普拉提的两类人群。我曾亲眼见证普拉提大大改善了练习者的姿势、协调性、体重及身体成分变化。而这些改变甚至令我感到惊讶。除此以外，我还明显地发觉我的自身形象、运动表现和日常活动能力也得到了极大改善。我的客户还同我分享了他们在人际关系方面发生积极转变的励志故事。我见证过，也亲历过。那些

与普拉提结合的伤后和术后康复治疗方案，亦取得了超乎预料的非凡成效。这真令人难以置信（又如此振奋人心）。在世界各地，类似的转变还在不断发生，并引发了国际社会关注。尽管仍需进行更多的科学研究，但普拉提的价值在逐渐为科学所证实，因此，普拉提练习也变得更为可信。

当然，普拉提并不是万能的，也不是什么神奇的药物。普拉提的成效需要时间、专注和持久的练习。如果你开始练普拉提，每周练习3次，至少保持6周，那一定可以看到积极的转变。不过，普拉提在某些方面仍可带来立竿见影的效果，例如身体意识、肌肉活性或身体排列。而大多数的适应和改善都需要时间使其彻底融入肌肉神经系统，以达到身体内在和外在的蜕变。

在我的普拉提职业生涯中，与斯特拉女士共同训练的经历令我记忆犹新。遇见斯特拉女士时，她已76岁，患有重度脊柱侧弯，同时伴随肌力和结构组织失衡。根据医学文献的说法，斯特拉女士当前的身体排列、姿势甚至活动能力都不会再有所好转。的确，可以说除非她在青春期阶段就进行手术或支撑固定，否则她的身体排列状态都不可能有显著改观。但斯特拉女士以她惊人的毅力，不断鼓舞着身边各个年龄段、不同身体状况的人们，其中也包括我。我第一次给斯特拉女士上课时，便感受到了她的与众不同。而她也发现了这种能够在很大程度上改变她生活状态的训练法。仅第一节课程后，她的身体意识便得到了提升，并且开始对自己身体的严重失衡有了一定的认识。30节课之后，她整个人焕然一新，身体姿态得到改善，

同时也提高了自信——这是她人生的转折点。她很快意识到，这些收获不过只是开始；几天、几周，甚至几个月的练习都不够，必须做到长年坚持。并且，她做到了！

普拉提仅是一项能带来身体变化的运动吗？我认为不尽然。正如斯特拉女士，她不仅拥有了积极乐观的生活态度，还获得了强大的驱动力。普拉提的确是改善身体的方法，但普拉提能使斯特拉女士的脊椎瞬间变直吗？显然不可能。在她这样的年纪，骨架结构已经无法发生改变。但她的协调性、肌肉控制力和运动有效性已经得到显著改善。她的疼痛程度大幅下降，不再苦于病痛的煎熬，并开始享受日常活动，特别是园艺爱好。毫不夸张地说，是普拉提让她重获新生！

我坚信，人体有着神奇的包容力。我生命的大部分时间都把身体当成一件精巧的乐器，不断地进行着调试——我从小便意识到这点（后来不断有更深的领悟）。各项身体活动——普拉提、瑜伽、舞蹈、冲浪、跑步、滑翔伞、自行车、单板滑雪、滑冰等，不断地丰富着我的内心世界。让身体受益固然重要，但心灵的升华才能带来无尽的意义。心灵影响着人的活动、感受；与他人相处的方式，同时也与人在各个阶段的成就息息相关。而身体活动能使人们内心愉悦。有了良好的心态，状态也会随之改善。你会感到满足，人生也因此变得更加完整。健康的身体里住着健康的灵魂，正如古话所诠释的那样：健康的心理能够塑造健康的身体。

身心合一

有关身心联系的讨论早已有之，并在历史上掀起阵阵热议，亦不时引起人们的关注。二十世纪七八十年代，注重身体层面的理论较为盛行。当时流行过一些荒唐的座右铭，例如，"没有付出就没有收获"，又或"不到精疲力竭绝不罢休"。所采用的方法往往事倍功半。近年来，健身界的重心逐渐转变为身心统一，追求平静且更为内省、精致的整套运动及锻炼体系。这也是为什么我们看到大量练习瑜伽和普拉提的人士。他们都着重于滋养身体，而不是千方百计地磨炼它。"让我们重新认识身心连接的力量"的理念也在不断地被证实。最有力的依据便是通过脑部扫描成像的研究方式证实了大脑可随身体的变化而发生变化，反之亦然。

约瑟夫·普拉提发明了一整套运动体系，旨在给人们生活的方方面面带来积极影响。其中不仅包括练习动作，还包括人际关系与日常训练中体能的增强，以实现全面的健康。他认为，随着这套身心统一运动体系的普及，可以消除多种身体疾病及社会诟病。普拉提不仅是一系列的动作练习，它还是一种生活方式，一门哲学。普拉提的练习无数次印证了它能使我们的身心受益。它可以令我们感受到每一天，生命的每个阶段发生的变化，不论是积极的（例如活力恢复和精力增加），还是消极的（例如不断增加的压力和身体不适）。如果要最大限度地感受普拉提的益处，则需要将它融入生活，使它成为你每天的必修课。练习普拉提可以让人达到平衡，并能极大地挖掘身体、意识和精神上的潜力。

普拉提带来积极作用的关键不仅在于它的动作与设备，其根本在于它的理念。普拉提不同于其他形式的锻炼，比如力量和耐力，它是整个身心训练的体系。普拉提涵盖意识、平衡、控制、效率、功能与协调等多方面，它更深层的作用是将这些方面与身体和意识结合起来。在稳定性加强后，姿势也会更为准确，运动技巧会得到提升，肌肉组织得到重塑，功能与生命健康都得以加强，这些都是一切优良的健身计划的最终目标。普拉提能够且将会为你的生活带来全方位改善。

三大高等原则

Return to Life Through Contrology 一书的开头中写道："健康是幸福的第一要素。"如此肯定的表述可能会引发争议，但这本书很快就解释了约瑟夫·普拉提认为每个人都具备不同能力的看法。他在前言中阐述了意识与身体之间错综复杂的联系，并说明了身体与意识之间会相互影响。他在书中和演讲中不断地强调上述观点，反复申明身体状况不仅会对身心愉悦程度产生影响，还会对其心理状态产生影响（不论是积极的还是消极的），例如放松、愉悦、焦虑和沮丧等。他表示，一旦唤醒了无数沉睡的肌肉细胞，我们的脑细胞也会随之被激活。

利用对身体的刺激以增强大脑的功能，即肌肉构建大脑。

不论如何，以下三项将始终不变地作为普拉提的主旨。我把它们称作"高等原则"。它为我们在终生探索普拉提的道路上指引着方向。随着新研究的展开与新术语的创建，我们对某些动作的描述可能会改变，但这些仅仅只是这项运动在语言上的变化。而高等原则所包含的哲学是始终不变的，这是该套体系的本质。

1. **身体、意识和精神完全统一**。这是练习这项运动的宗旨，要将身体、意识和精神均衡地融入各项练习。如约瑟夫·普拉提在 *Return to Life Through Contrology* 中所讲，做到上述的原则后，"才能达到最完美的姿势"。如果不能领悟到这一点，并将它融入训练，你便会感觉身体缺少活力。虽然身体、意识与精神之间的关系不断发生着变化，但它们贯穿我们生命的始终。普拉提能够帮助我们感知它们的存在。寻求身体、意识和精神的平衡将是毕生的旅程。

2. **将所有的潜意识活动与自然的内在节奏相联系**。我们可达到的运动学习的最高境界，即将动作练习转变为潜意识。这并不意味着我们不再需要注意力和意识；相反，随着运动模式渐渐被带入肌肉记忆，它逐渐变得直觉化，从而我们可以将注意力集中在细微的调节上，而不是将其消耗在学习动作本身上。练习在短时间内无法达到精通，因此需要长期、持续，甚至多年的坚持。马尔科姆·格拉德威尔在 *Outliers* 一书中所提到的"10,000 小时原则"是指，一个人需要若干小时的练习才能掌握一项技能（任意技能）。要在每个阶段投入锻炼和专注，并且还需要足够的耐心与毅力。这是掌握普拉提并最终获得健康的一种方式。正如 *Return to Life Through Contrology* 一书中所述，"正确运用并掌握潜意识反应的要点，这样的练习将明显使你在日常生活中变得更为优雅和平衡。"

3. **在日常生活中运用生命自然法则**。普拉提先生十分尊崇大自然与动物。他时常描写动物优雅而高效的运动。当今人类的痛苦与病患很大程度上是由于违背生命自然法则。整天坐在电脑前面，长时间看电视，摄取远超过身体需求的食物（并经常食用垃圾食品），习惯开车、很少走路，这种生活方式与过去几十年相比有着天壤之别。普拉提在 *Your Health* 中写道："人类不断追求物质上的发展和完善，却忽视了最复杂和最伟大的创造物——人类本身！"我们可以通过观察动物学到很多东西，包括它们的动作、本能以及爱好。通过观察小狗，我获得了颇多启发。它会每天上百次地伸展脊椎，常做的动作被普拉提从业者称作"向上伸展"（瑜伽术语叫作"下犬式"），同时小狗不仅天性自由，还知道如何放松自己。

> 为了在各行各业的能力范围内取得最高成就，我们必须不断地努力，以获得强健的身体，并尽全力扩充我们的思想。
>
> ——*Return to Life Through Contrology*，
> 约瑟夫·普拉提

意识的追求永无止境——
这便是普拉提的趣味、魅
力与益处所在。

普拉提的运动准则

如果说高等原则是普拉提训练体系的灵魂，那么我个人从工作经验中所总结出的 10 项运动准则，便是普拉提的特质。它们是由三大高等原则演变而来的，并与其中蕴含的哲学紧密相连。在进行动作教学和练习时，普拉提练习者们应牢记这些运动准则。每项准则均适用于本书中的所有练习。在练习过程中，应将这些运动准则与练习相结合。它们是身心系统的基础，能够帮助学生和老师强化理解和掌握。

第 1 项准则：意识清醒

从进行普拉提运动的第一步，到接下来的每一步，都需要全程保持清醒的意识及专注力。将身体和意识同时带入运动当中。在练习中，有些环境因素像在故意扰乱身心结合，例如嘈杂的音乐、电视屏幕、安装在训练器材上的电脑，还有其他大量的干扰因素。普拉提需要在促进和增强身心统一的环境中进行。首要的便是身体意识的清醒。

如果对身体结构以及运动方式没有清楚的认识，那么就无法掌握重新调整身体的方法。我对一名腿部弯曲的客户常说的话便是："请随时保持腿部伸直。"而他会回答："它已经伸直了。"（尽管明显没有伸直。）平时，我会帮助客户将头部调整到与身体中心线一致，但客户会说："这样会感觉很不平衡。"如果我们的身体长期处于不正确的身体排列中，又意识不到这种错误的排列，情况也就愈发严重。长此以往，身体对这种不正确的姿态习以为常了。所以，只有身体有意识感并融入所做动作中，才是能得以改变的基础，

平衡是生命的内在天平，
它是动态的、不断变化的。

否则收效微乎其微。

第 2 项准则：达到平衡

"平衡"一词含义丰富。它与多种健康要素都有关联，例如力量和柔韧性，单腿站立时所需要保持的平衡，身体的对称同样需要平衡。它也可以用来形容一个精心设计的普拉提课程方案，整堂课的练习能够均匀地锻炼到身体的各个部位（这也是普拉提的重点之一）。由于普拉提练习以核心区域为重点，因此时常过分着重于腹部的锻炼，特别是身体前屈，但这是一种错误的做法。实际上，我们需要平衡地锻炼不同的肌群，也需要在不同的运动平面之间保持平衡。平衡还可表示一个健康的生命，即身体、意识和精神的协调。你应当尽可能在各个层面上都实现平衡，并将平衡作为普拉提练习中的重要部分。

约瑟夫·普拉提经常强调均衡发展肌肉系统的重要性。他表示只有均衡的锻炼，身体才能顺畅、才能有真正的灵活性，由此才能获得全面的健康。这个观点被运用在很多方面，包含了肌肉锻炼、优化身体功能和身心的连接。均衡发展肌肉系统可以更好地促进脊柱的支撑能力及其在运动中的作用，不论是进行细致的椎间关节活动还是大范围的身体动作。

骨骼肌肉的状况往往会体现出由不同原因所致的肌肉不平衡：有些是习惯性使用单侧身体（如惯用右手／左手），有些则是体态不正，如脊柱侧弯和驼背等，还有一部分则是柔韧性不好或过度灵活造成的。肌肉不平衡会影响到身体的排列，也是很多疼痛和不良体态产生的原因。有时肌肉会产生相应的反应以保护身体免受伤害，或减轻痛苦。因此，一部分肌肉就

会过度活跃，而其他部位的肌肉则会被抑制。在工作和日常活动中都有可能造成肌肉不平衡，即部分肌肉过量工作，而其他部位的肌肉则工作不足。例如，常用同一侧接听电话，慢慢地会产生头部倾斜；又如站立时习惯将重心放在一条腿上，则会造成骨盆的定性倾斜；此外还有一些侧重于身体单侧的体育运动，例如网球，久而久之便会令肌肉不对称。

每个人对身体不平衡和缓解不平衡的方式都有着不同的需求。要达到平衡的前提是明确并解决这些需求。例如我们练习和教授普拉提，我们需要进行"动作检测"——不断地观察我们自身以及学生的身体状况。在本书的后文部分有一些基础动作，例如第 2 章中的"向下卷动"，它能帮助我们检查身体的排列并鉴定身体失衡的情况。总而言之，我认为本书中的所有练习都可用来当作身体评估工具，它们能揭示出精密且复杂的身体中所蕴含的许多信息。

第 3 项准则：正确的呼吸方式

呼吸，是生命自然法则和自然内在节奏的根本。普拉提在 *Return to Life Through Contrology* 一书中写道，"呼吸贯穿生命始末……学习如何正确地呼吸至关重要"。呼吸代表着生命与运动，它与我们的身体、意识和精神也息息相关。呼吸如此重要，却常常为人们所忽略。深呼吸能够让人放松，帮助缓解压力，令人发自内心地微笑。

从每一个细微的动作，到生命本身，都由呼吸起始。呼吸是内心的洗礼、身体的净化，它左右着我们的意志，促进精神的恢复；呼吸是一项自然的运动，它是神经肌肉系统获得滋养的源泉。呼吸使人专注，

帮助我们掌握内在节奏、放松身心、平静心灵。呼吸是一切运动的先决条件，也是普拉提训练方法的重中之重。

在呼吸过程中，有些肌群会同时工作，帮助加大呼吸效果。因此，对于某些特定的练习，应制定相应的呼吸模式。例如，理论上在进行腹部锻炼的时候呼气，最大化地让腹肌工作，因为呼气有助于躯干屈曲。相反，吸气有助于躯干的伸展，因此可以帮助上体达到最大化的伸展范围。需要注意，在呼气和吸气中以上肌肉会同时工作，当与呼吸的循环一致时肌肉收缩会更为明显。尽管这些理论仍缺乏科学的依据，但作为一名普拉提从业者和教学者，我的经验使我确信这其中的关联。尽管我最初在教授特定的呼吸模式时，是将其作为一种身心训练的方法。但我不提倡一成不变的呼吸模式。就像每编排一个动作，都要有相应的呼吸模式与之配合。同理，为了增加动作的内容，编排会有所调整，同理呼吸模式也应随之变化。

呼吸是一个复杂的过程，涉及许多关节和肌肉，对自主和被动的身体控制都有作用。对呼吸的基本认知尤为重要，因为它能帮助你更深地了解动作和锻炼。膈肌对于呼吸来说是一块关键的肌肉，它向上膨隆呈穹隆形，在胸腔下方，构成胸腔的底和腹腔的顶。膈肌在呼吸和形成"肌肉束身衣"的过程中起着至关重要的作用，这是整本书始终在强调的内部支撑系统。

在进行膈式呼吸时，有 75% 的呼吸运作均来自于膈肌。吸气时，膈肌收缩，变得扁平，胸腔的垂直距离增大（如图 1.1a 所示）。此外，肋间外肌也会同时收缩，将下肋骨上拉。鉴于肋骨与所连关节的位置状

呼吸

为血液注入氧气，深入细胞滋养身体

排出身体毒素

改善血液循环

改善皮肤气色

使意志、身体保持平静

使注意力集中

改善运动节奏

有助于激活肌肉

况（胸腔的下部比上部更宽），胸腔的下部会随着膈肌的收缩而横向扩展，使胸腔的横向径增大。随着上肋骨的升高，胸腔的前后径扩张，同时胸骨前移（如图1.1b所示）。即胸腔容积增大，肺内压减小，空气流入肺部——这就是吸气。

膈肌放松时，回弹至膈穹隆形，胸腔的垂直距离减小。同时，肺部和胸壁弹性回缩，使得胸腔容积减小，肺内压增大，空气从肺部流出，这也就是呼气。

练习普拉提时，大多数动作通常伴随着腹部肌肉的收缩，特别是在吸气时。因此，练习普拉提的过程中，我们在吸气时注重胸腔的横向与后侧扩张（称作横向呼吸或胸式呼吸）。这种呼吸模式不仅有助于将空气吸入肺部，还有助于在练习过程中保持腹部肌肉的收缩（不论是呼气还是吸气），它能够帮助保持躯干的动态稳定性。

但这并不表示膈肌应被忽略，或膈肌不再进行收缩。膈肌是进行呼吸最为基础的部位，也是身体的内部支撑系统。只不过重心转移到了胸腔的扩张与腹部肌肉的收缩上，而不再是伴随膈肌收缩的腹部肌肉放松。

这也绝不意味着膈式呼吸不理想。实际上，膈式呼吸是日常生活中最常用的呼吸方式。但在进行普拉提或某些其他类型的运动时，横向呼吸法则是相对理想的呼吸方式。于此强调的重点是，在练习不同类型的呼吸技巧时需保持放松。应丰富呼吸的方法，从而在特定的锻炼中运用适当的呼吸技巧。这与演奏不同的管乐器（如长号、小号、迪吉里杜管等）需要运用到不同的呼吸技巧是同样的道理。没有错误的呼吸方法，只不过是要更为合理地运用。正如不同的呼吸方法适用于不同的乐器，而对于不同的运动也同样如此。

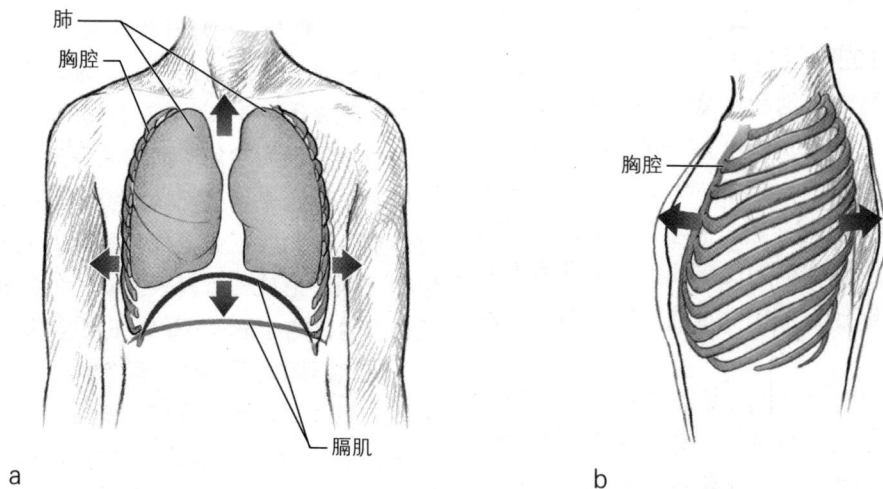

图 1.1 深吸气和胸腔扩张时，膈肌与腹部肌肉的运动

在普拉提的呼气阶段，腹部肌肉、膈肌和肋间肌同时工作将空气排出（想象肺部的挤压过程，将空气缓缓挤出）。这样便能够促进主要呼吸肌和辅助呼吸肌（包括背伸肌）进行下一次的深吸气，从而将大量健康且富含氧气的空气吸入，这有助于滋养身体，使身体恢复活力。

许多人都向我反映，经过多年的实践，他们发现学习并练习横向呼吸法让他们受益良多。包括一些习惯使用特定呼吸技巧的歌手、音乐家和瑜伽练习者，他们也都有相同的感受。注重呼吸并练习多种呼吸模式，能够提升对呼吸的控制能力。

呼吸可以随时随地地练习。我发现有两种练习，非常有助于掌握横向呼吸法。第一种方法是，将一根约1米长的运动弹力带围胸部缠绕，手握住带子的两端，扩张胸部与弹力带对抗，同时能增大肋间肌的收缩。另一种方法是，仰卧在垫子上，两腿平行，双膝弯曲。保持脊柱的自然中立位，手臂放于身体两侧。随着每次呼吸，胸腔慢慢扩张，想象向垫子的两侧横向扩展开来，如同两片海浪涨起，随即又缓缓退去。这是一种非常好的冥想方式，也是一种很好的呼吸练习方法。同时将呼吸想象成一条充满能量的河流，源源不断地流入胸腔两侧或任何需要激活和放松的身体部位。如果身体存在两侧不对称的状况——常见脊椎侧弯，一侧相对受到挤压，那么这种方法能够非常有效地舒缓身体。

第 4 项准则：高度的专注力

在我看来，专注是意识与动作之间的桥梁。当你在准备开始练习时，我建议先构建一遍重要信息：需

要使用到哪些肌肉，如何调整身体排列以及选择哪种呼吸模式。在动作开始之前，将注意力集中在特定的肌肉上，会更为准确地让这些肌肉得到锻炼。集中注意力保持身体的排列将有助于让正确的肌肉工作，以避免不必要的身体压力。专注于呼吸模式能帮助维持良好的运动节奏，并使意念更加集中。但要注意，过分的专注可能会适得其反。它会增加压力，导致肌肉紧张，呼吸受限，进而导致动作的不连贯。这并不是我们的目的，因此要避免这种情况的发生。

虽然意识与专注力紧密相关，但我认为意识是一种心境——做到思想集中，感受运动。而专注力则更像是对一个运动的认知过程。专注与意识相结合，能为做出准确的动作提供保障。

第 5 项准则：找到身体中心

找到身体中心可谓是纯粹的身体术语——即找到你自身的重心所在。女性的重心大致位于第一和第二骶段前方，大约在骨盆的中间区域。男性的重心相对较高，在与肚脐相对的位置。不同的体重分布使身体结构也有所差异——男性往往上半身较重，而女性则是骨盆区域所占比重较多。发现并感受到身体的中心是相当重要的，它会影响到你进行的所有锻炼。身体的中心也就是身体的"能量工厂"（核心区域）。所谓能量工厂即是一切动作的源泉，其贯穿普拉提练习的始终。关于能量工厂的概念在第 2 章中将有详细描述。

身体中心的概念并不新鲜。在太极、瑜伽的练习之中，身体中心几乎不谋而合地处于我们身体相同的位置。玛莎·葛兰姆在现代舞技巧中注重了这一点，

呼吸，是约瑟夫·普拉提所述"能量来源"的推动力，是一切运动的核心动力。

无论在日常活动中抑或是健身活动中，强大的核心区域都可以提升我们的表现。

改变了舞者的训练方式；激活深部腹部肌肉，成了她舞蹈技术的基础。这种技巧不仅与内在肌肉的支持、身体在这个区域所产生的能量有关，还与人体利用自然和超自然的能力息息相关。如果听到舞者说他感觉到了身体中心，或者缺乏中心这类的表述方法，也并不稀奇。当深入练习普拉提，找到并学会运用自我的身体中心后，你就会享受到这种令人愉悦和振奋的感觉。

当控制成为一种本能时，你已经达到了精通的阶段。

第 6 项准则：获得控制力

获得控制力是对前述所有准则的融合。我们在观察人们的动作，尤其是在做复杂的动作的时候，能很明显地看出他们是否具有高水平的控制力。几乎没有比观察舞蹈演员、体操运动员或花样滑冰运动员更加美妙和令人振奋的事情了，他们总能很完美地控制自己的动作。同样，观察狮子踱步、猎豹奔跑或瞪羚飞跃也会令人心生敬畏。凯西·斯坦福·格兰特是约瑟夫·普拉提的一名学生，也是业内一名优秀的普拉提老师，时常给我发送一些动物在静止或运动时的美妙图片。这些图片充分展示着动物们优雅、矫健和轻盈流畅的动作。尽管人类还无法达到动物的运动能力，但这仍然值得我们去追求。

起初，实现对动作的控制是一个有意识的过程。它能够通过不断的练习而获得。最理想的是，有一个已具备这种能力的老师在整个过程中对你进行指导。随着不断地深入，逐渐将这些练习融入身体。数年后或在无数次的重复练习后，你自身对动作的控制将能够变得如同动物一般。控制力——成为你自身本能的一部分。

第 7 项准则：高效

谁不想节约能量呢？浪费已然以各种方式成了我们社会的副产物。力求高效可以帮助我们更加关注自身的能量。在练习普拉提时，我们不会在动作难度增加、要求更高时而感到不安。专注在重点区域，适当地运用所需要的能量。身体的其余部位则保持平静和放松。在练习时，给予自己内心暗示：越是困难和要求更高的动作，越要有意识地放松。在我看来，运动效率就如同光束一般：集中且定向。达到高效不仅适用于运动，也适用于我们的日常生活。在学习普拉提的过程中，有一个重要的阶段——转移。这是一种将在普拉提课程中所学所练的内容转移到日常活动中，并将其融入生活各方面的能力。一节课大约一个小时，且通常有教练进行指导。那么在课程之外的 23 小时呢？这就需要自主且有意识地注意我们的运动方式。我建议做提醒表来帮助你练习转移，就像在公告栏里公告。除了精神上的提示，还需提醒自己保持头部居中和脊柱正确排列。利用"能量工厂"、放松，从而达到轻松的运动状态。

第 8 项准则：流畅

流畅和所有的原则一样，都是同时体现在身体和意识上的。它存在于每个动作当中，并贯穿普拉提课程。我们可以将流畅描述为：能量顺畅地流通并转化到动作当中。它也是一个动作到下一个动作之间的无缝接合，使它们看上去是一套连贯的动作。虽然老师有时会为指导学生而停下来纠正。但每个单独的动作或整节课程都应当是连贯的。

如果你对一些名人进行观察，例如著名的高尔夫球手老虎·伍兹、精英游泳运动员迈克尔·菲尔普斯，以及杰出的舞者米哈伊尔·巴里什尼科夫，你会发现他们的一个共同的运动特质，那就是流畅。你也可以通过练习普拉提获得同样的运动特质。

我们可以从生理上将流畅理解为肌肉募集和关节活动的最佳时间点。每个动作都有最理想的肌肉募集顺序。当肌肉募集正确且精准，同时结合顺畅的呼吸和内在节奏，即可达到流畅。观察两个人进行同一项运动会非常有趣，因为他们通常有较大的差别。流畅与否，往往是产生这种差别的最大原因。

第 9 项准则：精准度

如果没有精准度，普拉提的训练可以说毫无意义。健身圈流行在进行某个动作时达到肌肉分离训练。其实分离本身完全取决于精准度，这正是他们往往忽略但又最为关键的一点。他们要么缺乏精准度，要么依赖于外部工具，例如各种器材。例如，有人在练习坐姿斜板肱二头弯举，这是非功能性的分离。尽管主要是在锻炼肱二头肌，但却过分依赖器械的支撑，日常走路时是无法仰赖这种支撑的。因此，肌肉分离仅在你能够稳定身体并且独立进行分离运动时，才具有意义。这是一个有意识的过程，需要我们回顾第 1 项原则——意识，其次则是专注力和控制力。当你能够更清晰地洞察自己的身体时，便可更好地控制、实现肌肉分离。为了能够实现肌肉分离并控制身体当中的每一个肌纤维，我在不断地努力着，这是一个能令我时刻保持踏实和谦虚的梦想！

欣赏轻盈的动作可以给人启发——表演更是如此。效率是实现轻松自如的第一步。

精准度是普拉提练习的基本要素，也是通往精通之路的重要阶段。

流畅的动作是从呼吸开始的，它可以使肌肉复原，变为内在特质，同时能够让你保持平静并恢复活力。

11

在人生之路上与外在世界和内在世界达成和谐共鸣，是普拉提练习的最终成就。

精准度需要身体肌肉系统的整合，然后才可能达成对某个肌肉或肌群的分离。当你将每一个动作精准到微小的细节时，你将会感到更深层次的锻炼。精准度是身体"矫正训练法"的基础。我们不断努力以让身体达到理想的平衡和排列状态。学生常常向我反映，同一个练习尽管他们已经做过了很多次，但感觉每次效果都比之前更好。这通常是在身体调整了之后所产生的效果——这种突然间获得的巨大收获，便是精准度的作用。在激活每块肌肉和进行每个动作时，普拉提都要求具备严格的精准度。

第 10 项准则：寻求和谐

和谐是所有前述准则的最高层。所有练习都是为了达到和谐，这也是所有坚持和努力练习的最终收获。和谐意味着走出课程，彻底地感受到活力重生，能够感知每块肌肉、每次呼吸的深度。它意味着专注、集中和自我控制，以及高效的运动、流畅性和精准度。

能觉察到这些，代表着你与自身和环境达到了和谐。

几乎没有其他的健身训练成效能与普拉提相提并论。现在数百万人正在亲身体验普拉提。当意志的无限力量与人体（这个精密的仪器）相结合时，人类的非凡潜能便得以显现。我所描述的原则，不论个别还是整体，都提供了连接并利用意识的办法。普拉提的动作曼妙而优美，但它们只是动作。而这套体系当中的原理与哲学才是让普拉提变得独特，并能改变我们的生活的核心。在纠正身体排列状态和教学运动模式时，你必须思考这些动作背后所蕴含的原理。它们将指引你完成内部的转变过程，以获得健康。

练习普拉提可以让你每天都有新的收获。老实说，尽管我已学习并教授了数千次课程，但在锻炼或教课时，我每次都能学到新的东西。我想这已足以说明普拉提体系的深度了。当然前提是你必须先打开身体、意识和精神，方可从中受益。若能如此，便能拥有无限潜力。

2

排列、姿态及动作

内容为理解普拉提奠定了基础。普拉提所包含的哲学和原则影响着人类生命的方方面面，这也是普拉提创始人的目的所在。在以下章节中，我会讲述有关人体运动科学的概念以及它们与普拉提训练之间的联系。

人体，是一台复杂的仪器。在机械功能方面，它可以被比喻为一个多环节的链条，即动力链。动力链蕴含着无限的可能性，因此对它的探索研究也就成了一件相当有趣的事。尽管人的身体不尽相同，但肌肉的生长及运动模式却是相同的。运动时，肌肉按照特定的顺序或模式进行活动。而当这种模式发生紊乱，尽管运动仍可持续，但运动效率却极有可能降低，更甚者可能会对人体造成损伤。普拉提训练法能练到整个动力链，它阐明了身体各部分间的相互影响。经过普拉提训练一系列的细化，其能极大改善、提高人体的机能，以使人们获得健康。

肌肉骨骼结构

让我们先由内而外地对人的身体进行了解。骨骼，是人体的基础结构，是所有构造的支撑（如图 2.1a 所示）。人的骨架拥有良好的结构和平衡度，肌肉分层附着于骨架之上，起到支撑与活动的作用（如图 2.1b 所示）。骨骼的作用就如同杠杆，而肌肉则像缆绳，骨骼与肌肉相互配合便能让身体向特定的方向移动。这种巧妙的结合使得肌肉系统能卓有成效地工作。然而如果骨架的排列不好，便会影响到整个身体结构，进而导致肌肉活动效率低下，易疲倦、易患病。

人体是力学、工程学与物理学方面最精妙的构造。例如位于膝盖上的髌骨，能够自由地活动（它是人体最大的籽骨），这就是一个简单的例子。髌骨除了可以保护膝关节外，还为股四头肌提供了非常明显的力学支撑。如果没有髌骨的支持，股四头肌则需要增加 30% 的运动强度，并且需要变得更

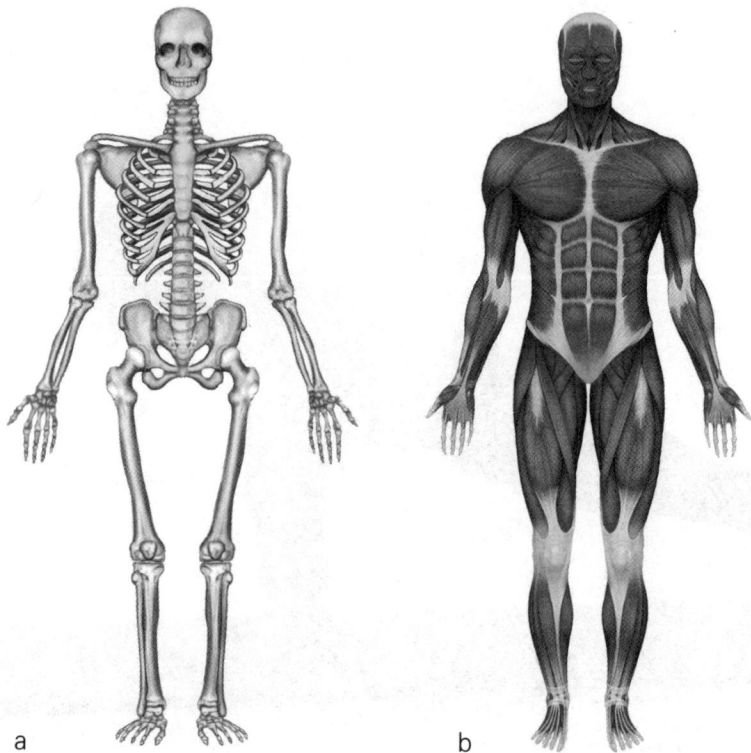

扫码听资深普拉提导师
为你解答新手常见问题

图 2.1 正确的骨骼排列与正确的肌肉结构相结合，实现轻松、高效的运动

a

b

强壮，才能达到同等效果。如果髌骨失去正确的排列位置，便会影响到关节的功能，还可能引发一些慢性疾病。在我们步行、跑步或跳跃的过程中，对于这样一小块骨头所带来的巨大力学优势，我们又了解多少呢？而上述例子仅仅只是"人体"这个神奇结构中的冰山一角。

骨骼结构与肌肉系统之间的关系十分有趣而独特，这种关系是分析所有动作的基础。我们在锻炼时，往往比较看重肌肉的练习，而忽略了骨骼结构。为了实现高效运动，我们必须同时兼顾到骨骼和肌肉系统（从广义上，包括所有骨骼和软组织——肌肉、肌腱、韧带、筋膜和软骨）。约瑟夫·普拉提认为人体结构是一个奇迹。他发明的一套运动体系，能对身体进行全方位的锻炼，同时还能充分挖掘并利用人体的潜能。

伊芙·金特里和布鲁斯·金是著名的第一代普拉提老师，他们常将普拉提描述为"骨骼运动"（而不是肌肉运动）。这种想象有助于避免紧张和用力过度（还有难受的表情和呻吟声），就如同有无形的内力在推动骨骼运动。注重骨骼运动还有助于将注意力更多地集中在身体排列上。正确的排列是成功达到训练目标的第一步。

脊柱

脊柱是人体骨架最重要的部位之一（如图 2.2 所示）。人类的脊柱由 24 块椎骨和 9 块融合椎骨构成（数字可能略有不同）。脊柱极具灵活性，可使身体向多个方向运动。同时它也非常牢固，能够稳定地支撑四肢运动。脊椎的高度活动性是由每个椎间关节活动组合而成的。在脊柱的活动中，让所有椎间关节都能充分运动，比只运动一两个椎关节要好，因为后者会导致局部负荷过量。骨盆和下段脊柱（骨盆腰椎区域）在普拉提训练当中具有特殊意义，因为身体的"能量来源"（核心）就位于这块区域，它是人体所有运动的根源所在。

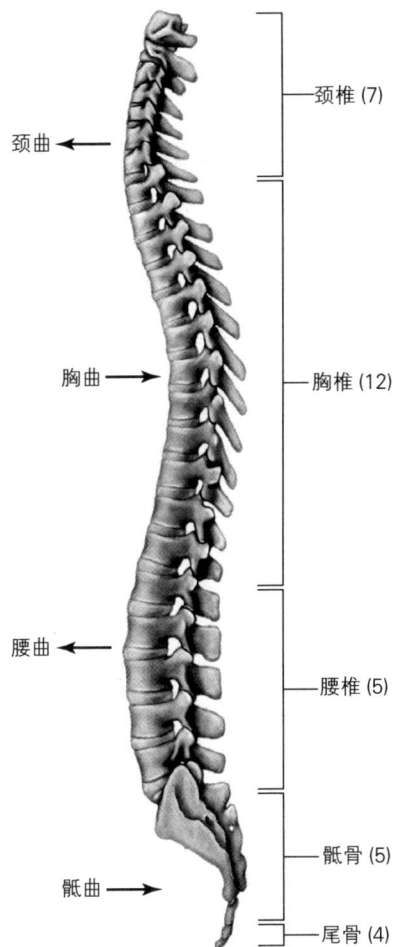

颈曲 ← 　颈椎 (7)

胸曲 ← 　胸椎 (12)

腰曲 ← 　腰椎 (5)

　骶骨 (5)

骶曲 ←

　尾骨 (4)

图 2.2 　脊柱的一侧，显示出脊柱的自然弯曲和正确的脊柱对齐状态

骨盆

骨盆是生命的源泉和精华，是人体的重心所在，也是肌肉骨骼系统与生命力的完美融合。这个概念为东西方不同的运动奠定了基础，如瑜伽、太极以及普拉提。毫无疑问，骨盆是身体的能量之源！

阿诺·凯格尔医生是凯格尔运动的发明者，这项运动以他的名字命名，并获得了广泛提倡（凯格尔运动包含收缩、保持和放松骨盆底肌），凯格尔发现了骨盆底肌及其训练的重要性。除此之外，锻炼骨盆底肌还有助于预防和治疗尿失禁。现在，人们对骨盆底肌越来越重视，我相信凯格尔医生一定会为此感到欣慰。拥有一个强健又灵活的骨盆底肌，可使人体适应内压力的变化，因此，它也是所有女性与男性获得健康的关键之一。

许多男性在很诧异自己有骨盆底肌。其实，无论男性还是女性，都需要骨盆底肌（尾骨肌、髂尾肌和耻尾肌）来保证最佳的身体功能。对这些肌肉的锻炼也应被放入每一份全面的训练计划当中。人体有着复杂的神经肌肉模式，当腹横肌收缩时（在普拉提课程中很常见），骨盆底肌同样也会收缩。髋内收肌、骨盆底肌以及在普拉提训练中会频繁运用到的肌群之间似乎也有着类似的关联。根据人体的天然设计，中止尿流也可以锻炼到骨盆底肌，这样我们在日常生活中也能够锻炼到骨盆底肌。

不过，有两点是非常有益的，即意识的提升和肌肉的控制。健康的骨盆底肌能够支撑我们的内部器官和脏器，还可以为孕期提供更多的支撑。加强锻炼骨盆底部位，特别是尾骨肌，会影响到骶骨的位置，有可能会缓解或预防下背疼痛。大量新的文献和研究表明，在力量、支撑和稳定性，还有增加腹内压这个重点的方面来看，骨盆底肌是核心机能健康的基础。

诺莉娅·普瑞托医生是在加利福尼亚州尔湾工作的一名妇科学专家。她向我说明了骨盆底肌的独特性，例如，骨性结构内部的膈肌与大多数附着在骨性结构外部的骨骼肌不同（实际上，骨盆底肌有时也被比作骨盆区的膈肌）。盆底肌群是同时工作的。换言之，骨盆底肌与膈肌同时活动以适应腹内压和胸内压的快速变化。这种腹内压机制被认为是给脊柱"减重"，并对骨盆腰椎的稳定性有着重要帮助（在上下文中称作"核心"）。

骨盆是连接上下肢的桥梁，由坐骨、髂骨和耻骨这三部分组成，它们通过软骨连接在一起（如图2.3所示）。一部分人认为这些软骨性关节是不会移动的；而另一部分人（包括我在内）坚持认为它们可以在不同程度上进行十分微妙的运动。必须强调的是，这些运动是相当轻微的。我时常听人说骶髂关节的运动就如同肩胛骨一样可以左右滑动。这种说法显然是不正确的。此外，如果这些关节不会移动，那么骨盆和脊柱便可能会承受不必要的压力。运动过度和运动不足有多种可能的原因（例如基因、适应性或疾病）。不过我们的目的，旨在能意识、了解骨盆处所潜在的不平衡的原因，并在必要时协助其寻求医疗帮助。

我喜欢将骨盆想象为两个方向相对的旋转圆盘。每个圆盘的旋转角度在任意方向都是相当有限的，但这种微小的旋转对于骨盆功能和人体健康而言却已足够。骨盆两侧（髋骨）的这种旋转模式会运用于许多基础活动当中，例如步行和跑步；当一侧的髋骨向一个方向旋转时，另一边髋骨则向相反的方向旋转。

在谈及骨盆功能时，我们需要考虑到骨盆周围和内部的关节。骨盆周围的关节与骨盆之间相互产生着重要的影响。其实，我们可以通过观察骨盆周围关节的运动来很好地了解骨盆的功能。如果骨盆的位置排列不好，则会严重影响人体上下部运动链的功能，从而导致运动效率低下，肌肉不平衡，并且会增加身体的压力。要了解人体运动，首先需要检验身体的失衡状况，然后再对这种状况加以改善。这也是普拉提在重塑神经肌肉系统的过程中所起到的关键作用。无论是日常运动、练习普拉提还是坐在桌前，正确的骨盆排列都是极其重要的。要拥有理想的排列和身体姿态，平衡发展骨盆周围的肌肉则是最基本的要素。

我们可以将骨盆看作是一个吊桥，它的上方、下方、侧方，特别是内部均有缆绳（也就是肌肉）支撑。只要缆绳适当而匀称地拉紧，那么它的每一节就能够均匀受力，吊桥也能够保持稳定和水平。但是，如果缆绳的应力平衡发生变化，或者吊桥不在水平状态，就会造成某部分缆绳的压力过大，而其余部分缆绳受到的压力则会不充分。这就会导致整个吊桥产生压力。虽然人类的骨盆通常不会像吊桥一样因压力而散架，但是，压力过大肌肉会有紧张甚至撕裂的现象。简言之，如果骨盆排列不好，那么这个身体的

排列也会不好。

我们需要了解与骨盆结构相关的一部分肌肉，从而理解桥梁这一比喻以及骨盆对整个身体的影响，这些对应的肌肉包括骨盆底肌、脊柱屈肌和伸肌、髋部屈肌和伸肌、髋部内收肌和外展肌、髋部外旋肌和内旋肌。上述几项还不包括为该复杂结构提供辅助支撑和移动性的肌腱、韧带与关节。骨盆是人体上半部分与下半部分、下肢与躯干之间的桥梁，也是我们身体大部分能量的来源。普拉提能够帮助我们发现身体的核心能量来源，并释放骨盆的能量。注意在锻炼骨盆腰椎部位时，需要比锻炼身体其他部位保持更高的准确性。

"能量工厂"肌肉

身体要获得正确的排列和运动力学，就必然有一些前提条件。首先，需要均衡的肌肉骨骼系统。对于姿态，力量是一个相当重要的因素，其他的因素（例如习惯性的肌肉活动模式、遗传性和灵活性等要素）

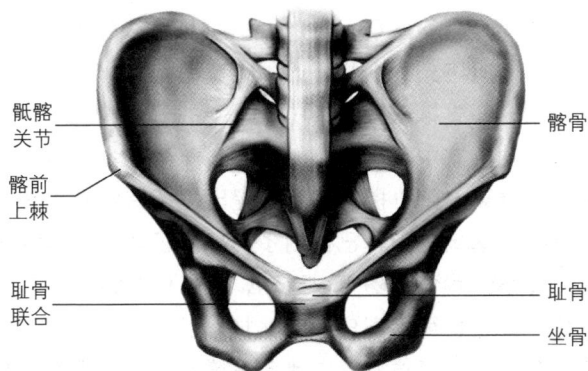

图 2.3 骨盆的正视图，清楚地展示出了骨盆的结构以及连接各部位的关节

骶髂
关节

髂前
上棘

耻骨
联合

髂骨

耻骨

坐骨

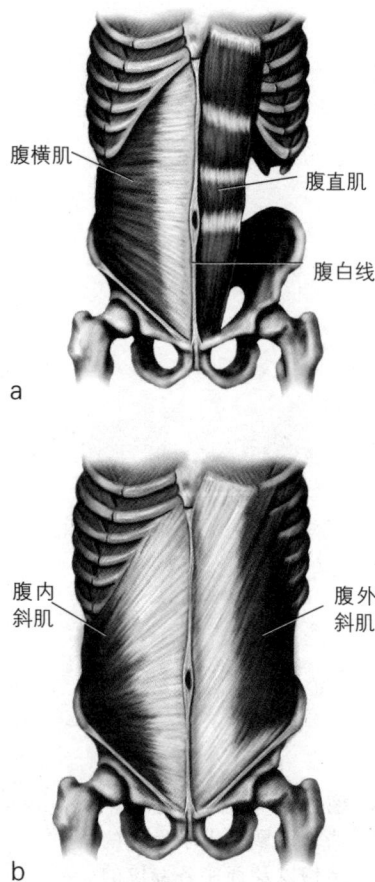

腹横肌

腹直肌

腹白线

a

腹内
斜肌

腹外
斜肌

b

图 2.4 腹部的主要肌肉

也同样至关重要。在大多数情况下，柔韧性不好会影响身体的排列和肌肉的正确募集。过度灵活也需要很好的身体意识和肌肉控制以维持良好的身体排列。在普拉提训练当中，我们尽力塑造强健而灵活的肌肉，使其拥有高效的功能和适应性。

有些肌肉对于塑造稳定且有弹性的核心有着重要作用，没有它们人体就无法拥有良好的排列和高效的身体机能。这些肌肉便是骨盆和躯干的深层肌肉。与深层肌肉相比，表层肌肉有时会过度发达或锻炼过多，因此往往容易使我们忽略核心的强健与稳定性。

体积增大并不一定代表功能增强。我认为这与携带超重行李的性质不同；肌肉体积也有可能成为身体的负担。好比一棵大树，能让它直立并且在起风时保持其稳定，是它的深层部分，而不是树皮。

背伸肌群和腹肌是躯干功能的关键，它们相互作用、相辅相成。腹肌和背伸肌群都有多层肌肉，在腹肌和背伸肌群这两个主要的肌群中，有两块肌肉——腹横肌和多裂肌，能够对身体稳定性起到非常重要的作用。

腹肌与背伸肌群，再加上膈肌与骨盆底肌，形成圆柱形的肌肉支撑，我将这种支撑结构称作内部支撑系统。内部支撑系统与普拉提当中的"能量工厂"或其他运动形式中"核心"的概念是一致。令人欣慰的是，约瑟夫·普拉提在多年前提出的拥有强有力核心的重要性这一观点，已得到了科研的证实。不强化内部支撑系统我们仍然可以运动，但人体若缺乏内部的支撑，脊柱也得不到良好的保护，且运动功能也可能会减弱。练习普拉提，你就会锻炼到内部支撑系统相

应的所有肌肉。

腹部肌群包括腹直肌、腹外斜肌、腹内斜肌和腹横肌（如图 2.4 所示）。背部最大的表层肌群（竖脊肌）沿着脊柱纵向覆盖，而深层的背部肌群（包括多裂肌），棘间肌即连接椎体与椎体的肌肉则位于更深层（如图 2.5 所示）。

在骨盆和脊柱的关系上，腰肌是一个不可忽略的重要部位。腰肌分为腰小肌和腰大肌。腰大肌与髂肌相连，组成髂腰肌（如图 2.6 所示）。除了强大的屈髋功能以外，这些肌肉都会对脊柱的稳定性和排列产生重大影响。腰肌靠近人体运动轴，当身体弯曲、侧屈和腰椎伸展时，它能够改善腹部肌肉与脊柱后伸肌之间的不平衡，从而增加腰椎稳定性。部分业内人士认为，大多数脊柱和髋关节功能紊乱都归因于腰肌与髂腰肌功能的下降。他们认为，骨盆倾斜度异常、严重腰椎前凸、下背疼痛、骶髂机能失调、椎间盘退变性改变、脊柱侧弯和不良体态等一系列现象都与腰肌过强或过弱有关。如今，很多人都习惯于久坐，这极易导致髋部屈肌变得紧张和疲劳。因此在我们的健身方案当中，要加入对腰肌和髂腰肌的训练。因为无论我们的身体处于何种状态，这些肌肉都对人体有着巨大影响。

腰肌与腹肌不仅是主动肌和拮抗肌，也是协同肌。它们除了可以互相对抗，还能互相协助；这两个肌群之间始终在进行着高效的相互作用。在普拉提的训练当中，腰肌对腹部锻炼起着至关重要的作用，尤其是在做双腿抬离地面的动作时。通常，人们都很重视腹肌的锻炼，却往往很少锻炼到髋屈

肌，甚至完全将它忽略。我认为应当把更多的注意力集中在正确地控制和利用髋屈肌。髋屈肌是完成许多普拉提动作的关键，也是提高身体功能和健康程度的重要因素。

有趣的是，内部支撑系统的肌肉正是我所讲的"意念肌肉"，激活这些肌肉需要专注并且高度集中意志力和注意力。控制内部支撑系统的肌肉与控制表层骨骼肌所需要的技巧有所不同，像股二头肌或股四头肌这类肌肉更容易被激活和锻炼。似乎自然规律已然决定，要想实现动作和控制及改善健康，就需要进行身心的共同探索。正如约瑟夫·普拉提在 *Return to Life Through Contrology* 一书中提到的："这些锻炼方式可以打造和谐的身体结构，我们把这种和谐称为'身体健康'。它同时体现于相互协调和平衡的身体、心灵和精神三者之上。"

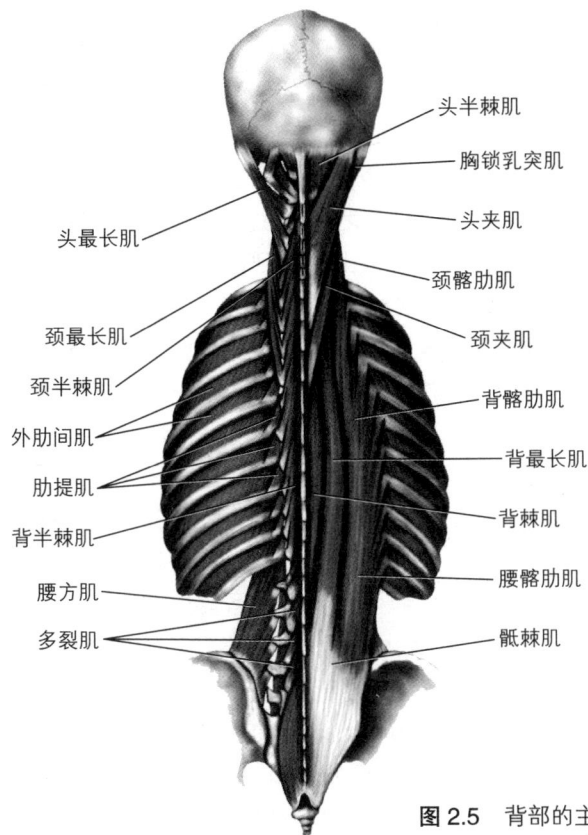

图 2.5 背部的主要肌肉

- 头半棘肌
- 胸锁乳突肌
- 头夹肌
- 颈髂肋肌
- 颈夹肌
- 背髂肋肌
- 背最长肌
- 背棘肌
- 腰髂肋肌
- 骶棘肌
- 头最长肌
- 颈最长肌
- 颈半棘肌
- 外肋间肌
- 肋提肌
- 背半棘肌
- 腰方肌
- 多裂肌

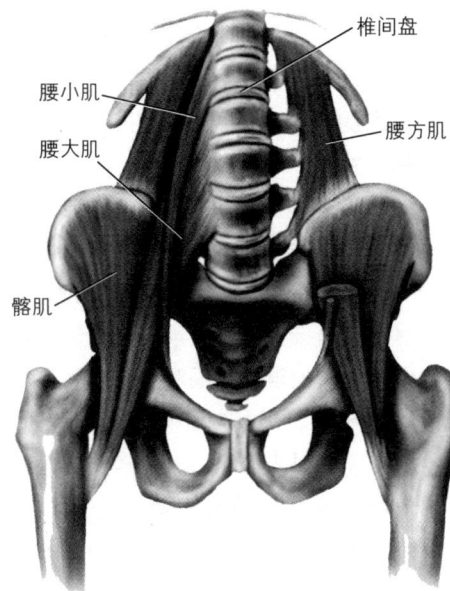

图 2.6 腰部的主要肌肉

- 椎间盘
- 腰方肌
- 腰小肌
- 腰大肌
- 髂肌

涟漪反应

所有运动，无论从解剖学角度还是能量角度都源于中心。运动轨迹如同将卵石扔进静水里会产生涟漪反应一样，它会先产生一圈小波纹，进而逐渐向外圈扩大，激起一圈又一圈更大的波纹。因此，每一个动作都是首先起始于内在核心（也就是第一圈能量），然后逐渐外扩；人体的躯干则是能量的第二圈，其次是四肢，最后则是末梢区域、手部和脚部。但是，能量的扩散并不止于第四圈，它会不断地往外扩散，似乎永无止境。这便是能量的持续，它在功能和美学方面具有无限的价值。这一概念在各项体育活动中都广为提倡，无论是跳跃运动还是投掷运动，或是优美的芭蕾舞等。

排列和姿态的原则

人们对姿态和排列进行评估时，通常只采用简单的观察，例如仅对身体的力量和柔韧性进行测试，却忽略了相关因素的复杂性。仅仅增强某一个肌群或只拉伸另一个肌群是不足以改善不良姿态和身体排列的。获得良好的身体排列是重塑神经肌肉的过程，需要很大的决心与耐力，最好还要有一名资深的老师进行督导并给予细致的提示。

我们可以通过关节的排列状态与骨标记对姿态进行评估，并根据肌肉的平衡对称以及其功能对姿态进行理解。我们所说的正位，通常是指身体与一条直线相对应，这条直线垂直地穿过身体。图 2.7 向我们展示的便是人体的理想侧面观姿态。通过对垂直线的比对，能够明显地看出身体在前后方向上（矢状平面）的偏差。要将身体与垂直线对齐，首先应将垂直线设定在离外侧踝略微向前的位置。以下身体部位应当与垂直线位于同一直线上：耳垂、颈椎中点、肩关节、躯干

正中、股骨大转子，以及膝盖中线略微靠前的位置和外侧踝（踝关节）略微靠前的位置。此外，我们还应当从正面和背面姿态进行观察，重点是身体的对称性及其在冠状平面上与中间线的偏差。我将手臂与躯干之间的区域称为"机会之窗"，这块区域能够反映出有关骨盆、脊柱和腰部以上的排列信息，因此我们也应当对这块区域进行观察。

需要注意的是，所谓的理想姿态仅仅是指理想的状态，我们努力想要达成的目标并不一定能够彻底实现。每个人的体型、身体重心、喜好的运动模式、精神状态与基因是不尽相同的；因此，同一个姿态不可能适合所有人。但是，理想姿态的概念仍可作为指导和参考，帮助我们检测身体状态，并辅助我们评判身体的变化。

在一套锻炼方案中，姿态影响着我们的各项动作、练习、提示与决定。例如一个人在疲劳的姿态，表现出胸椎后凸，骨盆后倾的特征，纠正起来可能较复杂。通常会强化上背伸肌群、髂腰肌和伸展腹外斜肌，而将肩与骨盆调整到理想的排列也会对此有所帮助。再例如，

如果一个人有腰椎过度前屈，即表现出脊柱的腰部曲线过度弯曲，且伴随骨盆前倾的特征，那么通常就需要强化腹部和伸展髋屈肌与下背伸肌群来进行调整。上述例子中的两个人所需要的锻炼方案是不同的。对于不同的姿态，所要着重锻炼的肌群不同，进而也要选择不同的动作和相应的提示。

脊柱的排列

脊柱的正确排列意味着脊柱压力小，且肌肉活动效率高。当脊柱与重力方向一致时，我们不但不与重力相对抗，反而会受到重力的协助。人体的运作是符合自然法则的。当我们的身体失衡或失去排列时，部分肌肉会疲劳过度，而其他部分的肌肉则会变得松懈无力，从而导致身体紧张，运动效率低下。保持脊柱的生理弧度很重要。脊柱就是身体的减震器，它能够在跳跃、跑步或负重时为我们的身体提供保护。因此，我们一直努力让骨骼达到正确排列，同时锻炼肌肉组织来支撑脊柱。

由于肌肉组织与身体姿势及排列有关，所以大多数人都比较侧重于肌肉组织，但是，脊柱的正确排列也能促进身体内部器官的高效运作。长时间的姿势偏斜会导致内脏器官功能下降。例如，我曾为脊柱侧弯症状的人上课。他们在练习了普拉提之后，开始感觉到呼吸更加轻松顺畅。这是脊柱侧弯的一个典型的情况，由于胸部一侧的肌肉紧绷，导致胸腔向一边压紧，从而影响到相应的肺部的功能。同理，驼背（胸椎过度后凸）的人，胸腔受压，从而使呼吸受到影响。此外，身体的其他系统也可能因此受到影响，例如，身体的过度前屈会压迫消化系统，阻碍消化系统的功能。

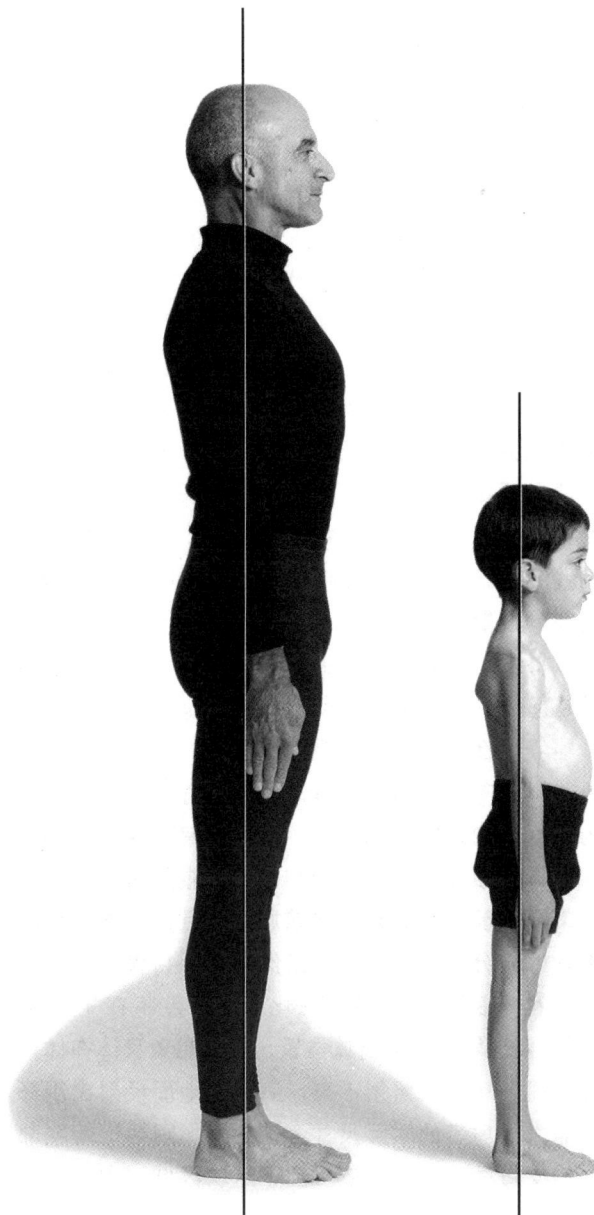

图 2.7　评估姿态的正确测点及标志，包括耳朵、肩膀、骨盆、膝盖和脚踝

头部的位置

我常将人的头部比作平衡地放在球座上的球。头部的每一块肌肉都不应当紧张，相反，这些肌肉都应当像缆绳一样支撑着头部的平衡，与自然之力相协调。我在授课时，最常采用的方法之一是调整头部位置。将头部简单地看作是一块大型的椎骨（或是包裹着第一块椎骨的大型球体），它是脊柱的重要组成部分，因此，头部应与脊柱沿线保持一致。如果头部的位置发生偏斜（特别是因为头部重量较大），不可避免地会造成颈部紧张和受损，并导致姿态不美观。这种状态还会随着时间逐渐恶化。对于脖子较长的人，这种情况便更为显著，就如同一个加长的力臂。例如，如果一个人脖子前倾（头部在垂线前），那么他的颈伸肌就会紧张而疲劳，而相应的颈屈肌则会疲软无力。头部的重量大约为约 5 千克，如果头部偏离原有的支撑，将会对肌肉组织产生极大的影响，而头部偏离垂线越远，所造成的不利影响也就越大。

我们在做体前屈的腹部练习时，例如垫上练习卷腹，躯干向上向前抬起时，头部和脊椎必须保持自然的弧度。如果体前屈不足，头部会偏离身体中心线，从而导致颈部长时间疲劳和紧张。腹肌无力，腰背部肌肉紧张都会限制躯干向前屈。而且，如果在身体还未做好充分准备的情况下仍然竭力保持骨盆中立，那么这种不良状况反而会恶化（这一点将在下节中讨论）。要理解正确的身体位置，可以想象身体在体前屈时，阳光从头顶照射下来，肩带在地面投射出阴影，它略大于肩带的实际尺寸。这块阴影则标记着腰部以上的支撑面，而头部应当位于这块区域以内。在这个练习中，会非常好地帮助脊柱建立一个"C"字形曲线，它也会为之后的多项腹部运动奠定基础，无论是垫上练习还是器械练习（如图 2.8a 所示）。

垫上练习向上卷动练习是一个很好的脊柱和头部排列的例子，它也是人体运动艺术与科学结合的最佳体现。在这个练习的坐式阶段，很多人都习惯将头低至双臂之间。而我则更喜欢让头部自然位于脊柱的自然"C"字形曲线上，双臂与地面平行，头部则处在略高于双臂的位置（如图 2.8b 所示）。这种姿势不仅可以建立一条美观且更加延伸的曲线，还能使头部、肩部以及肩胛骨的位置更加协调，脊柱屈肌和伸肌也更加平衡地交互作用，从而避免身体的紧张状态。

骨盆和脊椎的自然中立位

骨盆中立，指的是髂前上棘和耻骨联合位于同一冠状平面（仰卧时的水平面），并且两个髂前上棘处于同一横向平面。脊椎中立则是指人体脊柱具备良好的自然曲线。如果耻骨联合高于髂前上棘，那么就叫作骨盆后倾；如果髂前上棘高于耻骨联合，我们则把它称为骨盆前倾（如图 2.9 所示）。

以骨盆和脊椎的自然中立位作为参考，用于比较在普拉提练习和其他运动中的各种体位。这并不代表在运动过程中我们不会偏离自然中立位，相反，我们会频繁地进行身体移位。但是，中立位始终是基础，我们可以通过中立排列衍生出多个位置和动作。当脊椎处于自然中立位时，理论上骨盆也应当处于自然中立位；不过，在某些动作中，当骨盆处于自然中立位时，脊椎却不一定保持中立位，例如垫上练习单腿屈伸（如图 2.10 所示）以及其他多个腹部练习。

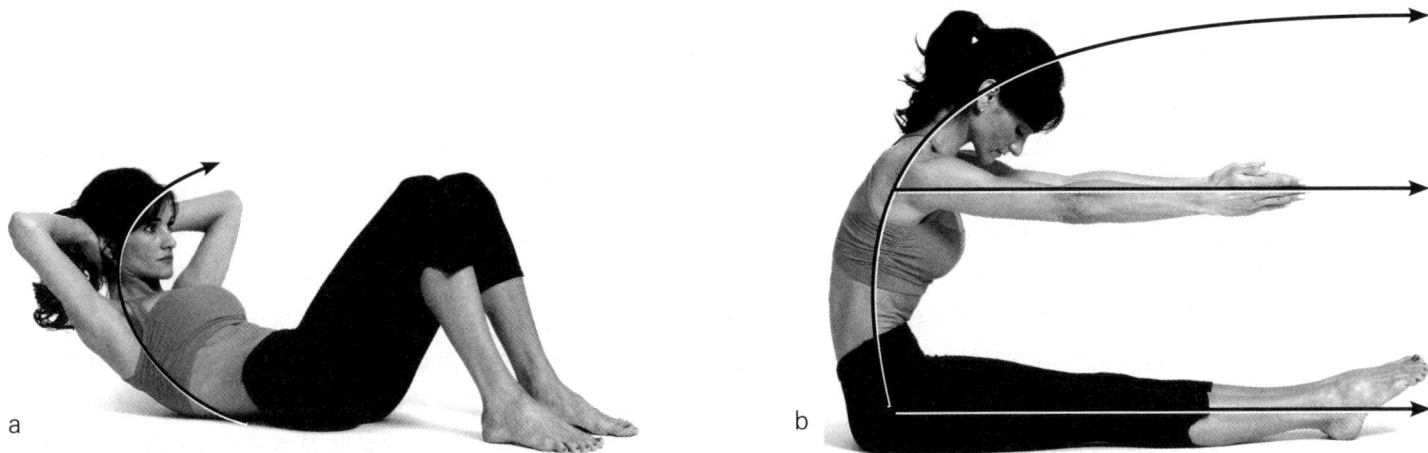

图 2.8 头部和脊椎自然对齐，图 a 为卷腹抬起时良好的"C"字形曲线；图 b 为向上卷动练习时良好的"C"字形曲线

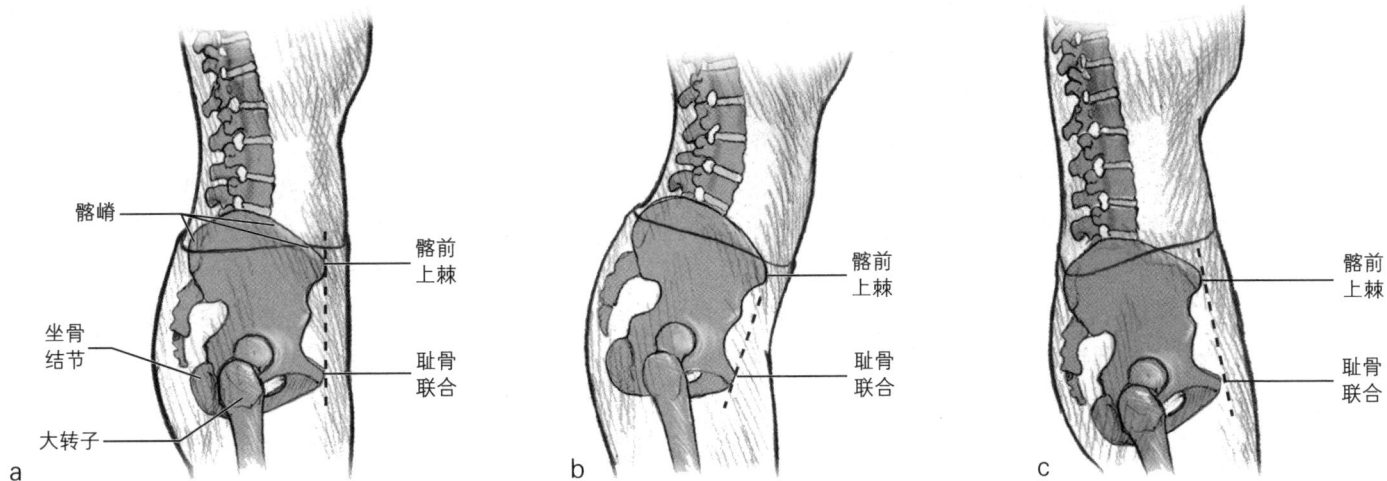

图 2.9 （a）骨盆中立，（b）骨盆前倾，（c）骨盆后倾

练习时保持骨盆自然中立位有很多益处。它可以帮助平衡骨盆肌肉发展，并促进良好的肌肉生长。同时有效地改善人体姿态，促进身体的正确排列，这在人体直立时显得尤为重要。此外还有助于减轻骨盆的压力。但值得注意的是人体的骨盆在不断地变化以适应身体的动作及各种运动。有时，刻意保持骨盆中立可能会适得其反，产生不利的影响。因此，我们要根据不同的动作来具体判定脊柱和骨盆所需的适当位置。在进行腹部练习时要特别注意这一点。虽然骨盆中立是最为理想的（状态），但是，起初我们需要适当保持轻微的骨盆后倾，以拉伸（有时放松）下背部肌肉，并强化腹部肌肉。当我们的下背部具有了一定的灵活性，并且腹部肌肉得到增强时，我们就可以将骨盆的位置从后倾位调整至中立位。

需要认识到一点，如上文中所讲，骨盆和脊椎并不是时刻都同时保持自然中立位的，它们具有不同的作用。有时，我会听到一些学生说他们在做体前屈锻炼腹部肌肉时，脊椎是保持中立位的。显然，他们在这种情况下并没有保持脊椎中立位（也不应保持脊椎中立位）。当头部和躯干向前弯曲时，脊柱就不再处于中立位置了。此时的脊柱中立位必是自然弯曲的。因此，在做体前屈时保持脊柱中立位，是一种矛盾的说法。但是，在做体前屈时，骨盆保持中立位是很有可能的，并且在大多数情况下，骨盆都应保持中立位置。

我在教胸部抬起时，有些学生为了刻意保持脊柱中立，在做前屈动作时仅仅是头部抬离垫面，而不是躯干卷动。这个只是在做颈部屈曲，而不是躯干屈曲，他们误解了练习的重点——腹部练习。这样一来，不仅腹部得不到锻炼，反而可能会造成颈部不适，下背部过度用力。在进行旋转躯干的腹斜肌练习时，我也遇到过类似情况，例如垫上练习十字交错。一些学生为了在练习中保持脊椎中立，而使颈部过度屈曲，但躯干屈和旋转却远远不够。甚至有时腰椎抬离垫面，对背部造成了很大的压力。

虽然在许多腹部练习中，我都提倡保持骨盆中立位，但我不建议强迫身体保持这样的姿势。比如，如果你有脊柱过度前凸和下背部过紧的情况，在做腹部练习时，如果刻意保持骨盆中立，就容易造成下背部肌肉过度工作。这就意味着躯干前屈程度不足，腹部激活效果不佳，可能使髋屈肌运动过度（特别是腿部抬离垫面时），也会增加下背部乃至颈部的压力。保持骨盆中立进行锻炼时，练习者有时会不顾及锻炼效果，而坚持不良的运动模式，造成颈部疼痛、背部疼痛，甚至会更糟，造成腹部无力。

仰卧位体前屈时，通过以下一系列调整能使腰椎紧贴垫子：收缩腹肌，以增加腹内压，拉长背伸肌群，平放腰椎。但这并不表示为了做到背部紧贴垫子，就要刻意将骨盆后倾。相反，在卷到最大范围时，为了最大化腹部肌肉的锻炼效果，拉成紧张的下背部肌肉的同时使下背部紧贴垫子。如果骨盆无法完全处于中立位，那就自然地后倾。在之后的练习中，你可以循序渐进地修正骨盆的位置，直到完全解决了不同的限制因素。最后，随着腹部力量的增加，你就能够进行完整而高效的腹部练习了，如此就不会有为刻意保持理想的骨盆中立位而产生的紧张感了。

评估身体排列

根据多年的经验积累，我发现制定一套评估身体排列情况的简便方法是十分重要的。虽然我们可以采用极为复杂的评估方法，但若要在家中或在普拉提课程使用它是不切实际的。为此，我推荐垫上练习向下卷动这个简单而实用的动作，用来评定身体姿态及排列情况。它能够提供身体结构、肌肉发展与代偿等重要的信息。同时，还能够帮助练习者按摩脊椎和调节呼吸。评估学生身体排列情况的老师应当在学生进行向下卷动练习时，从前方、后方、侧方对其进行观察，因为有些姿势上的偏差从冠状位（前方/后方）看较为明显，而某些则从矢状位（侧方）看较为明显。自我的评估需要提升内在意识和观察能力，这也是需要不断进行练习的。

图2.10 单腿伸展。这个姿势即是在骨盆保持中立位时，脊柱屈曲的典型案例之一

基础练习

重点
- 腹肌和背伸肌群

目的
- 发展脊柱的分节能力
- 拉伸背伸肌群
- 加强对腹肌和背伸肌群的控制
- 身体排列并意识集中

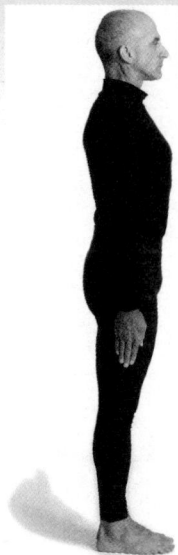

向下卷动

我建议在每节课程开始之前和课程结束时进行向下卷动练习。不过，并不是所有人都适合做这项练习，例如下背部有问题的情况，便不适合做这个练习。如果不确定自己或学生是否适合做这个练习，也可以采用变式来代替：背部靠墙，双脚与髋同宽，离墙30~60厘米，弯曲膝盖来进行。采用这种方法练习时，墙体能够帮助我们承受身体的重量，同时有助于增加身体的回馈。

进行向下卷动练习时，要感受身体内部重量的变化。感受身体的不对称和失衡状况，并注意身体与垂直线之间的关系。这个练习不仅可以帮助我们对身体进行评估，还有助于集中思想和调整身体，就如同在演奏乐器之前进行调音一样。

想象

想象你的背部紧靠在一根立柱上，身体笔直且端正。想象你的头部变得很重。带动脊柱一节一次地向前卷动，直到把身体拉离立柱。身体在最低点时，身体变轻，脊柱一节节地依次卷上至背部靠回在立柱。

☐ 开始动作之前，让身体尽量与垂直线重叠。

☐ 动作过程中，尽量保持身体放松，卷到最低点时避免过度拉伸腘绳肌。

☐ 手臂保持放松，掌心朝向身体两侧。

吸气。站直，双脚平行，分开与髋同宽。检查身体排列的每个重点部位，准备开始动作。

呼气。从头部开始依次向下卷动。卷动时可以稍微弯曲膝盖，减轻背部的压力。尤其要注意的是，如果你的背伸肌群和腘绳肌过紧，在做这个动作的时候，在降至最低点时吸气放松（但不是随意地下垂身体），放松颈部，让头部与脊椎保持自然弧度。吸气胸廓横向扩张，感受背部的伸展和椎间关节的放松。

呼气。一节节地卷起至开始位置。就如同搭积木一样，一节一节地依次归位。

重心的作用

人体的重心对于身体排列和理解运动力学都是相当重要的。根据每个人的体型，人体重量的分布会对练习的难易程度产生影响。有时，完成一个练习比较困难的原因并非缺乏力量，而在很大程度上是由于练习者的体格，特别是身体的重量分布。例如，一名男性的肩膀较宽，上半身发育良好，但是腿部较短，因此他在进行向上卷动练习时就比较困难；而另一名女性的身材相对娇小，臀部较大，并且腿部较长，因此她在进行向上卷动练习时就会容易一些。这并不是因为这名男性的力量不够，相反，他可能拥有强健的腹部肌肉、上半身比较重，而这名女性的身体重心较低，所以才会产生这种差别。但在其他类型的练习中，这名男性就可能会更具优势。

由于每个人的身体重心都略有不同，所以每个人的运动方式也都有所区别。要获得有效的运动提示、掌控运动的难易程度、让运动更加安全，理解这一点至关重要。约瑟夫·普拉提有着像体操运动员一样发达的体型。再者，男性都希望拥有强壮体格，加之天生上半身较为发达，所以更希望进行能帮他们实现这一目标（或看起来美观）的锻炼方法。约瑟夫·普拉提所发明的很多锻炼方法需要有强壮、发达的上肢力量（但这并不意味着女性不能完美地完成这些锻炼）。理解了人体运动力学和动作原理有助于你和你的学生克服训练上的障碍。

举个例子，垫上练习向上卷动。如果一名练习者在做这个动作时表现得很艰难，并且是因为体型原因，而非腹肌无力或下背及腘绳肌过紧，那么最好的解决方法就是在脚踝部位增加轻型的（1千克）负重袋。这与在脚上套固定脚套不同，它不会使练习者过于依赖脚套把身体拉起来；只是改变了身体的重量分布，增加了腿部的重量（或有效长度），从而向骨盆区域拉低了身体的重心。因此，为了达到锻炼效果，我们可以适当地"增高"（要是能如此轻易增高那就再好不过了）。通常，身体重心较高或者身材较矮可能会是一种优势。抛开体型不谈，我们每个人所面临的挑战和障碍都是可以克服的。所以，享受你的身体，用心品味你的人生旅程吧！

足部排列

　　足部是人类身体直立的基础，无论是站立、行走、跑步或跳跃。如果在静止姿势或在运动中出现足部位置不正的情况，那么就会导致姿势偏斜，影响到整个运动链。足部拥有复杂的结构，由许多关节构成，很难说哪个关节或哪个部位特别薄弱。在这里，我将着重讲解距下关节（它常被误认为是踝关节），因为距下关节对于足部的排列极其重要。它能够控制足部向内和向外运动（内翻和外翻），对于正确的排列起着关键作用。判定一个人的足部排列是否正确的一个有效方法，就是在他站立时从后面观察他的跟腱（如图 2.11 所示）。跟腱应当垂直于地面，要实现足部的正确排列，需对距下关节进行细微调整。在利用普拉提设备进行足部锻炼时，了解这一点是很有帮助的。

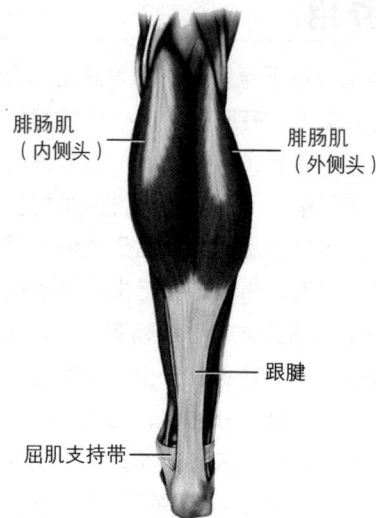

腓肠肌
（内侧头）

腓肠肌
（外侧头）

跟腱

屈肌支持带

图 2.11　跟腱的排列

3

强大的普拉提练习

普拉提训练方法的基础是全心投入，这既是约瑟夫·普拉提期望的，亦是我所追求的。人体拥有最为复杂的结构，如果人体的某一个部位不平衡，必将导致其他部位的失衡。因此，无论练习者的年龄、体质水平或能力如何，普拉提方案都应是全身性的。有些练习者可能会着重对身体的某个特定部位进行练习，但即便如此也要时刻谨记人体的运动模式。损伤、代偿或其他任何限制因素，都是"人体"这一整个链条中的薄弱环节。由于人体的功能链是一个整体，所以必须在不影响各功能高效协作的基础上解决薄弱的环节。

结构性和创造性，这看似毫无关联却互相依存的二者在普拉提中，更是彼此不可或缺。拥有结构性既可以让人更有创造力，又能够在不影响整体性的情况下满足人们不同的训练需求。如果仅仅把普拉提看作一种锻炼，或只是对身体某个部分的锻炼，你就很难真正地领悟到普拉提的精髓。保持结构性能帮助你制定出一套高效而全面的方案，同样能使老师在给多人授课的过程中，在满足每个人不同的训练需求的同时保持课程的流畅度。我把这个过程比作一位管弦乐队的指挥，或是能以一敌多的棋术大师——这名指挥很清楚乐队将曲子演奏到了什么地方，也十分了解乐队中的每个乐手在做什么；就像棋手脑海中的战略绝不止于紧接的下一步该怎么走，而是知晓随后的几步会怎样。若想要在达到如此的流畅度的同时应对多种情况，就必须要对整体结构抱有清晰透彻的理解。多年来，我听过许多缺乏结构性、没有方向以及缺乏整体概念的普拉提课程。这些课程总是抓不住要点，进

扫码听资深普拉提导师
为你解答新手常见问题

阶也毫无逻辑，它们缺少普拉提最具价值的要素，故而无法呈现良好的效果。这种情况经常出现在一些采用普拉提进行治疗的诊所里。治疗师可能会让病人在普拉提床上做几个练习，然后再采用其他方法进行治疗。这种的普拉提练习并不是真正的普拉提。在普拉提的器械上所做的练习或许属于普拉提动作，但之所以说它们不是真正的普拉提，是因为它们不具备普拉提体系的哲学和目标。我不能说这种做法是错误的，只能说这并不是约瑟夫·普拉提所构建的普拉提体系。因此，这种方法与 *Return to Life Through Contrology* 一书中所说的"我们自身能力范围内的最大成效"不相符（当然，许多治疗师对普拉提有着深层次的研究，并将其成功地结合到实操中，形成了一个体系）。普拉提训练法的创始人明确认为，练习者必须同时对身心进行全面的锻炼。这个观点已然得到了广泛的认可并被证实为获得健康的有效方法。

训练的构建——板块系统

在探索普拉提练习有效结构的过程中，我建立了BASI（人体艺术与科学国际）模块体系。它源自于多年的练习，以及在世界各地教授和指导课程过程中所积累的经验，这个体系也是我研究普拉提的核心。它扎根于普拉提训练法的同时也遵循了运动生理学原理和现代知识。BASI 体系能确保参与者进行全身性的练习，并为个体提供大纲与清晰的指导方针，具有很好的适应性和创造性。

板块系统整理和归纳了大量的普拉提内容。就像是在同一棵大树里，所有动作都从同样的根源发散而

来，它们都有着或近或远的联系。想要成功运用板块系统，首先要深刻地了解它的复杂性。这个概念也可用于对不同个案的设计当中。

如果没有模块体系，数百个普拉提动作就仅仅是动作，如同空洞而毫无意义的话语。单独的字眼虽具价值，但只有组合在一起才能形成完整的句子。越是精雕细琢的句子，含义越是深刻。普拉提也是如此。老师根据所学的体系来编排课程，每节课就像一个章节，连在一起，才能形成一整本书。每一个动作只有按照合理的顺序进行编排才会更具意义，就像是运动的诗歌。这是艺术和人体科学的结合。在这一层面上，身心取得统一，普拉提的所有原则都由此发挥效用；运动将变得更深层、更轻松。这便是我们致力要达到的层面，它会带给我们巨大而深远的变化。

完全掌握板块的各个级别可能需要花费很多年。然而，即使在最简单的形式中，板块系统也对庞大的动作种类提供了分类方法，节约了时间并让课程的潜力最大发挥。它是一个标准化的系统，可以让全球各地的普拉提从业者进行有效的沟通和协作。现在世界各地的普拉提工作室都采用 BASI 体系，当看到它成功地被不同的文化所采纳时，我的内心总是充满了自豪。

本书中的所有练习都是根据板块体系来编排的，这就表示你可以在学习每个动作的同时，了解其是如何构建的。例如，着重于锻炼上肢的一个普拉提床动作应分类于手臂练习板块中，而手臂练习模块汇总了各种难度级别的上半身练习动作。每个板块中都包含了单独的动作或成组的动作。其中，系列练习是几个动作的汇编，它们之间相互补充，为特定的身体区域创建一个完整而综合的练习。同一系列中的练习要一起进行。本书中还有一个常用的词语，即"分组"，在多项练习具有共同特性时，我会运用到"分组"练习，例如在普拉提床长箱上练习时，长箱练习即为一组。与系列练习不同，分组练习通常不在同一节课程中进行。不会有人在同一节课程中做所有的长箱练习，但可以将所有长箱练习统称为"长箱组"。

经过多年的演变，出现了两种不同的板块系统。第一种适用于使用全套器械的典型普拉提课程。它被称为综合板块系统。它分为以下几个板块：

准备运动。该板块重点是提供身体上和意识上的准备，通常会用垫上练习。

足部练习。注重在下肢，可以使用凯迪拉克和稳踏椅进行练习。锻炼重点是整条腿部：足部、脚踝、膝盖和髋部。该板块包含下肢的准备练习和专项训练（采用"足部练习"的名称是为了将其与接下来的"腿部练习"区分开来）。

腹部练习。专注于腹部肌肉的锻炼。虽然在整节普拉提课程中都会运动到腹部肌肉，但这个板块针对腹部区域，能全面地锻炼到所有的腹部肌肉。

髋部练习。这一部分需要髋关节的运动和控制，通常见于普拉提床练习中脚在绳套里，凯迪拉克或普拉提椅和梯桶上结合弹簧的腿部练习。做该板块的练习时，专注于骨盆 – 腰椎区域的控制是非常重要的。

脊柱分节运动。该板块着重于提升脊柱活动性，并加强躯干肌肉的控制，特别是深层肌肉。几乎所有的普拉提练习中都包含脊柱分节练习。

拉伸练习。该板块当中的练习可以选择在器械上进行，也可以不在器械上。它通常包括髋屈肌和腘绳肌的拉伸。根据个人需求和能力来选择拉伸动作。

全身综合练习。虽然所有的普拉提动作都会练习到全身，但本板块当中的动作并不是只针对某个肌群和身体的局部的训练。它分为两个级别：初中级和高级／导师级。

手臂练习。该板块重点是上肢的练习。针对手臂和肩膀的不同肌群，我编排了几套动作。通常需要整套练习以使上肢得到充分的锻炼。

腿部练习。该板块针对下半身练习，是足部练习的补充。侧重于髋的外展和内收运动，同时要求下肢的柔韧性。可用于舞者、滑雪和跑者的专项训练，或下肢的矫正训练和治疗。

侧屈和旋转。该板块着重于回旋肌、躯干侧屈肌群及腹斜肌的练习。这些肌肉对于人体功能性的运动和脊柱的支撑至关重要。由于某些特定的运动或职业，可能会引起脊柱侧弯或习惯性使用单侧（偏手性），这往往会造成身体两侧肌肉的不平衡。我建议练习时要时刻保持身体的平衡和对称。

背部伸展。该板块着重于躯干的伸肌练习。这些肌肉分层沿着脊柱分布。表层是长且大的肌肉，负责大幅度的运动。深层的则是控制脊柱精细且复杂的椎间运动。与腹肌一样，深层肌肉主要作用是维持稳定。要重视这一板块的练习。

垫上练习侧重于身体核心区域，即脊柱屈肌（腹肌）、侧屈肌和回旋肌，以及背伸肌。因此，我们为垫上练习编排了一个特定的模板，会出现在本书的第二版中。垫上练习包含以下几个部分。

基础部分。

腹部练习。

脊柱分节运动。

桥式。

侧屈和旋转。

背部伸展。

由于它们的多用途和过渡性，因此垫上练习根据其难度和流畅性来编排。本书的第4章将会详细介绍垫上练习。

有时，我会听到一些练习者因为旋转和背伸不到位而对普拉提提出不公平的评论。我的回答很简单："抱歉，这是因为你或你的老师没有完全理解普拉提。最起码，你并没有用到它。"在一个完整的普拉提训练方案中，脊柱的旋转和伸展是非常重要的部分。

随着人体的老化，脊柱伸展能力变得越来越重要。重力会让人体逐渐弯曲，在现代生活方式下——长时间坐在电脑前、驾车、玩手机等都会让这一现象更加恶化。它容易导致圆肩和其他肩部问题，还有下背痛和颈部过分紧张等问题。绝大多数的腹部练习会让躯干屈曲，若只过分注重腹部锻炼，则会让这个情况更加糟糕。有效锻炼腹部肌肉固然重要，但它必须与身体的其他部位协调运作，特别是侧屈肌、回旋肌和伸肌。肌肉的均衡发展是改善身体排列、平衡、运动效率和健康程度的重要组成部分。

我经常通过观察婴幼儿来获得启示。他们大多数有着良好的身体排列、强壮的背部和健康的脊柱形态。我回想起一件有趣的事情：第一代普拉提老师洛丽塔·圣·米格尔有一次到我家拜访。当时，我两岁大的儿子埃朗正在洗澡，洛丽塔和我就站着看。他不停地站起、坐下、跳着、溅水来向客人展示他的运动技能。我们都惊讶于这个小家伙所拥有的能量。这也正是我们希望拥有的自然脊柱形态，不止是在婴儿时期，而是贯穿一生。是的，幼儿都会有一些小肚腩，从儿童到青少年的发育期，注重练习腹部是很重要的。但我们不可忽视其他肌群，特别是髋伸肌、髋外展和背伸肌的锻炼。随着年龄的增长，保持这些肌肉良好的力量与柔韧性是很有必要的。

动作描述

要充分地理解练习或动作（在本书中，这两个词可以互换使用），首先要分析，接着是合理地使用，以达到预期的锻炼效果。我制定了一套清晰的动作分析表，对于理解动作和动作教学都有很大的帮助，在制订训练方案方面也有很大的价值。接下来的第 4 章至第 11 章中有各个动作描述和分析。

我根据动作的名称、器械、所属的模板、级别和难度以及阻力的大小（如果适用）对各个练习进行了介绍。之后对这个动作的重点肌肉、训练目的和想象提示进行讨论。想象提示是一种非常有力且个性化的教学工具。在某些情况下它可能只对部分练习者非常有效。至少，希望我所说的想象方式能够激发你的想象力，以创造你自己在教学中的想象提示。在最后，结合了每个动作的描述及呼吸模式配了相应的图片。

动作分类

在这个板块中对所有的动作进行了分类。根据其难度级别分为初级、中级、高级和大师级（大师级动作，顾名思义是需要多年的学习。由于该级别的练习超出了本书的范围，所以我只列了少数的几个）。按难度级别划分动作是具有主观性的，因为对于不同的练习者来说，难易程度的定义也是不同的。例如在力量训练中，仅通过增加阻力就可达到进阶，而在普拉提当中，进阶练习可能会更为复杂。因此，我根据运动的复杂程度来进行分级，运动越复杂，难度级别就越高。

这里我必须强调的是，普拉提体系并不是在你学习了高级动作之后，就不需要再做初级或中级的动作了。每个练习都是你动作储备中的一部分，学会运用并享受它们。每一个练习都是为了帮助你获得健康。当为高级学员做训练方案时，我会选取各个级别的动作，而不只是着重于高级动作。难度级别并不是我们所追求的目标，它是我们在学习和练习普拉提过程中的一个里程碑。

我花了很多时间去掌握普拉提中最难的动作。当然，我很享受练习大师级动作的愉悦感，但它只是练习的一部分。我敢说，练习者们可从不同级别的练习中获得相同的益处。这种益处不仅取决于动作的选择，还取决于动作完成的质量及普拉提原则在训练和日常生活中的运用。我经常看到一些经验不足的练习者将大师级动作作为训练的重点。一些有天赋的体操运动员或舞者可能会很快地做出大师级的动作。但这是否意味着他们真正地了解普拉提呢？不，这只代表他们

会动作编排及完成动作。

垫上练习骨盆卷动是最初级的动作之一，我认为它与高级动作单腿桥式（不在本书中）具有同样的价值。在这个例子中，这两个练习实际上是密切相关的，初级动作与高级动作之间的关系应当在普拉提练习的早期阶段就建立起来。认知并利用它们之间的关系，使你能系统地为下一级别做准备。学习各难度级别的动作并理解它们所属板块这一过程，就是在掌握普拉提并获健康。你可以反复地做一个动作，每次都能有新的意义。我认为没有任何一个动作是容易或简单的，因此练习也不会是枯燥的。除了复杂的神经肌肉学和运动生物力学外，每个动作都能体现出完整的哲学。它能在不同的级别中得以体现。

一些练习者试图尽快地学习整套动作，因此跳过基础练习，去追求更具挑战性的动作。但各个级别的各个动作都有无穷的复杂性和变化性。所以我建议你享受逐渐掌握每个动作的过程，不要想一蹴而就。提升熟悉度和理解力，而不是为了完成高级动作，这才是学习的本质。

阻力

普拉提的独特在于其巧妙地运用了重力以及弹簧的阻力。虽然重力是客观的因素，但它对人体的相关影响是由各种内在因素决定的，例如体型和重心，因此本书没有对重力的影响进行过多的描述。不过，对于使用弹簧增加阻力的练习（多数是在器械上进行的练习），书中会适当进行讲解。在某些情况下，弹簧和重力会同时产生影响，了解器械结构和动作是最基本的要素。随着弹簧长度的增加，阻力是逐渐增大的。

普拉提不是动作表演；它是一个了解身体、控制运动和获得健康的永无休止的过程。

渐进阻力与恒定阻力是不同的，恒定阻力不发生变化，例如重量片。无论是渐进阻力还是恒定阻力，根据活动范围的变化都会对肌肉产生不同的影响，因为在不同的关节度，力学是不同的。

许多争论围绕着用哪种阻力会更好，不能简单地回答这个问题。我认为他们说的都有道理，最终是看个人喜好。我个人喜欢使用弹簧，使用它更容易去模拟其他的运动，并更具功能性。我很喜欢这种充满能量的感觉。

对于普拉提器械的弹簧设置也是一个复杂的问题。每台器械的弹簧设置方式都是不同的，甚至同样的器械也会因制造商不同而出现差别。因此，弹簧的设置不存在通用标准。更复杂的是，每项练习中的弹簧设置将取决于个人的健身水平、普拉提水平、体型、性别、经验和身体限制因素。训练强度和结果是可通过增加或减少弹力来改变的。甚至弹簧的使用期也是在设置时的考虑因素。

接下来，我再区分绝对阻力和相对阻力。绝对阻力，例如两个弹簧就是两个弹簧；相对阻力指的是某个动作中弹力的大小，例如，两个弹簧对足部练习来说属于阻力小的，而对手臂练习来说就可能就属于阻力大的。

普拉提专业人士必须熟悉每台器械上的阻力设置，这也是普拉提器械特别的地方。例如，足部练习在普拉提床上，四个弹簧表示重度；凯迪拉克床上，两个弹簧表示重度；在稳踏椅上时，两个弹簧挂在最高点表示重度。学习如何正确设置弹簧的唯一方法就是练习——重复练习每一个动作，尝试不同的弹簧设置。总会找到一个合理的范围，这就需要练习、知识和经验。

上文中已提到的变量，因此我没有为每个练习规定实际的弹簧设置。但提供了绝对重量的范围，它可以作为弹簧选择的考量。你可以根据个人需要进行微调。

以下是 BASI 为普拉提床提供的弹簧设置参考，它也可以应用于其他器械，但是弹簧的数量会不一样。有经验了，你就可以在不同的器械上进行各种阻力的设置。

极轻	→	0.5 个弹簧（轻弹簧）
轻度	→	1 ~ 1.5 个弹簧
中度	→	2 ~ 3 个弹簧
重度	→	3.5 ~ 4 个弹簧
特重	→	4.5 ~ 5 个弹簧

重点肌肉

重点肌肉是指每个动作中，哪块肌肉或肌群会作为训练的目标。通常会是一块肌肉或一个肌群，但也要取决于运动的复杂程度和姿势的变化。识别重点肌肉有助于实现预期的锻炼目标。注意，在很多情况下，增加或减少阻力甚至微调身体位置都将改变重点训练的肌肉。因此，精准度是非常重要的。

每节课程中都会激活内部支撑系统：腹横肌、骨盆底肌、膈肌和多裂肌。因此本书不会在每个动作的重点肌肉中提及它们。重点肌肉是指除了内部支撑系统以外的肌肉，除非某些运动专门针对一个或多个核心肌肉，才会特别提及。

训练目标

目标与具体的重点肌肉不同，有着更广的范围。它描述了动作涉及的所有肌肉。一个动作可能只有一块重点肌肉，但它却可以有几个目标，而这些目标可能不在重点肌肉的区域。例如垫上练习一百次（第4章），它是一个经典的普拉提腹部练习，肌肉重点是腹部，而它的目标是强化腹肌、提升躯干稳定度及心肺能力。很多普拉提练习的目标是加强控制或力量、稳定、分离和孤立。

力量与控制

在描述练习的目标和效果时，我会非常明确地使用"力量"和"控制"。"力量"一词在普拉提中被广泛使用。要加强肌肉，需要达到一定的标准，其中一个就是"超负荷"。如果肌肉所承受的负荷不足，那么它的强度也不会显著增加。这并不是说肌肉没有被激活，只是没有被明显加强。因此，当肌肉处于激活状态，但没有超负荷以明显提升力量时，我会使用"控制"一词。

稳定性

增加身体特定区域的稳定性是练习普拉提的共同目标。每个动作中都有非常重要的两类肌肉：稳定身体的肌肉（稳定肌）和产生动作的肌肉（原动肌）。还有第三类——协同肌，它可帮助实现正确的动作。例如，普拉提床的胸部扩展（第5章）的肩伸，应有以下动作顺序。

首先激活稳定肌，最先是激活躯干的稳定肌（深层稳定肌），然后是肩胛和肘部的稳定肌（表层稳定肌）。接着启动原动肌，即肩伸肌，主要是背阔肌、肩伸肌、肩内收肌和肩内旋肌。在这项练习中，需要前两个动作，又不希望肩部内旋。因此，必须运用肩外旋肌来抵消背阔肌产生的内旋，以防肩部内旋。肩外旋肌作为协同肌，使肩部保持在中立位，并辅助原动肌。

在任何练习中，我都建议首先专注于稳定肌，因为没有良好的稳定性，就不能产生有效的动作。一旦有了正确的稳定性，再看需要最先启动哪些肌肉（启动肌），这是运动重点或教学的初始提示，也是所有练习中的关键环节。最后，再专注于产生动作的肌肉。我将这个顺序称为 SIM 准则（稳定——启动——移动）。通过反复学习和实践这一过程，使其成为第二天性，即对运动的本能反应。

传统的运动分析大多数只说到稳定肌和原动肌，而不是启动肌。这是可以理解的，因为启动肌实际上可以归属为稳定肌或原动肌之一。它有助于精神集中、专注力、身体意识和控制，所有这些都有助于锻炼效果的最大化。

除了突出稳定的重要性以外，普拉提还注重关节的活动范围和不同类型的肌肉收缩。稳定肌在很大程度上进行等长收缩，这表示肌肉收缩时它们的长度或它们作用于的关节角度没有变化。注意，这是主动肌和拮抗肌在共同参与的动态过程，会不断地对身体中发生的变化进行调节。原动肌进行等张（动态）运动，包括同心性（肌肉长度和它们所作用关节的角度减小）和离心性（肌肉长度和它们所作用关节的角度增加）。

普拉提鼓励锻炼主动肌和拮抗肌，并突出它们之间存在的关系；当一块肌肉或一个肌群同心收缩时，其他肌肉或肌群则进行离心收缩。在某些情况下，它们都以等长方式收缩以稳定关节或身体区域（共同收缩）。重要的是要尽量使主动肌和拮抗肌群在力量、柔韧和控制方面达到良好的平衡。

躯干与骨盆的稳定

"躯干稳定"表示脊柱的稳定位置，在本书中与"脊柱稳定""核心稳定"和"骨盆腰椎区域的稳定"意义相同。重要的是认识到稳定是动态的，是稳定肌在不断适应变化的环境。

当躯干保持稳定而进行上肢运动时，我通常会使用术语"躯干稳定"，因为两个区域关系密切。手臂的运动对胸椎有直接的影响。相反地，胸部的某些肌肉对于肩带的正确力学起着重要作用。此外，如果躯干没有正确的排列，也不可能有良好的头部排列和肩部功能。同理，由于下肢和骨盆之间的密切关系，当下肢运动时我使用术语"骨盆腰椎稳定"。如果骨盆排列不好或不稳定，它将直接影响肢体的功能以及脊柱的排列和功能。骨盆充当下肢和脊柱之间的桥梁。脊柱的位置和运动方向决定了需要运动的肌肉及被激活的程度。

保持躯干和骨盆的稳定是许多普拉提练习的基础。为了达到躯干稳定，必须激活内部支撑系统。根据躯干的位置，有些肌肉需要更积极。例如垫上练习前置支撑，腹部在稳定躯干和防止在中心塌陷方面起着至关重要的作用。又如垫上练习后置支撑，当腹肌被激活以增加身体的支撑时，主要是由背伸肌配合髋

伸肌和肩伸肌以维持身体结构的稳定。

垫上练习滚动如球，需要维持身体的前屈姿势。腹肌的向心收缩要比离心收缩的背伸肌作用更大；主动肌（腹肌）和拮抗肌（背伸肌）共同工作，以产生所需的躯干曲线，这是达到平滑且流畅的运动所必需的。相比之下，垫上练习天鹅下潜，则需要背伸肌来实现所需的姿势。然而，腹部的协调收缩对于保持稳定性、帮助实现期望的身体形态、保持整个脊柱的负荷均衡分布以及避免下背部压力过大是至关重要的。

在前述的每个例子中，一旦建立起预期的身体位置，躯干的屈肌和伸肌就会以等长方式收缩以保持该身体位置。

站立姿势中，重力在身体的前部和后部（理想状态下）是相等的。在这种情况下，腹部肌肉和背伸肌在共同收缩以稳定躯干。背伸肌保持身体垂直，防止其向前屈曲。同时，腹部肌肉在身体中段形成支撑带，以防止对下段脊柱造成过度压力。实际上，腹部肌肉可以作为人体的第二脊柱。

值得注意的是，腹部肌肉比背伸肌更容易感到疲倦，而背伸肌则更容易被调节。背伸肌大多时间用于保持人体的直立。大的背伸肌，特别是竖脊肌几乎一直在工作，因此它们本身可能就会产生一些问题。这些表层肌肉可能变得高度紧张（过度使用）。"关闭"（抑制）或至少"调弱"它们，以使腹部肌肉和脊柱深层肌肉（例如多裂肌）被充分地激活——这是实现躯干平衡并达到良好的躯干与骨盆稳定的首个关键步骤。

为了保持良好的适应性，躯干应保持全范围的运动：屈曲、伸展、侧屈和旋转。虽然个人需求不同，但安全指南的分配是 50% 的时间锻炼核心区域的脊柱屈肌，25% 用于脊柱侧屈肌，25% 用于脊柱伸肌。普拉提练习通常是包括许多肌群在各运动范围内的共同活动。有趣的是，注重于耐力，而不是力量的锻炼似乎对增强脊柱稳定性有更明显的影响。板块体系确保一节完整的普拉提课包含以上所有的因素。

肩胛骨的稳定

我们常认为肩部就是盂肱关节、能让手臂各个方向运动的球窝关节。但肩部其实是一个复杂的结构，是不同的骨、关节和肌肉之间精准的相互作用。肱骨、肩胛骨和锁骨等形成的肩复合体，仅在微小的胸锁关节处连接到中轴骨（身体的中心"轴"）。肩胛骨与肋骨仅由肌肉连接。由于缺少骨骼和韧带的支持，因此肩部功能和稳定性很大程度上依赖于肌肉。虽然"肩部稳定性"和"肩胛骨稳定性"这两个术语通常可互换使用，但肩胛骨稳定性是更精确的术语，因为肩部的稳定机制通常从肩胛骨发出（骨盆腰椎的稳定性与髋部的活动相关联也是同理）。肩胛稳定不一定意味着保持肩胛骨静止，而是防止它们在不期望的方向上过度移动。例如，在许多锻炼中，肩带倾向于上提和内收，这就需要对其进行下压和外展以保持运动的完整性。

我个人对肩关节有很大的兴趣，它有一个钩状的肩峰。我曾参与过很多对肩部活动范围要求很高的运动（游泳、跳舞、瑜伽、体操、冲浪和普拉提），

最终两侧的冈上肌出现了撕裂和萎缩的情况。在做了肩袖手术后（而不是关节镜检查），我开启了从普拉提当中寻求解决方案的探索之旅，这将有助于完全恢复功能性。从中我学到了许多东西，包括康复可以是多么的困难和痛苦。我重新认识了普拉提的力量及其无限的可能，也学到了重要的一课：肩膀结构很复杂，很少人能正确地使用它们，正确使用它们会带来深刻的影响。全球所有普拉提工作室中最常见的矫正都是与肩部有关的。显然，人们普遍都需要锻炼肩复合体。

背伸肌，特别是中背部和后背部伸肌，对正确的肩部力学起着重要作用，这不仅是因为它们直接参与肩胛骨的定位，还因为它们对身体排列和姿势方面的重要性（如图 3.1 所示）。如前文所述，在现代生活方式中，常见的前屈活动会导致一些不良姿势，例如圆肩综合征。我们依赖于电子设备、花很长时间开车、大部分的工作日都保持坐姿，休闲时看电影、骑自行车、打高尔夫球，或去健身房做俯卧撑、仰卧起坐和卧推！所有这些活动都是与前屈相关的，因此通常会导致一些问题：背伸肌与肩外旋肌疲软；胸肌、髋关节屈肌、腿后肌和肩内旋肌紧张；通常还会导致肩胛提肌和上斜方肌过度活跃。消除精神上的紧张因素，你就有办法解决当今流行的颈部、肩部和下背部疾病。

那么我们从哪里开始呢？应从由内部支撑系统所支撑的背伸肌开始，它为我们的身体提供支撑。只要身体保持良好的排列，尽可能地接近铅垂线，就可能实现良好的肩部力学环境。相反，如果没有正确的

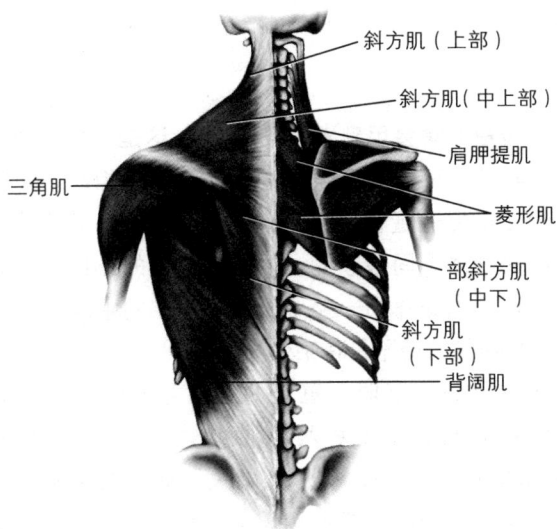

图 3.1 肩复合体和中背部的肌肉对肩关节的力学和肩部稳定性有很大的作用

排列和姿势，则无法有良好的肩部功能，肩部结构存在缺陷则有可能会导致肩膀问题。圆肩可能导致撞击，而撞击则可诱发肩袖发炎，肩袖发炎又会造成撕裂和其他潜在危害，甚至手术。这种恶性循环始于习惯性的运动模式，从而又导致不正确的姿势和肌肉不平衡。

分离

分离是指身体的某个部位在保持稳定的同时，与之相连的部位进行自由移动。基础越稳定，运动就越精确和高效。分离需要结合人体运动的两项重点：稳定性和活动性。分离的价值可以这样描述：有效稳定性等同于有效运动，有效运动等同于更安全的运动。相反，无效的稳定性则表示不稳定的支撑基础、身体的消耗和潜在的损伤。无效运动缺乏效率和流畅性，并且通常依赖于肌肉替代模式（代偿）来进行运动。

隔离肌肉

实现肌肉的隔离是很多训练的目标，它需要结合许多肌群，在身体保持稳定的同时，只活动一个部位。因此，尽管肌肉隔离和肌肉整合看似是两种完全相反的概念，但要实现功能性肌肉隔离，需依赖肌肉整合。也就是说，有效的肌肉整合等同于强化肌肉隔离，普拉提提供了一种掌握肌肉整合与肌肉隔离的方法。健身房中许多常规健身器械，都能从各个角度对身体进行支撑，从而在不需要肌肉整合的情况下达到肌群的隔离。然而，我并不认可这种功能性隔离，因为它们对身体的支持是通过外在而非内在方式提供的；即由器械提供稳定性。而只有通过身体本身提供内在稳定性才能提高身体的意识和控制。

想象

练习或讲解普拉提时，经常用到的方法之一即是想象。这种有效而巧妙的理解方法是后文练习章节当中的一大关键部分（第 4 ~ 11 章）。想象可以瞬间传达大量信息，而大量的技巧说明和过于详细的描述有时反而会令人困惑和产生反作用。事实上，频繁地从解剖学角度来描述动作几乎是不可能的。例如，如果你想让动作更加流畅，如何从解剖上描述？就简单地说"流畅"，同时伴随说明性的手势或平静的语气就会有所需的效果。

运用想象时，要有洞察力，以避免传达信息时产生误解和不好的结果。想象应与客户的生活经历及可想象到的词汇有关，以使他们能够理解并感受到要义。如果不符合这一点，那么想象可能毫无意义，甚至会显得荒唐。诸如"内部的支柱""内在的强化"和"中心支撑"等常见表达方式，它们是内部支撑系统相关的想象示例。教学内部支撑系统的使用（和运用核心区域）极具挑战性，因为它需要很好的意识、专注力和控制力。因此，适当的运动想象往往有很好的辅助作用。

在训练中运用有效的想象提示（对于自己或他人）需要对运动、人体科学和被教的人有很好的理解。提示是一种艺术，它有不同的形式，包括触觉、语言和视觉，你可以按照不同的方式提供不同类型的提示。适当的提示能让信息被迅速地传递、接收和理解。老师与学生之间的有效提示就像良好的沟通，这将促进双方更好地理解和获得更加积极的成果。更深层的理解是高品质练习的基础，而高品质的练习则是达到精通和获得成功的途径。

经验是提高提示技巧的一个关键因素。这个过程需要时间，没有捷径可走。正如学生不可能只通过一节课程就学习到所有的知识，老师也无法从一本书中学习到所有的提示要点。知识、实践、经验、直觉、爱心、理解以及生活经验都是良好提示和有效教学的因素。动作的提示可能会因人而异，且每天都有所不同。提示是一个不断演变的终身探索，同时也是教学的本质所在。

以下是我在教学时常使用的一些想象提示，会经常出现在本书的想象描述中。

延长

普拉提经常会用到术语"延长"。这是一个复杂的提示，对于不同的人所表达的含义也不尽相同。完整的活动度可促进延长，它还有助于所有肌肉沿着动力链（例如肢体）同步收缩，以达到所需的身体形态。这样会让动力链作为一整个长段（在空间中延伸出）实现其功能性，而不是在某个局部。

运用想象提示时，重要的是注意概念与生理事实之间的差异，不要将两者混淆。例如，像"从后侧抬起腿部（腘绳肌）""从髋关节处开始延伸"和"从手臂下方伸出"等提示，都是在利用想象，但是它们从结构学上讲是不精确的。这并不表示这些想象方式不应该使用，相反，它们通常非常有效果，但老师和学生应该始终清楚地意识到事实和意象本身间的差别。

与之相关的讨论点是"怎样才算是伸直"。练习者经常会听到一些避免锁死膝部或肘部的提示，因此许多人不再完全伸直四肢。这样会导致运动效率低下、关节不能够充分地使用、关节不稳定，以及肌肉活动不充分，甚至可能产生一些问题，例如髌骨股骨症候群（由髌骨不良的运动轨迹造成）。"锁死"通常指关节的过度伸展，在普拉提练习中应加以避免。但这并不意味着不应该完全伸直关节；它表示尽可能达到最直的线，而不能超过该直线。要做到这一点，要先了解什么是"直"。首先，想象有一条直线穿过关节，接着激活主动肌和拮抗肌群（共同收缩）。以膝关节为例：当其完全伸直时，腘绳肌和股四头肌应共同收缩。这样关节能得到良好的支撑，正确的肌肉被完全激活，实现了一条长的直线。

记住，肢体在伸直时要比过度伸展或稍微弯曲时的更长。在普拉提床上做足部练习时很容易体会到这一点。腿部在伸直的过程中，滑车应该逐渐远离脚杆。在腿部完全伸直后，滑车将不再移动，这时就可以弯曲膝盖回到开始位置。如果膝盖继续延伸到过度伸展位，滑车实际上会轻微地向脚杆移动，这正说明了过度伸展比完全伸展更短。

最后，创造长度是结构上和内在的共性，是通过轻松的而非紧张的动作来传达的。曾有一名优秀的舞蹈老师告诉我如何使伸直的手臂看起来变短，又如何使它显得无限长的办法。要区分两者之间的差异是很困难的，但我始终没有忘记那堂课。

放松肋骨

在讨论想象时，需要特别注意下肋廓。当身体直立时，它有向前移动的倾向；在仰卧位时，它有抬离垫面的倾向。这通常是过度用了背伸肌，特别是在下背部。我喜欢想象下肋骨与耻骨联合之间连有两根橡皮筋，每侧各一根，它们能使肋骨上下滑动，而不是向前移动。这种想象提示有助于拉长下背部肌肉和激活腹肌。你会经常听到普拉提老师说，"下压你的肋骨"或"放松你的肋骨"。它表示的生理学意义是收缩腹部肌肉（不使脊柱弯曲），并减少脊柱伸肌的收缩强度，让腹肌和背伸肌适当地共同收缩，以达到理想的身体

排列。呼吸会在整个过程中起着重要的作用。通常一次深呼气就会实现预期的结果。现在尝试，吸气并完全呼气！

压印

第一代普拉提老师伊芙·金特里是"压印"这一概念的贡献者。这是她教学的中心主题，运用得非常成功。我曾非常有幸亲身体验伊芙的教学。

躺在垫子上，想象身体沉入软沙当中，制造压印的感觉。注意，脊柱仍然保持自然的生理弧度；软沙的想象方式能舒适地适应身体的形状。想象骨骼离开再慢慢回到压印中。在这种形式的练习中，要最小化对每块肌肉的关注，同时将注意力转移到身体部位的运动，就像仅是骨骼在移动一样。这样会使运动流畅且没有压力。例如，做骨盆卷动时，可以想象脊柱在沙子中的压印。骨盆和各个椎骨依次从其压印中浮起来，然后慢慢还原。这样会让各椎间关节有序运动，与此同时肌肉不会过度活跃（或至少不会因用力过度而产生紧张感）。这个概念可被运用到任何姿势下身体的任何部位，确保运动的正确、优美、流畅。

有效的学习和教学方式会根据动作、学生和老师之间的差异而有所不同。有些练习者根据想象画面或示范动作进行模仿和练习，来获得好的学习效果；有些人则通过拆分动作来达到更好的效果，还有一些人喜欢通过口头解释、图像或触摸的方式。大多数情况下，最好的是综合以上方法，这能从多个角度来提高动作表现并加深理解。

以下的基本指导将有助于达到良好的训练效果。

- 运动之前呼吸。

- 运动前进行动作设置（激活内部支撑系统）。

- 从头到脚浏览一遍，以确保位置正确，避免过度紧张。

- 专注于重点肌肉（启动肌群）。

- 保持头部与脊柱排列。

- 眼睛平视前方，与头部位置保持一致。

- 呼吸贯穿于整个动作过程（即使不是推荐的呼吸模式）。

- 保持肩部和颈部放松。

- 建立长的动作路线。

- 保持高效、流畅、准确与和谐的运动。

运动描述

以下章节中的每项练习都包含了运动描述，并提供正确做法的分步说明。虽然"锻炼"和"运动"二词可以互换使用，但我经常提及"运动"而不是"锻炼"，试图将普拉提训练方法与锻炼概念区分开来。即使是最基本的运动，也包含许多层次的信息。而"锻炼"在此是指身体的运动（而且是最肤浅的运动）。这并不意味着贬低锻炼的性质，而是要使你注意到潜在的方法，即运动是一种达到目的的方法：它是一种达到更高目标——获得健康的方法。

普拉提的重复

约瑟夫·普拉提提到过"盲目重复"的概念；我喜欢这个词，因为我相信周而复始的重复不仅没有意义，更不会产生良好的效果。你可以进行大量重复的运动，但若没有抓住其中的重点或控制，运动就变得毫无意义，因为这种运动并非是有意识的练习。每次的练习和重复是为了保持身心的投入。要做到这一点，无论在身体或精神上，我都建议进行有限次数的重复，通常是 5 ~ 10 次，这取决于运动的强度和复杂性。运动越复杂，所需的重复就越少。对于特别困难和复杂的练习，少一点重复次数；而对于基础练习，则可较多次地重复（与很多耐力性的运动相比，10 个重复次数仍然是少的）。

普拉提运动之所以能通过较少次数的重复来获得良好成效，是由于它能准确、合理地激活肌肉。在重复多次之后，通常会产生代偿；其他肌肉（通常表层的）开始进行运动，这大大降低了对目标肌肉的锻炼效果。而过度重复还容易产生疲劳、引起关节的损伤、产生厌倦情绪，甚至在某些情况下会造成损伤。普拉提蕴含了"少即是多"（质量与数量）的概念，它是更深入地练习、提升动作表现和收获更好成效的关键。

在开始练习之前，调整身体以正确进行运动是非常重要的。我经常对学生说，调整占90%，动作只占10%，因为若缺乏准确的调整，就不会有正确的运动结果。调整可以使身心共同活动，实现最佳排列和肌肉激活。

调整可能需要花费5秒或30秒。在这段时间内，你需要激活内部支撑系统，并建立与肌肉之间的联系。检查呼吸模式，并审查全身，以确保每个身体部位的正确排列。想一遍动作的每个细节。如果你独自进行练习，则要提示自己对动作进行矫正。你对自己的身体习惯和代偿状况越了解，这个过程就会越完善。从本质上讲，在进行动作之前，练习就已经开始。调整的过程能给予每次练习和每节课程以深度的专注和思考。

实现对称

对称性是否能够实现？是否可取？我的妻子总是提醒我，在自然界中没有绝对的对称性，只有接近。所以我们应该努力使我们的身体保持对称吗？这个问题产生了关于对称与非对称训练的有趣问题。我曾与运动员一起进行练习，他们质疑是否值得改变由他们多年来的锻炼（如网球和排球等练习）形成的身体不平衡状况。对于他们来说，努力获得核心力量并增强运动表现，而不改变维持身体状况的体内平衡（或不平衡）是非常合理的。就个人而言，我乐于提倡将对称性作为一种理想状态，一个我们努力的参照点，和一种可以衡量的改进方式。对称性也可以作为指导点。我相信，针对对称性的训练最终会提高身体在日常生活和其他运动中的表现和功能；它能避免对身体部位

的不良压力，并避免整个身体潜在的不良因素。

另外，身体两侧是相互影响的。如果一侧受伤，锻炼未受伤的一侧会对伤侧有积极的影响。这种方法不仅适用于受伤的状况，也适用于其他所有运动，包括健身。

针对对称性的训练是相当复杂的，因此需要谨慎对待，不要急于做出重大改变。在处理不平衡状况时，我一般会用以下步骤。注意第一个和第二个步骤，几个月之后再继续过渡到第三步和第四步。

1. 双侧运动，提高不对称肌肉的活动意识。

2. 单侧运动，两侧采用相同的重复次数和阻力。

3. 单侧运动，着重于锻炼较弱的一侧。

4. 单侧运动，仅锻炼较弱的一侧。

沿着能量线运动

作为一名舞者，我常被教导要根据能量线或能量路径来思考动作；这个概念很适合于普拉提练习。能量线可以是直的、圆形的或螺旋形的。例如在垫上练习骨盆卷动，胸部抬起等基础练习中，只有一条或两条能量线（如图3.2a所示）。越是复杂的动作，能量线就越多。不同的身体部位能向不同的方向甚至是相反方向延伸。例如，垫上练习坐姿脊柱转动的能量线有纵向、水平和螺旋（如图3.2b所示）。纵向线，沿着脊柱上下延伸，能使躯干保持直立。水平线横向穿过肩部，并向两个方向延伸，使手臂、肩和背部尽可能宽地处在同一个平面。此外，这个动作中还多了一条螺旋线，它沿着躯干螺旋向上，让旋转更加充分。能量

沿着不同方向同时移动时，会让动作变得复杂。

把能量线当成是一种动作解释，会使练习变得清晰、简单，同时更加精确。你可以在每次的练习中都运用这个原则。当了解动作的能量线后，编排就会变得清晰，目标肌肉才会被正确且高效地募集。

适应性练习

很多人做变式只是为了使动作不一样，或避免枯燥。而另一些人则是因为他们不熟悉动作的原型，或者不能精准地去完成原动作。我不赞同为此就去改变原动作。这样就失去了这个练习的本意，也不符合原本的练习目的。是的，动作需要被不断地演变，但不能有损动作结构。动作需要根据科学的进步和个人的需求进行改进，但须建立在原型上。这正是为了在与时俱进的同时仍保留普拉提的精髓。

原始动作是在当时特定的时间和地点（即 20 世纪早期在欧洲和纽约）出现的。那个时候，人们的生活习惯、生活方式与现在截然不同。没有计算机、汽车未普及、航空仍是梦想、互联网也很遥远，娱乐活动相对地简单和低科技。值得庆幸的是，随着社会的进步，普拉提训练方法也在被不断地改良，但我们不能忽视约瑟夫•普拉提所创造的成就。

为了避免不良的运动模式、代偿，同时达到训练的目标，有时需要对动作进行改编。

然而，保持动作的本意仍至为关键，这就要求你必须了解动作目的、运动力学及其相关的禁忌。

图 3.2 专注于身体能量线将引导你沿着正确的运动路径进行移动。（a）垫上练习骨盆卷动，沿着两条简单的能量线移动，而在更复杂的（b）垫上练习坐姿脊柱转动，能量同时在多个方向上移动，相对复杂

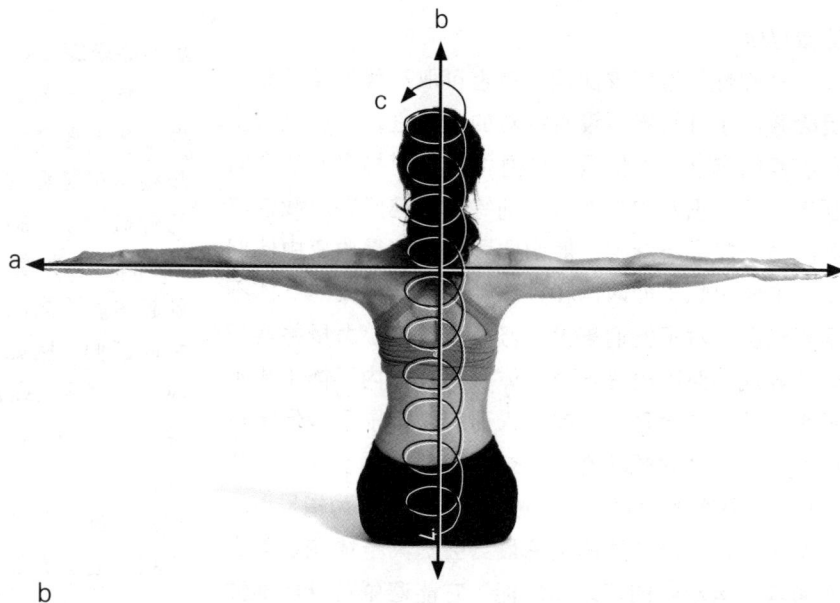

改编同样适用于辅助工具，如弹簧、弹力带、垫子、普拉提球或器械的调整。所以须充分理解训练动作，另外还要充分了解普拉提器械。这样才能产生一个良好的演变。为了避免信息量太多而引起的混乱，在本书第一版中，我没有加入改编动作和辅助工具。以期望大家理解原始的动作，并能从中获取知识和经验。此外，也鼓励个人的创造力。第一阶段是学习原始动作，包括动作形式、功能和目的。第二阶段是学习器械的相关知识，同时从解剖学、生理学和运动生物力学上进一步加深了解。最后，也是最重要的是，认知你的身体以及它无穷无尽发展、变化的可能性。

应学生和读者的要求，在本次第二版中，我加入了动作的变式，还有多个动作的改编。这也是为了激发大家的创造性。我一再强调，每个人都有不同的运动需求、限制因素和训练目标。编排动作时除了必须考虑到这些因素以外，也要考虑到体型、器械的适宜性。最后需要重申：安全始终是最基本的要素。让你和你的学生安全地练习，享受普拉提。

4

垫上练习

垫上练习

是普拉提的精华，更是很多普拉提动作的基础。而从难度上看垫上练习并无上限。假若对垫上练习掌握不深，那么便无法把握普拉提练习最基础的部分。

练习只需一张垫子，就可随时随地进行各种难度级别的训练。结合不同的训练目标，例如，作为器械普拉提或其他体育活动的准备运动；作为日常训练计划的一部分；作为提升身体意识的训练法，或者产前（后）的训练方案。

本章中所划的各板块将有助于你编排训练内容。例如，第3章的垫上板块，就与运用各种器官的综合板块有所差异。由于大多数的垫上练习都着重于核心的锻炼，故而要格外注意对腰椎骨盆区域的位置和运动。

本章中的所有动作都包含进阶及其与意识的结合。垫上练习比在器械上更能体现出连续性。我创造了一种动作衔接的方式，能让练习者采用独特的方法练习传统的垫上普拉提。这些连接的动作结合了原有动作，练习者可根据动作的难度等级和持续时间去完成，因此每个动作都可以与下一个联系起来。

每一节垫上课程结束后，我通常会用几分钟去放松和调整，做些柔缓的动作或冥想、听优美的音乐。这些都可使身体平静下来并能用心去体会先前所做的动作。可以说，这是一节课当中最具价值的部分。

不要认为垫上练习是普拉提体系当中作用最小的一部分，它堪称无价之宝，尽情享受吧。

基础

这个板块通常在垫上课程的开始阶段进行。它既是垫上普拉提的入门，也可作为其他练习的准备运动。它能提高身体核心的机能与意识感，并为后续的垫上练习和器械练习奠定基础。

虽然这些练习并不复杂，但仍然需要足够的专注力、控制和准确度。基础练习的节奏较缓慢，因此练习者能更专注于身体的内在变化及动作细节。

此板块中参与的肌肉主要有骨盆底肌、腹肌，特别是腹横肌。横膈肌与背伸肌群、髋屈肌群和腘绳肌共同收缩帮助维持骨盆的位置。

扫码听资深普拉提导师
为你解答新手常见问题

骨盆卷动

这个练习能调动脊柱，为接下来的运动做准备。同时还有助于激活内部支撑系统。骨盆卷动可以培养身体意识感，增强骨盆腰椎区域的活动性和稳定性，并有助于缓解身心压力。

想象

把脊柱的运动想象成小心、缓慢地剥香蕉皮的过程，感受轻微的阻力。

☐ 始终保持脊椎中立位。

☐ 当身体卷到最高时，骨盆略后倾以拉伸髋屈肌群。

☐ 始终保持肩颈部的放松。

变式练习

单腿完成同样的动作：单腿抬至桌面高度（膝和髋关节呈直角）。身体抬起时，髋关节的角度也随之改变，但膝关节始终保持直角、小腿始终与垫面保持平行。本书中的大多数变式都是降低了动作难度，但有些变式也会加大骨盆稳定性和髋伸肌的挑战。

仰卧。双膝弯曲，双脚与髋同宽。脊柱中立位，双臂伸直在身体两侧，保持颈部放松，略低头。吸气，感受脊柱和手臂的延长。

呼气。收紧腹部。骨盆后倾开始将脊柱一节节卷离垫子，从而抬升下背部脊椎。过程中，让腘绳肌更多地工作以抬高骨盆及躯干的位置。

吸气。保持在最高点。双腿平行向前延伸，尽量拉伸髋屈肌群。运用肩伸肌以强化上背部的伸展。

呼气。脊柱一节节地卷下还原。经过腰椎区域时加大屈曲，接着回到动作起始位置。

49

重点

- 腹斜肌

目的

- 改善脊柱旋转的灵活性
- 强化腹部控制
- 增强骨盆腰椎的稳定性

仰卧脊椎转动

这个动作着重于身体（特别是脊柱）的旋转。同时能激活并强化腹斜肌。旋转范围取决于身体的柔韧性和腹部的控制能力。保持稳定的骨盆腰椎支撑，避免脊柱过度前弯。在旋转的过程当中，尤其要注意这一点。旋转范围过大，常会导致背部拱起。

想象

想象骨盆像圆形的门锁，与双腿和双脚连为一个整体，流畅地来回旋转。

☐ 肩带和颈部始终保持放松。

☐ 着重于腰部区域的运动（尽管从解剖学上看，胸椎主要负责旋转）。

变式练习

将双脚放在垫子上，做相同的动作。始终保持双膝双脚并拢。骨盆和腿部向右转动，左脚略微抬离垫面，反之亦然。

☐ 双膝与双脚并拢，避免来回滑动。

☐ 双手指尖连着一条长长的直线。

仰卧。手臂与身体呈"T"字形，掌心朝上。呼气，骨盆稍微后倾，（在开始动作时，也可以保持骨盆中立位置，但要加强身体控制，以避免脊柱过度前弯和下背部压力过大）。腿部保持桌面姿势（双腿并拢，膝盖与髋关节呈直角）。

保持骨盆于腿部作为一个整体，双膝并拢。吸气，旋转脊柱。这是水平面上的动作，始终要保持肩带的稳定。

呼气。骨盆和双腿缓缓地回到正中位置。

吸气。向另一侧旋转。

胸部抬起

它可以强化腹部肌肉及内部支撑系统，并能为接下来的多个腹部运动奠定基础。不同于常规的卷腹运动，胸部抬起要求脊柱和骨盆始终处于中立位，且动作速度相对缓慢；常规卷腹，骨盆一般是略微后倾的，脊柱贴紧垫子。无论健身水平如何，这个动作都具有挑战性。请记住：不是身体更强，动作就更简单；而是身体越强，动作就要做得更到位！

想象

想象脊柱是一根长弹簧，下段牢牢地固定在垫子上。随着身体的卷起，弹簧上段及中段均匀地弯曲，同时保持下端始终不动。

☐ 避免过度拉扯颈部。

重点
- 腹肌

目的
- 强化腹部肌肉
- 增强骨盆的稳定性及控制力

变式练习

脊柱逐节卷起至肩胛骨抬离垫面。吸气，手部抓在大腿后侧。呼气，用手臂将身体略微拉高。吸气，手放回头后，躯干仍保持相同的高度。呼气，脊柱再逐节回到起始姿势。

☐ 保持头、肩及躯干上段的正确位置与排列。

☐ 骨盆保持在中立位置，避免髋屈肌群用力过度。

仰卧。骨盆和脊柱保持在中立位，双膝弯曲，双脚与髋同宽。十指交叉在头后，保持颈部放松。集中注意力在腹部区域。吸气，拉长脊柱。

呼气。从头部开始逐节卷起至肩胛骨离开垫子。感受胸骨下方的躯干始终保持不动。

吸气。停在卷起位，进一步感受腹肌的收缩，同时注意保持骨盆的中立位。

呼气。保持腹肌收缩的同时，逐节卷回到起始姿势。

51

重点
- 腹斜肌

目的
- 强化腹肌，同时锻炼腹斜肌
- 增强骨盆在脊柱旋转时的稳定性

胸部抬起加旋转

它是在胸部抬起的基础上加了旋转，增加了身体两侧的腹斜肌的练习。这个动作为转体腹部练习奠定基础，例如十字交叉，也可以作为日常生活和专项运动中的身体旋转的准备活动。

想象

将仰卧脊椎旋转想象成转动圆形门锁，卷腹抬起时将脊柱想象成一根长弹簧。

☐ 保持头、手臂及躯干上段的正确位置与排列。

☐ 避免肘部朝前、过度拉扯颈部。

☐ 转动时保持躯干前屈。

吸气。 仰卧，骨盆和脊柱保持在中立位置，膝盖弯曲，双脚与髋部同宽。双手交叉于脑后。激活内部支撑系统，将注意力集中在腹部肌肉上，一节节地抬升脊柱，直到肩胛部位完全抬离垫面。

呼气。 将上腰部位向一边旋转。集中注意力在腹部肌肉，从骨盆以上的部分开始移动，避免躯干侧屈。在整个过程中，要保持骨盆稳定。

吸气。 将上腰部位由中间位置向另一侧旋转，在整个过程中，不要压低躯干。

继续由一边旋转至另一边。重复完最后动作之后，进一步收缩腹部肌肉，然后身体回到仰卧姿势。

抬腿

在这个练习当中，腹肌起稳定身体的作用，对骨盆缺乏稳定性或由腹肌无力而造成的身体前屈有很好的效果。通过保持骨盆腰椎区域稳定的同时进行单腿运动，有助于提升身体核心区域的意识，并能增加骨盆的稳定性。

想象

想象骨盆如同磐石般稳定，双腿则像羽毛般轻盈。双腿轻轻抬起时，骨盆始终保持不动。这种对比的想象方式有助于建立正确的身体感觉。

☐ 抬腿时，避免下背部过度紧张及过度前弯。

☐ 抬腿中，膝关节角度不变。

☐ 抬腿时，重量尽量不要转移到对侧支撑腿。

变式练习

增加了难度及挑战性，两腿交替运动：一腿下落时，另一侧抬起至桌面高度。双腿同时运动，两边重复相同的次数。

重点
- 腹部肌肉

目的
- 提高骨盆腰椎的稳定性
- 提升髋分离能力
- 加强腹肌和髋屈肌群的控制能力

仰卧。骨盆和脊柱保持在中立位置，双膝弯曲，双脚与髋同宽。双臂伸直在身体两侧，掌心朝下。保持颈部放松，略收下巴。吸气，保持骨盆腰椎区域的稳定性，双脚受力均匀。

专注在髋关节的运动上，呼气抬腿至桌面高度（膝关节和髋关节都是 90 度）。过程中，膝关节始终保持 90 度。

保持膝关节 90 度。吸气，缓缓放下至脚尖轻触垫面。重复几次后换至对侧。

重点

- 腹部肌肉
- 髋屈肌群

目的

- 强化骨盆腰椎稳定性
- 有助于髋关节舒展
- 强化对髋屈肌群的控制
- 放松髋关节周围的肌肉

单腿划圈

这个动作综合了躯干的稳定性和腿部的活动能力（髋分离）。在骨盆与脊柱保持不动的同时，髋关节流畅地转动。髋关节的活动与分离是普拉提和其他许多运动常会用到的模式，例如蹬自行车、跑步，以及一些舞蹈和体操动作。正确使用此模式，会有助于缓解下背部紧张，并能在一定程度上改善骶髂关节的功能失调。

想象

想象腿部像大汤勺在锅中搅拌。整个动作应连贯且轻柔顺畅。向下划圈再还原的过程，就像溜溜球一样下滚随即收回。

☐ 在整个练习过程中，骨盆与脊柱始终保持中立位。

☐ 保持髋关节运动的流畅和连贯。

变式练习

可用弹力带来辅助完成。双手握住弹力带两端，肘部位于身体两侧，紧贴垫面，弹力带绕过足底。这种方法可以使髋屈肌群更加放松的同时促进髋关节运动的流畅度。对于腘绳肌紧张的练习者也会有很大的帮助。

☐ 保持颈部、肩部和胸部放松。

仰卧。手臂平放于身体两侧，与身体保持"T"字形，掌心朝上。双腿伸直并拢，绷脚尖。呼气，抬起一腿向上伸直与地板呈90度（垂线），勾脚尖。

吸气。抬起的腿向内（越过身体的中心线）向下划圈还原。在保持骨盆稳定的前提下，尽量将圈划得大一些。

呼气。重复上述动作。每划一圈则交替呼吸一次。每次还原时，稍作停顿。重复5～10次。

吸气。反方向划圈。呼吸模式同前。保持骨盆腰椎的稳定性及髋关节的流畅连贯。同样重复5～10次后，回到仰卧的起始姿势。

腹肌的锻炼

腹部肌肉是身体核心区域的重要构成部位。在普拉提的各项练习中，几乎都会运用到腹部肌肉。它是核心力量和脊柱稳定性的重要因素。这一板块将针对腹部肌肉的锻炼进行讲解。腹肌在健身运动、康复训练和运动员专项练习等方面越来越被重视。良好的腹肌机能会有效避免背部的损伤。

这一板块旨在强化腹肌力量以及对躯干稳定的能力。只有精准地完成动作，才可获得良好的训练效果。如果动作不到位，不仅达不到效果，而且可能会引起损伤。

练习普拉提要求很高的精准度。它的动作并不是一成不变的：通常需要对原动作进行调整以达到预期的训练目标。随着训练水平的提高需要相应地增加难度。良好的腹肌机能会为我们的日常活动以及体育运动带来诸多好处。

重点
- 腹部肌肉

目的
- 强化腹部肌肉
- 提高躯干稳定性
- 促进血液循环，增加身体温度

一百次

普拉提腹部练习的经典动作之一，这个动作主要锻炼的是核心区域。名称源自它的呼吸模式：吸气5次，呼气5次，重复10次。

这个动作我常常使用主动呼吸法，通过动态收缩来强化呼吸肌。第一代普拉提老师朗弗莱彻创造了撞击式呼吸。它能够让呼吸更加主动，正确掌握了这个呼吸方法会受益良多。

一百次要求很好的腹肌力量以及正确的躯干屈曲位置。我建议在开始前先做一些准备运动（参见变体式）。练习中，腿部应处于可控的范围内（腿部垂直于地面较轻松，接近地面则较困难）。约瑟夫在经典普拉提中的一百次，腿与眼部同一高度，则需要更强的力量与控制。

仰卧，使小腿与地面平行，大腿垂直于地面。吸气，手臂伸直举过头顶，掌心朝上。

呼气。收紧腹部肌肉，从头开始卷起至肩胛骨离开垫子，腰椎贴住垫面。

吸气。上半身保持在最高点，同时将腿部伸直到可控的范围。手臂下压至身体两侧，与地面平行。

吸气。注意力集中在腹部区域。

想象

　　想象手臂的动作就像发电机在产生能量；这种能量帮助保持身体的稳定、腹肌的运动，同时能支撑腿部。

☐ 整个过程中，保持腹部收紧，下背部贴住垫面。

☐ 保持颈部和肩部的放松。

☐ 拍打动作要流畅、轻柔，避免紧张。

变式练习

　　可以先进行简化练习：脚放在垫面或桌面高度，以降低对髋屈肌群和腹肌的挑战度。如果腘绳肌过紧，练习时弯曲膝盖。

呼气。手臂上下拍打 5 次。在做这个动作时，腿部越低，动作难度也就越大。

吸气。手臂继续上下拍打 5 次。整个过程中，手臂贴近身体两侧。如此重复 10 次。

呼气。保持腹肌的收缩，身体慢慢回到起始姿势。

重点
- 腹部肌肉

目的
- 强化腹部肌肉
- 提高脊柱的灵活性和稳定性
- 舒展背部肌肉

长躯席卷

主要锻炼的是腹部肌肉。腹部肌肉在此同时作为原动肌和稳定肌。在起始阶段，它带动脊柱屈曲，接着髋屈肌群让躯干和骨盆抬离垫面。当肩部位于髋关节上方，腹部肌肉持续用力，使身体维持"C"字形曲线，同时拉长背部肌肉。

我对这个动作进行过多次改编。最初的想法是，肩部位于髋关节上方稍作停留，躯干不要求越过腿部。原因是腘绳肌还未准备充分，避免在整节课程中过早地大幅度拉伸腘绳肌。这个动作目的是舒展背部肌肉和强化腹部肌肉，同时适当地拉伸腘绳肌。

第二次改编着重于头部的位置。经典动作中，头部在坐姿阶段的位置较低，位于双臂之间。而我认为更好的是让头部与脊柱的自然曲线保持一致，同时双臂与地面平行。

最后一点：经典动作中是勾脚尖，而我则建议在略绷直脚，微微屈膝。因为勾脚尖时，股四头肌会用力过度（其中包含股直肌，双关节的髋屈肌群）。在这个动作中，不应过于注重髋屈肌群的运动，否则腹肌的锻炼效果就会降低，也无法保持良好的"C"字形曲线。但是髋屈肌群的作用仍是很重要的。在做这一版本时，要保持手臂、腿部和脊柱在一条延长线上。

仰卧。将手臂伸过头顶，掌心相对，腿部伸直并拢，脚尖适当崩直。呼气，肋骨下滑，手臂尽量向头部上方延伸，保持手臂与肩同宽。

吸气。收紧腹部，身体抬离地面并向前倾，从手臂开始，接着是头部与上脊柱。稍适停顿，腹部肌肉进一步用力，下背部贴住垫面。准备卷至坐姿。

呼气。脊柱一节节卷离垫子。当肩部位于髋部上方时，稍适停顿，保持背部的"C"字形曲线。这条曲线应从脊柱延伸至脚尖、头顶和手指尖。

想象

想象双手握住马匹的缰绳，将身体轻轻拉离垫面，接着再慢慢还原。整个动作应保持灵活流畅，卷动的过程中身体的"C"字形曲线始终保持不变。

☐ 仰卧位，手臂越过头顶的时候，不要上提肋骨。

☐ 卷起、卷下及坐姿时，应始终保持"C"字形曲线。

☐ 在整个练习过程中，头部与脊柱的位置应保持一致。

变式练习

如果下背部和腘绳肌过紧，或腹肌力量不足，开始时可以弯曲膝盖。吸气，抬起手臂、头部和躯干上部。呼气，继续上卷的同时尽可能伸直腿部。身体处于坐姿时，吸气保持"C"字形曲线。呼气，身体向下卷动同时弯曲膝盖，回到起始姿势。

吸气。 身体保持这个姿势，感受腰椎的拉长。手臂与肩部同高（平行于地面），颈部与肩部保持放松。

呼气。 脊柱一节节卷下还原。避免将头部埋在双臂之间。运用腹部肌肉提高核心的稳定，避免肋骨上提。头和手臂依次还原。

重点
- 腹部肌肉

目的
- 强化腹部肌肉
- 提高脊柱灵活度
- 增加腘绳肌的柔韧性
- 加强背伸肌群的控制

引颈前伸

这个动作正好与动作名称所述相反，要避免过度拉伸颈部。将长躯席卷做熟练后，才能把这个动作做到位。双手放于头后改变了身体重心及杠杆，使得这个动作比长躯席卷更难。此外，坐姿时躯干前伸的范围更大，意味着要求更高的柔韧性。从前屈回到垂直坐姿，需要核心力量、躯干的稳定性，特别是背伸肌群，同时要求腘绳肌的柔韧性。

先从坐姿直背向后仰，再向下卷动。由于这个动作的要求较高，应出现在一节课的后半部分，而不是在准备阶段。

呼气。 仰卧，腿伸直并拢，轻绷脚尖。手指交叉放于脑后，肘部打开。

吸气。 卷起头部和肩部，下背部紧贴垫面。

呼气。 身体向上卷动，直至整个躯干位于腿部上方。

想象

整个动作像卷起地毯一样流畅。

由前屈至垂直的坐姿，如同一棵被推弯的小树，慢慢回弹。

☐ 在整个过程中，保持肘部打开。

☐ 卷起时避免颈部与头部的过度拉长。

☐ 直背后仰后再向下卷动。

变式练习

降低动作难度：当头部和肩部卷离垫面时，手臂向前伸。卷至胸部位于腿上方时，再将手放回脑后；不需直背后仰，从垂直坐姿卷下至开始位置。

吸气。保持脊柱的延长感，一节节卷回至垂直坐姿。

呼气。直背后仰。

脊柱一节节卷回到起始姿势。

重点
● 腹部肌肉

目的
● 强化腹部肌肉
● 加强骨盆腰椎的稳定性

单腿伸展

　　这个动作在四肢活动同时要求躯干和骨盆的稳定，以等长收缩方式加强腹部力量。动作过程中，头部位置非常重要，应与脊柱保持一致。每次练习时，手要向下对抗小腿，以让臀部更多的感觉压入垫子中，这样有助于强化腹肌的收缩。

　　如果能做好单腿伸展这个动作，那么做双腿伸展时则会相对容易。双腿伸展要求双臂伸过头顶时双腿均要向前伸直，这对骨盆和躯干的稳定性要求较高。而单腿伸展只需要伸直一条腿，双手固定另一条腿，另一条腿起支撑作用。

吸气。仰卧，躯干卷起至肩胛骨离开垫面，屈膝曲髋，腿靠近胸部，胫骨与地面平行。双手放于小腿上。

呼气，一条腿伸直；另一侧屈膝略近胸部，小腿平行于地板，双手向下对抗屈膝侧。

想象

我们可以将腿部前后运动的动作想象为机器发动时的活塞运动，它十分精准地进行前后移动。而身体的核心区域则像是带动活塞的发动机。

☐ 在整个运动过程中，保持躯干的稳定。

☐ 进行前后运动的同时，使双脚与眼睛保持在同一水平线上。

☐ 确保弯曲的一条腿的胫骨与地面平行，并且这条腿不要过于靠近胸部（大腿与垂直线的角度大约在 10 度）。

变式练习

掌握了基础动作以后，在进行腿部运动的同时，我们可以改变手臂的姿势。将与弯曲的腿部相反方向的手臂紧扣在这条腿膝盖下方的胫骨上，并向下压，以加强腹部锻炼。而另一只手则向前伸，或者直接握住弯曲腿部的脚后跟（取决于手臂的长度）；躯干在向上抬起时，注意要保持前屈姿势。

吸气。两腿交换，双腿部尽量靠近身体的中心线。
呼气。换至相反的方向。

重点

● 腹部肌肉

目的

● 强化腹部肌肉

● 加强躯干稳定性

双腿伸展

　　双腿伸展，注重骨盆和躯干的稳定性。手臂和双腿向外延伸时，下背部要紧贴垫面。头部保持稳定，眼睛平视前方，肩颈放松。当髋弯曲约 100 度，且小腿与地面平行时，双手紧压小腿，同时进一步收紧腹部。髋伸肌和膝伸肌让腿部伸直，肩屈肌让手臂越过头顶。

呼气。仰卧，躯干卷至肩胛骨离开垫面，屈膝，屈髋约 100 度，小腿与地面平行。双手紧压小腿。

吸气。手臂伸过头顶，同时腿向相反的方向伸直，躯干保持稳定，脚与眼部位于同一水平线上。收紧腹部，下背部紧贴垫面。

想象

想象成橡皮筋往两端拉长再回弹的过程：手臂和腿部向相反方向拉伸，再回到中心位。这样能增加练习的动态性。

☐ 从头到尾骨始终保持稳定，下背部紧贴垫面。

☐ 手臂尽量伸远，同时避免躯干下落或耸肩。

☐ 脚与眼部保持在同一水平线上；若下背离开垫面，双腿可略抬高。

☐ 始终保持眼睛平视前方。

呼气。手臂划圈，双腿收回，脊柱保持稳定不动。

回到起始姿势。

重点

- 腹部肌肉

目的

- 强化腹部肌肉
- 加强骨盆腰椎稳定性
- 提高腘绳肌和髋屈肌群的柔韧性

腿后伸展

它可以作为骨盆腰椎稳定性和腹部高阶练习的准备动作。抬腿时注重腹肌和髋屈肌群（特别是腰大肌和髂腰肌）的工作，而不仅仅是腿后肌群的伸展。下面的腿通常与垫面保持约 15 厘米的高度，若能贴在垫子上，则会有更稳定的支持。腿部抬起的高度取决于自身的柔韧性和骨盆稳定的能力。

想象

将这个动作想象成像折扇打开收回。

☐ 换腿时，保持骨盆腰椎和躯干稳定。

☐ 整个动作过程中，躯干的位置保持不变。

☐ 可以的话，双手可抓住小腿后侧。

☐ 肩和颈部保持放松。

吸气。仰卧，上身卷至胸部抬起。双腿伸直朝向天花板，与地面垂直。

继续吸气，保持上身的稳定。双手抓一侧的小腿，另一条腿向垫子下压。

呼气。收紧腹肌，腿部小幅度地朝胸口方向摆动两次。采用撞击式呼吸，每摆动一次，呼气一次。

这个动作更具挑战性，十指交叉放于脑后。躯干转向伸直的腿侧，每组做 10 次。对于腘绳肌或髋屈肌群过紧者，可以微屈膝。腹肌力量较弱者，双腿先回到起始位再交换，随着腹部力量的增强，再进行腿部的交换。

吸气。双腿迅速交换，同时骨盆与躯干保持稳定。重复以上的动作。

练习结束，身体回到起始姿势，双腿垂直于地面。

重点
- 腹部肌肉
- 背伸肌群

目的
- 强化腹部肌肉与背伸肌群
- 加强髋屈肌群的控制
- 为"V"字形悬体做准备

"V"字形悬体预备式

这个动作是高级腹部练习的准备性动作，包含了几个基础的垫上动作：长躯席卷、球式卷动以及箭式滚动。少了手部的支撑则不可使用惯性，因此具有较高的难度。需要合理运用腹肌、髋屈肌群与背伸肌群并找到平衡点。小腿保持与地面平行，动作过程中注重脊椎的分节活动。

想象

身体是一根钓鱼线。身体向下卷动时，钓鱼线放长；向上卷动时，钓鱼线慢慢卷绕起来。这种想象方式有助于轻松且流畅地运动。

☐ 充分运用背伸肌群。

☐ 卷起和卷下时，注意脊柱的分节活动。

☐ 向下和向上卷动，尽量加大腰椎的屈曲。

吸气。坐姿，保持身体平衡，手臂向前伸直。屈膝，小腿平行于地面。

呼气。从下背部开始逐节卷下至可控的高度。注意肩胛骨不得接触垫面。

吸气。逐节上卷至起始姿势。

"V" 字形悬体

这个动作结合了垫上练习 "V" 字形悬体预备式的腹部练习和箭式滚动的平衡性练习。它与箭式滚动的起始姿势一致，但要求手臂举过头顶。向下卷动时双腿保持并拢不动、双手保持在头顶上方。卷起时，双腿保持在空中，需要很好的髋屈肌群和腹肌的力量和控制力，以避免背部的压力过大、脊柱过度前弯和骨盆前倾。这是个重在腹部训练的全身性运动，但也需要背伸肌群和髋屈肌群的力量。

想象

双手像握住马的缰绳，将身体轻轻拉离垫面，接着再向下放回。或想象身体像充了气的轮胎一样平稳地滚动；也可以将这个动作想象成钓鱼线卷起再放长的过程。

☐ 卷起和卷下，脊柱要分节运动。

☐ 向上卷动和向下卷动，尽量加大腰椎的屈曲。

☐ 腿部的角度要始终保持不变。

重点

- 腹部肌肉
- 背伸肌群
- 髋屈肌群

目的

- 强化腹部肌肉与背伸肌群
- 加强髋屈肌群的控制
- 加强躯干稳定性
- 提高身体平衡能力

吸气。坐姿，腿部伸直与地面呈 60 度，身体呈 "V" 字形。保持身体的平衡，将手臂举过头顶。

呼气。手臂先降至与肩同高，脊柱再一节节地卷下。当身体完全躺在垫上后，手臂再举过头顶。腿部始终保持不动。

吸气。脊柱一节节的向上卷动，至起始姿势。

69

脊柱的分节运动

人体脊柱是一个让人惊叹的结构。它能在不同方向，不同的范围内运动。每个椎间关节都具活动度。

脊柱的分节是指各椎间关节精准有序的运动，这概念反复被约瑟夫·普拉提提倡。他认为，一个人无论实际年龄大小，若脊柱活动度良好，就是年轻的身体；相反，若脊柱僵硬，则是老化的身体。

这一章节的重点是脊柱在屈曲时的分节运动。下背部的自然生理弧度向前，但与之相反，现代生活中人们长时间的脊柱弯曲，造成活动度下降。脊柱关节的分节运动有助其恢复良好的灵活性。还有些人的脊柱过度灵活、缺乏控制力，也无法进行良好的脊柱分节运动。

腹肌作为脊柱的屈肌，是分节运动的关键。同时背伸肌群也是十分重要的，脊柱的分节运动是屈肌和伸肌的共同作用。

本章中的练习包含了大幅度的脊柱屈及肩颈负重，有一定的风险因素。练习者需要根据自身情况谨慎地选用。必要时可咨询医师。

脊柱拉伸

坐姿下的脊柱分节运动。脊柱一节节前屈，像从墙上慢慢脱离一样。接着反向运动回到垂直坐姿。在这个动作中，脊柱屈肌与伸肌相互作用，有助于建立良好的脊柱灵活性和稳定性，同时增加核心的控制能力。它能够极大地改善坐姿。

动作过程中，保持腿部与肩同宽，骨盆稳定，勾脚尖（足背屈）。脚趾始终朝向天花板，这样有助腿部保持在中立位。

想象

身体像一棵小树。从树顶被拉弯后慢慢弹回到直立。

☐ 整个动作中，最大化脊柱的分节运动。

☐ 保持足背屈，脚趾朝向天花板。

☐ 肩部保持放松。

重点
- 腹部肌肉
- 背伸肌群

目的
- 强化脊柱分节
- 加强核心控制和躯干稳定性
- 提高腘绳肌的柔韧性

变式练习

掌握了基本动作后，可进阶：在身体前屈位，从下段脊柱开始向前方延伸，手臂伸直于耳侧。接着再回到体前屈位。

吸气。坐直。腿部伸直，与肩同宽。勾脚尖。双臂与肩同宽并与地面平行，掌心相对。

呼气。从头部开始，向下前方卷动。

吸气。收紧腹部。脊柱进一步前屈同时拉伸背部。保持肩部放松、颈部拉长。

呼气。慢慢回到起始姿势。

重点

- 腹部肌肉

目的

- 加强躯干稳定性
- 学习有效地运用身体能量
- 拉伸背部肌肉，强化腹部锻炼

球式卷动

这个动作注重身体的稳定性以及能量的内部流动。姿势越稳定，动作越流畅。普拉提中的腹部练习，需要有控制地拉长背伸肌群（尤其是下背部）并充分运用深层腹肌。两者的协调收缩才可以让身体形成完美的"C"字形曲线。它同时要求坐姿下的平衡，这一要点也会出现在很多挑战性的练习中。这个动作重点在于保持身体在滚动时的控制与稳定。

想象

身体像充气轮胎一样平稳地滚动。轮胎越饱满，运行也就越流畅。在这个动作中，若下背部过紧或腹肌控制能力弱，则无法保持良好的脊柱曲线。

☐ 在整个过程中，躯干尽量保持稳定。

☐ 从头到尾骨应保持良好的曲线。

☐ 每次滚动至坐骨或肩膀支撑时适当停顿。

呼气。坐姿，双腿并拢，两手抓住踝关节上方，脚抬离垫面。脊柱拉长成"C"字形，保持头与脊柱的排列（头部勿埋在双腿间）。以坐骨保持身体平衡，脚跟尽量靠近大腿后侧。

吸气。向后滚动至肩部，避免压到颈椎。

呼气。暂停，仍然保持"C"字形，稍微增加手对腿部的力。向前滚动至起始姿势。

吸气。注重身体内部的能量流动，保持动态平衡。重复以上动作。

海狮式滚动

这个动作可用作放松和整理，通常是安排在垫上课程最后一部分。用以巩固所做过的练习，在流畅而平衡中结束锻炼。它可以对背部（大幅度的躯干屈）和上斜方肌（肩部下沉）进行拉伸。同球式卷动和箭式滚动一样，应注重内部能量的流动和身体的平衡。保持坐姿平衡后再拍脚；当脚位于头部上方时，需稍适停顿，但仍保持身体内部的能量流动。

想象

同其他几项滚动练习类似，想象身体像轮胎一样平稳而顺畅地来回滚动。在坐姿平衡位时，我喜欢想象自己平衡在悬崖边或飘浮在云朵上。在放松调整和冥想时，我通常都会用到这个姿势。

☐ 保持脊柱"C"字形曲线。

☐ 保持头与脊柱的排列，肩部放松。

☐ 大腿尽量靠近肩部。

重点
- 腹部肌肉

目的
- 加强躯干的控制能力
- 提高髋关节的灵活性
- 专注和放松

呼气。 坐姿，双膝打开，脚部并拢。一侧手经大腿内侧穿出绕过小腿外侧后，抓住同侧脚背，手指与脚趾所朝的方向一致。保持平衡后，用相同的方法抬起另一条腿。圆背，大腿尽量靠近肩部。

吸气。 向后滚至肩部支撑（颈部和头部不得触碰垫面），双脚互相拍击3次。

呼气。 滚回至坐姿平衡位，双脚再拍击3次。

重复5~10次后，双脚放回垫面上，坐直。双手自然放回腿上。这是垫上课程很好的结束动作。

重点

- 腹部肌肉
- 背伸肌群

目的

- 加强躯干稳定性
- 提高身体平衡
- 加强脊柱的灵活性

箭式滚动

这个动作能清晰地体现出普拉提的运动原理。它不仅要求身体的意识、平衡、呼吸和控制，还需要专注力、轴心、有效运用身体能量、精准度、动作的流畅及和谐；同时需要腹肌和背伸肌群的共同作用。箭式滚动是很多高级全身性练习的准备动作，例如：垫上和器械上的"V"字形悬体系列。

想象

身体像充气轮胎一样平稳地滚动。滚动时要保持流畅的脊柱曲线；若下背部过紧或腹部缺乏控制，则不能有效完成动作。保持轻松的"V"字形坐姿平衡，需要身体、意识和精神的统一；这也是普拉提原则中的最高境界——和谐。

☐ 在动作过程中，要运用背伸肌群。

变式练习

腘绳肌紧者：屈膝，双手放在大腿后侧。

☐ 始终保持手臂伸直。

☐ 保持腿部的稳定。

呼气。"V"字形坐姿，保持平衡。双腿伸直，分开与肩同宽。双手伸直抓住踝关节，目视前方。

吸气。向后滚动至肩部支撑（头部不要接触垫面）。

呼气。保持圆背，向前滚至坐姿后回到开始姿势。每次向后滚动前，须保持身体的平衡。

倒立平衡

这个动作不仅需要很好的核心力量，还对髋屈肌群的柔韧性和髋伸肌的力量有很高的要求。髋伸肌和背伸肌群在此使腿部抬高至与躯干形成一条直线。

它可作为垫上练习空中折刀的准备动作。两者与另一个垫上练习超越卷动相比，颈椎需承受更大的压力，因此做这些动作时须谨慎。颈部不适者禁止做此练习。

想象

身体有两条能量线：一条从肩部穿过躯干和伸直的腿直至天花板；另一条则从髋关节穿过下侧的腿直至地面。

☐ 保持肩部承重。

☐ 腿部交换时，保持骨盆和躯干的稳定。

☐ 尽量减少颈椎的承重。

重点
- 髋伸肌

目的
- 强化髋伸肌
- 提高髋屈肌群的柔韧性
- 强化核心力量

变式练习

为了减轻颈椎的压力，卷起的高度略比原动作低，以肩与上背部承重。（这是经典普拉提中的版本）

在此，腿的高度根据躯干的位置来决定，不需要垂直指向天花板。降低了对髋伸肌及髋屈肌群的要求。

呼气。仰卧，手在身体两侧。屈膝抬向胸部后伸直腿部，与垫面约呈 60 度。

吸气。继续抬腿至髋屈 90 度（此时腿垂直于地面）。

呼气。向后卷动至肩部承重，脚落在地板上。双臂过头，并抓住脚。

呼气。一腿伸向天花板，到最高点时摆动两次（每次摆动都增加髋伸）。采用撞击式呼吸方法，摆动一次，呼气一次。

吸气。保持骨盆和躯干的稳定，换腿。

动作重复完成后，双脚足背屈落回垫上。保持大腿与胸部的距离，卷回至臀部与地面约成 60 度后再屈膝，接着回到起始姿势。

重点

- 腹部肌肉

目的

- 提高脊柱分节
- 拉伸下背部和腘绳肌
- 强化腹肌的控制

超越卷动

这个动作要求在深层腹肌的工作下完成脊柱屈，特别是下段脊柱。卷动时，避免使用惯性。从髋屈 90 度开始并在向后卷动的过程中保持髋屈角度不变，有助于腹部最大化的工作。卷回时大腿尽量靠近胸部，以增加对腘绳肌和下背部的拉伸。

尽管这个动作是肩部承重，但颈部不适者须谨慎或避免做此动作。

呼气。仰卧，手臂在身体两侧，屈膝抬起至 60 度后，双腿伸直并拢。

吸气。直腿抬至髋屈 90 度，大腿垂直于地面。

呼气。脊柱一节节向后卷至肩部承重。腿平行于垫面。

想象

身体卷回时，想象下背部有一个球（参见垫上练习球式滚动）；感觉身体像金属条，弯曲到一半后弹回。

☐ 卷动时不要使用惯性。

☐ 向后卷动中，保持髋屈 90 度。

☐ 加强腹肌的收缩并最大化腰椎屈曲。

☐ 卷回时，大腿尽量靠近胸部。

变式练习

腿部反向运动：
分腿（与髋同宽）卷起，保护双腿并拢和足背屈卷下。

吸气。足背屈，双腿分开与肩同宽。

继续吸气，降低双腿（柔韧性允许的情况下，脚尖着地较好）。

呼气。保持腿与胸部的距离，一节节卷回至垫面。保持骨盆的稳定后回到起始姿势。

重点
- 髋伸肌、背伸肌群和肩伸肌
- 腹部肌肉

目的
- 提高脊柱分节
- 加强躯干稳定性
- 强化髋伸肌和肩伸肌

空中折刀

这个动作是垫上练习超越卷动的进阶。此动作很大程度地挑战髋伸肌和脊柱伸肌。保持在超越卷动位，双腿向天花板举起至肩、躯干、髋、腿和脚于一条垂线上。做这个动作时，需合理运动肩部支撑，以帮身体保持稳定并减轻颈椎的压力。脊柱一节节卷回至骨盆接触地面，冉回到起始姿势。

在做这个动作时，颈椎会有一定的承重。因此有颈椎问题者应避免练习。

呼气。 仰卧，手臂在身体两侧，腿部伸直与地面约成 60 度，下背部紧贴垫面（与超越卷动准备姿势相似）。

吸气。 抬高双腿与地面成 90 度，保持骨盆不动、下背部紧贴垫面。

呼气。 保持髋屈 90 度，身体向后卷动（同超越卷动）至肩部支撑，双腿与地面平行。

想象

髋关节是轴心，身体像折叠刀一样开合（恰如动作名称）。

☐ 超越卷动时，最大化腰椎的屈曲。

☐ 合理运用髋伸肌、肩伸肌和背伸肌群，尽量抬高腿部和躯干。

☐ 卷下时，腿与面部相对（但尽量保持腿与胸部的距离）。

吸气。降低双腿。

继续吸气，腿部举向天花板。骨盆前移，双臂紧压垫面。

呼气。脊柱一节节卷下至骨盆回到垫上，髋屈90度。接着腿部慢慢落下至起始姿势。

重点
- 腹部肌肉
- 背伸肌群
- 髋屈肌群

目的
- 强化腹部肌肉和背伸肌群
- 加强髋屈肌群的控制
- 拉伸胸肌
- 提高身体平衡度

回力棒

这是一个高级普拉提动作。它也可以展示出普拉提练习的循序渐进法。它需要足够的力量、柔韧性，以及最重要的协调性。这个动作结合了垫上练习超越卷动以及"V"字形悬体。回力棒的运动模式与普拉提床向后划船 1 类似。

想象

这项练习叫作"回力棒"，可能在一开始会令人费解。在这个动作中，身体卷下至腰椎区域（腿未过头时），整个身体看上去向一个回力棒。此时，全身都应很稳定，像摇椅的底部可以来回滚动。

呼气。 坐姿，双腿交叉并伸直，跖屈（绷脚尖）。体前屈，手臂向前伸。

吸气。 身体向后卷动，同时腿部抬起。至腰椎区域时暂停，脚与视线平行，保持回力棒的姿势。

呼气。 向后卷至头部，此时双腿与地面垂直。接着后卷至超越卷动。双腿朝地面，保持跖屈。

我常将滚动作为一个动作加入到这个高级练习中，它需要很好的核心力量和控制，我称其为"BASI滚动"（在土耳其教大型团体垫上普拉提课时，为了让大家理解这个动作的滚动感觉，我创了这个名称）。整个动作需要很好的平衡能力。

☐ 保持动作的流畅性。

☐ 手臂后伸时，拉伸胸部肌肉。

☐ 在平衡阶段，保持躯干的稳定，腿部尽量抬高。

吸气。交换交叉腿。

呼气。卷回至回力棒姿势。上身卷起，呈"V"字形姿势。

吸气。手臂划圈至背后，十指交叉。挺胸。

呼气。双腿落回垫上，手臂向前划圈。身体回到起始姿势。

重点
- 腹部肌肉

目的
- 拉伸颈部和下背部
- 提高躯干稳定性

螃蟹式

在做这个动作时要特别注意：颈部不得承重，需要非常小心地将部分身体重量过渡到头部。除了身体卷动至头部，其余的动作与垫上练习球式卷动以及海狮式滚动类似，但对协调性的要求更高。由于盘腿更接近身体，双腿打开时的代偿和使用惯性的可能性都会降低。

想象

身体是一个滚轮，平稳地来回滚动。

盘腿时的姿势看上去像螃蟹的底部（尽管花了很长时间在不同的沙滩上观察螃蟹的移动，我还是很难将这个动作与螃蟹联系起来）。

☐ 身体部分重量小心地过渡至头部。

☐ 滚动时，保持最大化的腰椎屈。

☐ 保持双腿靠近身体。

吸气。坐姿，圆背呈球形，保持平衡。双腿交叉，手臂经腿外侧环绕交叉抓脚（左手抓右脚，右手抓左脚）。

呼气。身体卷动至肩部支撑。

吸气。双腿伸直并交换腿（如回力棒）。屈膝，手握住脚部，身体回到球形。

　　头颈无法承重者，卷起后身体至跪姿（跪姿，保持双腿交叉，手臂伸直过头）再慢慢回至起始姿势。它同样需要良好的平衡能力与核心力量。

呼气。向前滚动，身体重量过渡到腿部。

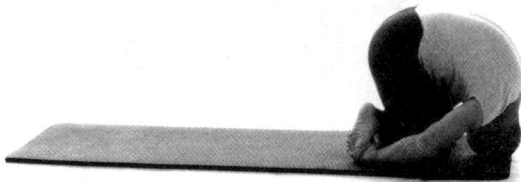

吸气。小心地过渡到头部接触垫面，接着返回至起始姿势。

桥式

此板块是普拉提垫上练习中特有的内容。"桥式"在此指的是身体形态，而非肌肉功能。即：骨盆抬离垫面，四肢支撑，身体成桥形。

在其他板块中已谈论了腹肌力量和脊柱稳定性的重要性。与腹肌和脊柱分节等需要脊柱屈曲的板块相比，桥式则需要骨盆和脊柱保持（或接近）自然中立位。在此身体位置下的肌肉锻炼会比在脊柱屈曲下更具功能性，但我认为两者都需要。

不同于前两个版块中的腹部"挖空"，"支撑"表示骨盆和脊柱稳定时的肌肉形态。对于脊柱的稳定和保护，"支撑"比"挖空"更有效存有争议，我认为需结合不同的运动项目来看。无论何种肌肉控制形态，都能融入生活中，让日常活动与健身运动变得更高效。

注意在前置支撑、单腿前拉和普拉提的俯卧撑中。同样是骨盆抬离垫面，四肢支撑，但不同的是面部朝下。这时需要腹肌的工作，以避免塌腰。另外，骨盆略后倾有助于腹肌的激活及保持骨盆腰椎的稳定。

肩桥预备

这个动作要求髋分离及骨盆腰椎的稳定度。起始动作与垫上练习骨盆卷动相同，接着抬起一侧腿。支撑侧的髋伸肌是保持桥形的关键。腘绳肌和腹肌的共同工作让骨盆稳定在略后倾位：腹肌向上拉动耻骨联合，腘绳肌向下拉动坐骨结节。

感受有一条能量线贯穿身体：沿着膝盖向斜上方延伸，同时沿着躯干向斜下方延伸。这种感受有助于身体的正确排列，同时有助于躯干屈肌和伸肌的协调工作。

想象

身体是一座配有机械臂的吊桥；同时想象有一条能量线，从肩部延伸穿过髋部和膝盖。

☐ 腿部运动时，膝盖要始终保持 90 度。

☐ 从髋关节开始运动。

☐ 保持支撑腿的髋关节伸展，同时骨盆要保持稳定。

重点

- 腹部肌肉
- 腘绳肌

目的

- 强化髋伸肌
- 加强骨盆腰椎稳定性
- 提高髋分离
- 加强背伸肌群的控制

仰卧，脊柱保持自然中立位。屈膝，双腿与髋同宽。肩胛骨保持中立位，手臂伸直在身体两侧，指尖朝前。

呼气。收紧腹部，骨盆后倾。脊柱一节节卷起至肩与膝呈一条直线。

吸气。保持不动，两腿平行，双脚受力均匀。拉长髋屈肌群，集中注意力在中上背部。

呼气。保持骨盆稳定，一侧腿抬起至髋屈 90 度。

吸气。腿部下落，脚尖轻触垫面。

呼气。保持骨盆的稳定，再次抬腿至髋屈 90 度。重复数次后交换至另一侧，重复相同的动作。

吸气。双脚放回垫面上。呼气，脊柱从上到下依次卷回至起始姿势。

重点

- 腹部肌肉
- 腘绳肌
- 髋屈肌群

目的

- 强化髋伸肌
- 加强骨盆腰椎稳定性
- 加强髋屈肌群的控制和柔韧性
- 提高腘绳肌的柔韧性

肩基举桥

它是前一个动作的进阶。重点是腿部上下摆动时，保持骨盆的稳定。腿部往下，拉伸髋屈肌群；抬起时，拉伸腘绳肌。足背屈加大了腘绳肌的拉伸。

身体保持在桥型姿势时，骨盆略后倾。有助于避免脊柱过度前屈（塌腰）及减小腰椎的压力。髋屈肌群过紧容易引起骨盆前倾。

想象

腿像旋转木马的支柱，上下摆动，脚即是木马。

☐ 保持骨盆与垫面的距离不变。

☐ 避免骨盆向侧倾斜。

☐ 骨盆保持自然中立位，或略后倾。

吸气。仰卧，屈膝。从骨盆进行卷动至肩桥。一腿抬起后伸直向天花板。

呼气。直腿下落，脚背伸直。

吸气。直腿上抬，勾脚尖。重复5 ~ 10次后，屈膝，脚部放回到地面上，身体卷下回到起始姿势（骨盆卷动的开始阶段）。换至反方向重复同样的动作。

空中剪刀

这个动作的难点在于保持下背部的弧度，需要很好的骨盆腰椎稳定性。与梯桶上的剪刀式姿势相同，区别是在此手臂代替梯桶，更具挑战性。这个动作中，骨盆作为支点以稳定，双腿做剪刀运动。双腿每次回到垂线后（开始姿势）再交换。

肘部支撑在骨盆正下方（不要向外）。双腿在做剪刀运动时，保持相同的幅度（均衡的"V"字形），髋屈肌群和腘绳肌的拉伸程度应一致。

想象

双腿像折扇一样展开，然后闭合。再从另一侧展开。

☐ 保持脊柱的弧度。

☐ 双肘相互平行（或尽量接近平行）。

☐ 两手支撑骨盆。

重点
- 髋伸肌
- 髋屈肌群
- 腹部肌肉

目的
- 加强髋屈肌群与髋伸肌的控制
- 提高髋屈肌群与髋伸肌的柔韧性
- 提高肩部和骨盆腰椎的稳定性

吸气。仰卧，屈膝向后卷至肩部支撑。双手支撑在骨盆正下方，保持身体的弧度。双腿朝天花板伸直。

呼气。打开双腿（两腿到中心线的距离相等）成"V"字形。身体停在剪刀姿势，腿部摆动两次；摆动一次，呼气一次。

吸气。双腿回到起始姿势，换至反方向重复同样的动作。

重点

- 髋伸肌
- 髋屈肌群
- 腹部肌肉

目的

- 加强髋屈肌群与髋伸肌的控制
- 提高髋屈肌群与髋伸肌的柔韧性
- 加强肩部和骨盆腰椎的稳定性

自行车式

这个动作是空中剪刀式的延伸动作。在做这个动作之前，需先掌握空中剪刀式。双腿先停在直腿剪刀位再开始骑车动作（一腿弯曲的同时另一腿伸直）。下侧腿屈膝，脚尖触碰垫面，对脊柱的伸展和髋屈肌群的柔韧性有较高的要求。先保持骨盆腰椎的稳定，再追求更大的活动范围，且要尽量避免下背部的压力过大。这个动作的重点在于腹肌的充分工作。

想象

双腿流畅地踩老式自行车（前轮较大，后轮较小）。

☐ 始终保持脊柱的弧度。

☐ 动作要流畅。

☐ 双腿保持平行，避免髋外旋。

☐ 双肘相互平行（或尽量接近平行）。

吸气。 仰卧，屈膝向后卷至肩部支撑。双手支撑在骨盆正下方，保持身体的弧度。双腿朝天花板伸直后打开成"V"字形。

呼气。 下侧腿屈膝，脚尖轻触垫面（或尽量接近地面）。

吸气。 保持下侧腿屈膝，双腿交换。

上侧腿伸直，下侧腿屈膝、脚尖着地。

重复数次后，进行倒蹬自行车（反方向骑车），脚尖不需要着地。

仰面斜撑

这个动作注重在保持躯干稳定的同时，躯干屈肌与伸肌的同步收缩。可强化背部、肩部和髋伸肌，并间接提高屈肌（特别是肩部和髋部）的柔韧性和控制力。

在此通过肩伸和背伸来促进髋伸。髋伸时，先激活腘绳肌，然后再激活臀肌。如果激活的先后顺序不对，可能会导致骨盆的位置不正确，以及腘绳肌的活动不足。

虽然普拉提运动常要求脊柱的分节。但这个动作中，脊柱要始终保持在自然中立位，髋关节和肩关节做铰链式运动，躯干整体抬起。

想象

髋关节像门的铰链打开（骨盆上抬时）与闭合（骨盆下降时）。

或者想象身体有两条能量线：一条连接头与髋，而另一条连接脚与髋。当骨盆上抬时，这两条线合为一条直线。

☐ 避免肋骨外翻。

☐ 骨盆抬起时，保持背和腿伸直。

☐ 保持头与脊柱的正确排列。

重点
- 肩伸肌
- 髋伸肌
- 背伸肌群

目的
- 加强躯干稳定性
- 强化肩和髋伸肌
- 加强背伸肌群控制

吸气。坐姿，手臂在骨盆后方约30厘米，指尖朝前。双腿伸直，跖屈。保持肩胛的稳定。

呼气。髋关节和肩关节铰链式运动，骨盆上抬至身体呈一条直线。

吸气。髋关节和肩关节进行铰链式运动，骨盆降低，但不完全碰到垫面。重复5次后回到起始姿势。

重点

- 髋伸肌、背伸肌群和肩伸肌
- 髋屈肌群

目的

- 强化髋部伸肌和肩部伸肌
- 加强躯干稳定性
- 增强髋屈肌群的控制

单腿后拉

做这个动作之前，须先掌握前一个练习：仰面斜撑。重点是保持身体的稳定，以前一个动作为基础加入一侧腿的上下运动。同时这个动作对肩部和髋屈肌群的柔韧性要求较高。

想象

身体有两条能量线：第一条连接头与脚；抬腿时，第二条从髋至脚尖。腿部上下运动时，第一条线稳定不动。

☐ 抬起和降低是两个孤立的动作。

☐ 保持背伸肌群和支撑侧髋伸肌的工作。

☐ 保持头与脊柱的排列。

吸气。坐姿，手臂在骨盆后方约30厘米，指尖朝前。双腿伸直，跖屈。保持肩胛的稳定，髋关节和肩关节铰链式运动，骨盆上抬至身体呈一条直线。

呼气。一侧腿向天花板抬升。

吸气。腿部落下轻触碰垫面。重复数次后，换至另一侧。再回到起始姿势。

前置支撑

前置支撑也称作平板支撑或俯卧撑姿势，它能很好地强化并提升骨盆腰椎部位与肩胛部位的稳定能力。

若身体排列不良且缺乏稳定性，躯干和肩胛部位就会"坍塌"，会导致运动效率降低，甚至会起到反作用。对于俯卧撑姿势不佳者，这是一个很好的练习。

想象

身体是一座坚固的桥或是一道斜坡，尽管承受很大的重量，但仍纹丝不动。

☐ 从头到脚保持一条直线。

☐ 在整个练习过程中，骨盆腰椎和肩胛部位都要保持稳定。

☐ 保持手在肩部正下方。

变式练习

进阶：呼气，一侧腿屈膝朝胸（必要时可轻跪地）。吸气还原至前置支撑。呼气，换至另一侧腿。吸气还原。每边各重复 5 次。

重点
- 腹部肌肉
- 肩胛稳定肌

目的
- 加强躯干和肩部的稳定性
- 强化上半身

吸气。四足跪姿，双膝与髋同宽，双手与肩同宽。脊柱保持自然中立位，全身重量被平均分布。

呼气。一侧腿向后伸直，进一步提升肩部的稳定。

吸气。双腿伸直至前置支撑姿势。保持全身稳定，持续 30 ~ 60 秒。进一步强化内部支撑系统。

重点
- 肘伸肌
- 腹部肌肉

目的
- 强化肘伸肌和肩带
- 加强躯干稳定性
- 提高脊柱分节能力

普拉提式俯卧撑

与常规俯卧撑不同，这是一个全身性的动作。从前置支撑式通过向上卷动到直立式，接着回到原位。这个动作的要点是保持肩胛的稳定。俯卧撑时，尽量保持双肘贴近身体，屈肘的范围取决于肩胛的稳定程度。

很少人能在一开始就做到将肩胛骨稳定在自然中立位。2003 年在中国的一个大型交流会上，我邀请一名肌肉发达的男志愿者做 10 个准确的俯卧撑（我所定义的"准确"是指躯干和肩胛骨保持稳定，仅手臂运动）。尽管他表现出极大的信心，每次我也对他的动作进行了纠正。但最终我们的试验还是失败了。他笑着说会多加练习，我们给了对方一个拥抱，没有语言能够形容从彼此身上和锻炼中感受到的理解、友爱和尊重。

呼气。四足跪姿，双膝与髋同宽，双手与肩同宽。脊柱保持自然中立位，全身受力均匀。保持上身的稳定，依次伸直腿至前置支撑。

吸气。屈肘（如同做俯卧撑一样）。

呼气。肘伸。重复两次俯卧撑动作。

在掌握了如何从前置支撑过渡到直立式再回到原位后，我建议逐渐减少手臂挪动的次数，直到可以一次起身，然后俯身再回到前置支撑。

想象

身体是一座坚固的实体桥或一道斜坡，承受很大的重量，依然纹丝不动。

骨盆抬升时，将身体想象成一座金字塔，尾椎骨是金字塔顶部，手脚则是金字塔的基底。向上卷动时，想象上腹部有一根松紧带，像起重机一样将身体拉起到直立后再放下。整个动作应轻快且连贯。

- [ ] 整个过程中，始终保持腹肌的工作。

- [ ] 双肘贴近身体两侧。

- [ ] 避免肩胛骨内收和上提。

接着向上抬升骨盆，手向脚移动至身体重量落在脚部。

上卷至直立姿势。

吸气。保持身体的良好排列。

呼气。向下卷动，手部前移至前置支撑。重复3～5次。

重点
- 髋伸肌
- 腹部肌肉
- 肩胛稳定肌

目的
- 强化肩带
- 加强髋伸肌的控制
- 加强躯干稳定性

单腿前拉

在做这个动作之前须掌握前置支撑，它是建立在前置支撑的基础之上的。

这项练习的要点是，保持身体的稳定，腿部上下摆动。做单腿运动对身体稳定性的要求更高。当腿部向后抬起（伸展）时，骨盆保持稳定，避免前倾。腿部抬起的高度取决于髋屈肌群的柔韧性。舞者在做阿拉贝斯克时，骨盆会前倾，但在做这个动作要保持骨盆在自然中立位，抬腿是纯粹的髋伸。

想象

身体是一座吊桥。部分桥体是固定的，另一部分能向上抬升让高桅帆船通过。当桥体移动时，固定部分始终保持稳定。

☐ 在整个过程中，身体要保持平板支撑。

☐ 有意识地后倾骨盆，以保持骨盆的自然中立位。

☐ 保持肩胛骨的稳定。

吸气。 四足跪姿，双膝与髋同宽，双手与肩同宽。脊柱保持自然中立位，全身均匀地承重。保持身体的稳定，依次伸直腿至前置支撑。将一腿轻轻抬离地面，跖屈。

呼气。 伸髋，腿再抬高。

吸气。 保持跖屈，腿有控制地落下。动作结束后，足背屈回到前置支撑。换另一侧重复动作。

侧屈和旋转

本板块的练习重点是脊柱的侧屈和旋转。其中，大部分动作侧重于腹斜肌。和腹直肌相比，它更为靠近躯干的两侧。腹内斜肌与腹横肌共同作用，能稳定脊柱并保护背部。很多体育活动如游泳、皮艇、高尔夫球、投掷运动和网球等，都需要运用腹斜肌。良好的腹斜肌力量有助于提高运动表现。

腰方肌和脊柱伸肌也能使脊柱侧屈，但腹斜肌更为关键。如果腹斜肌过度收缩同时脊柱伸肌工作不足，躯干会产生侧屈加屈曲（脊柱屈曲）。相反，如果脊柱伸肌过度收缩，则会产生侧屈加伸展（脊柱伸展）。因此准确的侧屈，需要脊柱前后的肌肉协调收缩。侧面的练习有助于日常活动中保持骨盆和脊柱的自然中立位，同时能强化核心肌肉并保护脊柱。

本章中会有不同形式的脊柱旋转，例如：坐姿位的旋转和锯式，仰卧位的空中瓶塞。所有动作的重点都是腹斜肌，但对脊柱屈肌、侧屈肌、回旋肌和伸肌有不同的要求。为方便理解，这个板块分两部分：第一部分着重于脊柱侧屈；第二部分着重于脊柱旋转。

重点

- 腹斜肌

目的

- 强化侧屈肌
- 稳定骨盆腰椎区域
- 加强髋内收肌的控制

侧抬腿

一个完整的健身方案应该包括躯干的侧屈训练。侧抬腿是一个相对简单且有效的练习。单侧练习能改善身体两侧力量和活动度的不平衡，同时还有助于加强骨盆腰椎的稳定性。

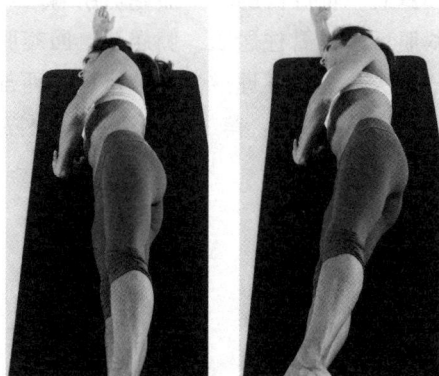

若无法达到标准的排列，腿可略前于中心线，身体成香蕉的形状

这个动作的理想排列是脊柱处于中立位，身体呈一条直线。躯干的屈肌和伸肌共同收缩，两侧的侧屈肌被激活。如果上方的侧屈肌向心缩短，那么身体下方的就会离心拉长。为了避免下背伸肌群的过度工作，腿稍在中心线前方（但不要过多前移，易造成躯干屈）。

想象

从头到脚有一条长长的能量线。抬腿时，身体呈长弓形。

或者想象成一条鱼从侧面抬起。

☐ 两侧的腹斜肌都要参与运动。

☐ 保持内收肌工作。

☐ 保持下侧腿的延长感并紧贴上侧腿。

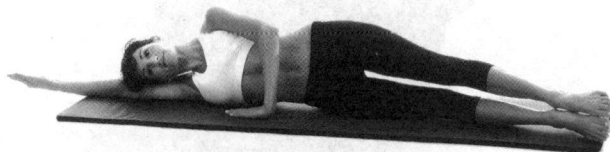

吸气。侧卧，下侧伸直的手与身体呈一条直线。头枕在手上。骨盆垂直于垫面，双腿并拢。上侧手屈肘支撑在身体前侧（或将手臂伸直放在大腿上）。

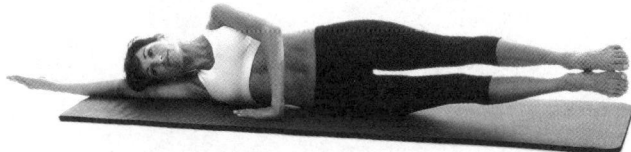

呼气。躯干侧屈同时双腿并拢抬起，保持腿与身体的排列。

吸气。双腿下落但不完全接触垫面。重复数次后回到起始姿势，再换至反方向。

侧踢

这个动作主要是通过髋伸来强化躯干和骨盆稳定性。身体在侧卧位的支撑面积会比在仰卧位和俯卧位时小。因此，在侧卧位运动的难度也会增加，身体侧面的稳定肌会被完全激活。肩胛和躯干的稳定有助于减小肘部的压力同时增加身体的稳定性。腿前后摆动时，脊柱屈肌和伸肌会均衡地同步收缩以保持躯干和骨盆的稳定。当腿部向前摆动，伸肌激活以避免脊柱前屈；当腿部向后摆动，腹肌激活来避免脊柱过度伸展。这些微妙的内在调节用肉眼很难观察到，但它们对骨盆和脊柱的影响却十分重要。

这个练习能很好地反应出身体如何适应重心的变化。腿部在前后摆动时，骨盆则要轻微地向其反方向移动。

骨盆的这种轻微调整有助于使身体保持平衡和稳定。但务必要将这种骨盆移动与骨盆的前倾和后倾区分开来，骨盆前倾和后倾在此都是不正确的。

想象

钟摆的运动。现在将钟摆侧放，钟摆正常运动。腿像钟摆，自由而轻松地摆动。

☐ 躯干尽量不要前移或后移。

☐ 腿的摆动范围尽量大。

☐ 肩保持稳定，特别是下侧的肩部。

☐ 腿向后摆动时，避免肋骨前移。

重点

- 腹部肌肉
- 背伸肌群
- 腘绳肌
- 髋屈肌群

目的

- 加强骨盆腰椎稳定性
- 提高髋屈肌群的控制与柔韧性
- 提高髋伸肌的控制与柔韧性
- 提高髋分离

吸气。侧卧，下侧肘部支撑，双手位于脑后。下侧腿固定在垫面，上侧腿抬起至与髋高。

呼气。上侧腿前摆至最大范围时，摆动两次，足背屈。骨盆保持在自然中立位。

吸气。上侧腿后摆至最大范围时，摆动两次，跖屈。骨盆保持自然中立位（避免背部过度伸展及骨盆前倾）。

重复数次，在后摆位结束动作。

97

重点

- 腹斜肌
- 肩胛稳定肌

目的

- 强化腹斜肌的力量与控制
- 加强躯干的灵活性
- 加强肩部力量和稳定性

体侧屈

高级练习中，身体的支撑面积会变得更小、更加不稳定。这个动作主要是躯干和肩部的力量和稳定性。单侧的肩关节作为支点（肩关节的活动范围大、稳定性弱），因此须特别注意肩部正确的运动力学。当身体达到最大弧形时，骨盆应尽量朝向天花板抬高，上侧手臂自然向下成弧形。保持头与脊柱的自然排列，看下侧的手。

身体每次下落时，不要完全放回垫上：骨盆与垫子间的距离应保持一张纸的厚度，这样能让肌肉持续地工作。整个动作中腹斜肌应占主导。

呼气。侧坐。双腿屈膝交叉，上侧腿在前。下侧手支撑同时肩部保持稳定，上侧手自然放在体侧。

吸气。双腿伸直，骨盆抬离垫面同时打开上侧手臂，指尖朝向天花板。当身体成一条斜线时，双臂与身体成"T"字形。

呼气。骨盆朝向天花板抬升，身体成弧形，同时上侧的手臂过头。

想象

抬升至身体呈弧形时，想象海豚跳出水面的动作。

或者想象在两扇玻璃门之间做这个动作。这样能够加强冠状面的稳定能力。

☐ 先激活腹斜肌。

☐ 始终保持腹肌的工作。

☐ 始终保持肩胛的稳定。

变式练习

前臂支撑完成同样的动作。

吸气。 回到身体成一条斜线，同时双臂回到与身体成 "T" 字形。

呼气。 身体下落至起始姿势（最好不要完全触碰垫面）。

重点

- 髋外展肌、髋屈肌群和髋部伸肌
- 腹部肌肉
- 肩部稳定肌

目的

- 加强躯干稳定性
- 加强髋屈肌群和髋部伸肌的控制
- 提高髋屈肌群和髋部伸肌的灵活性
- 加强髋外展肌

跪式侧踢

它是侧踢的延伸动作。减少了身体的支撑面积（仅用单手单脚支撑），难度相对增加。重点仍是骨盆腰椎的稳定性，以及髋屈和髋伸的能力。腿部在前后摆动时要尽量抬高，能有效地锻炼髋外展肌。整个过程中，保持头与脊柱的排列，以避免颈部过度紧张。有一个测试身体平衡能力的好方法：支撑侧的手略抬起，仅用小腿支撑，身体仍保持平衡。

肩部和躯干的稳定，会有助于减少支撑侧腕关节的压力；指尖适度着地，腕屈肌的参与也会帮助减轻部分压力。

想象

同侧踢中所述的钟摆想象，同时感受身体像一个吊桥。腿部轻松地来回摆动。

□ 骨盆保持在自然中立位。

变式练习

下侧手握拳支撑，以减轻腕关节的压力。

□ 保持正确的排列，身体不要下沉。

□ 上侧腿尽量高于髋（尽量抬高）。

吸气。 跪姿，一腿从侧抬至与髋同高（或尽量高于髋）同侧手支撑在肩部的正下方，另一侧手放在脑后。

呼气。 抬起的腿前摆至最大范围时，摆动两次，足背屈。骨盆保持在自然中立位。

吸气。 抬起的腿后摆至最大范围时，摆动两次，跖屈。骨盆保持自然中立位（避免背部过度伸展及骨盆前倾）。

重复数次，在后摆位结束动作。

坐姿脊柱旋转

重点是脊柱绕纵轴线有序地转动，腹斜肌的合理利用会使脊柱正确地旋转。在日常生活中有很多需要脊柱地旋转，如做清洁和园艺；又如高尔夫、排球、网球等休闲活动。不良的脊柱旋转会造成背痛或更严重的伤害，躯干的灵活度不足，常会靠过度使用肩或手臂去弥补。充分利用躯干的旋转肌群及能量工厂，能够极大地提高各项运动表现。

想象

有两条能量线：一条纵向穿过背部；另一条横向穿过肩部，连接双手指尖。横线绕着纵线旋转，同时两条线所处的平面保持不变。

☐ 骨盆和腿部始终保持稳定。

☐ 从腰部（而不是肩部）开始运动。双手始终与肩保持一条直线。

☐ 保持头与躯干为一个整体。

双臂向两端延伸，始终与肩在一条直线上

基础练习

初级

- 重点
- 腹肌
- 腘绳肌

目的

- 提高脊柱分节能力
- 增强骨盆腰椎区域的稳定性
- 加强对腹部和腘绳肌的控制能力

吸气。坐姿，双腿伸直并拢，足背屈。手臂与身体呈 "T" 字形，掌心朝上（肩外旋）。

呼气。躯干向一侧旋转至最大范围后，做两次摆动。

吸气。转回到中间。呼气再转至另一侧重复同样的动作。

动作结束后回到起始位置。

重点

- 腿后肌
- 内收肌
- 背伸肌群

目的

- 加强腿后肌和内收肌的灵活性
- 强化背伸肌群的控制
- 强化腹斜肌的控制

旋体拉锯

这是一个包含伸展、旋转躯干、腘绳肌与内收肌拉伸的综合运动。在拉伸阶段，躯干和手臂都在腿部上方时，保持背部的伸展，不要拱背，以最大化腘绳肌拉伸的同时强化背伸肌群。有些体系做这个动作要求躯干屈，以收缩腹肌同时拉伸背部。但我认为无论是收缩腹肌还是拉伸背部都会使这个动作失去原有的效果。它既不要求腹肌的大力收缩，也不要求背部肌肉大强度伸展，唯一可能拉伸的区域是中背部和上背部。现代很多人有圆肩和驼背问题，需要强化背伸肌群。

躯干位于腿部上方的时候，要保持头与脊柱的排列，目视腿部。有些教练会建议在此旋转躯干，目视后侧的手臂。一般情况下，练习者能够保持躯干平直已经较困难，再加上旋转可能会诱发代偿或不良的排列。

需注意的是，这个动作要求从髋关节躯干整体运动，而不是脊柱的部分关节。在动作的起始阶段，脊柱保持稳定的纵轴线旋转。在动作的最后部分，身体准确地回到纵轴线之后再转至面朝前。

呼气。 坐姿，双腿伸直分开与肩同宽，足背屈。手臂呈"T"字形，尽量向两侧延伸，掌心向前。

吸气。 骨盆保持固定。手臂、头与躯干整体绕纵轴线转动。

呼气。 躯干在腿部上方前伸。前侧手伸向小趾外侧，同时另一侧手向后伸展，掌心朝身体。感受双臂的对抗拉力。

想象

　　背部有一根长杆。在做动作时躯干绕这根长杆旋转。当躯干在到腿部上方时，长杆依然在背部，以促进脊柱的伸展及排列。

☐　躯干前伸时激活背伸肌群。

☐　保持足背屈，脚尖朝天花板。

☐　骨盆始终保持稳定，身体的重量均匀分布于坐骨。

变式练习

　　辅助拉伸阶段：当躯干位于腿部上方时，后侧手着地并向前推，以支撑躯干且加大拉伸。

吸气。进一步延伸脊柱以加大腘绳肌的拉伸，然后躯干抬起至纵轴线。

呼气。身体转回到正中位。换另一侧重复同样的动作。

103

重点
- 腹部肌肉

目的
- 强化腹部肌肉
- 加强骨盆腰椎稳定性

空中瓶塞

这个动作建立在仰卧脊椎旋转之上。力臂变长，加强对髋屈肌群及腹部肌肉的锻炼，特别是腹斜肌。腿部的摆动和划圈需要很强的脊柱控制能力，还有腹部肌肉与髋屈肌群的共同作用。要注意骨盆与腿部是一同运动的：当腿向一侧摆动时，另一侧骨盆需抬离垫面。腿回到正中位置时，下背部应当紧贴垫面（腿部摆动至两侧未回到正中位，下背部应暂离垫面）。

想象

腿部在天花板上顺时针和逆时针划圈。

☐ 始终保持双腿和双脚并拢及排列。

☐ 肩、颈和头保持放松。

☐ 注意腰椎区域的运动。

变式练习

腿部像钟摆一样左右摆动，而不是划圈。这样会减轻髋屈肌群和腹肌的压力，但需要特别注意腹斜肌的运动。

☐ 如果需要，屈膝以减轻髋屈肌群和下背部的压力。

呼气。仰卧，手臂呈"T"字形或自然放在身体两侧（稳定度降低），双腿与地面呈 90 度。下背部紧贴垫面。

吸气。骨盆和双腿侧倒，肩部放松并保持稳定。上侧腿需更多的延伸以确保双腿始终保持一致。

呼气。腿部向前向下划圈。当腿越到中心线时，下背部要紧贴垫面。

腿部划圈至另一侧后回到起始位置。然后换至反方向重复同样的动作。将起始点（12 点位置）作为参考位，每次都要回到这个位置并稍适停顿。

髋部划圈预备式

这个练习包含垫上练习空中瓶塞的部分元素，但"V"字形坐姿需要更强的稳定性、力量和控制。做这个动作时，需保持肩部的稳定及腹部的支撑，以免腿在划圈时对腰椎产生过多的压力。

躯干旋转所需的力量能够提高运动表现并有助于加深对能量工厂的理解。

想象

脚沿着圆锥面运动，骨盆是锥底。这种想象方式可使动作更加形象化。圆锥面越大，所需的支撑和稳定性就越强。

☐ 腿划圈时，避免腰椎过度伸展。

☐ 肩部保持稳定，中上部的背伸肌群参与运动。

☐ 随着腿划圈，骨盆从一侧往另一侧移动。

重点

- 腹部肌肉

目的

- 通过锻炼腹斜肌来强化腹部肌肉
- 增加骨盆腰椎及肩部的稳定性
- 强化躯干旋转

变式练习

进阶：手臂和躯干作为一个整体，与腿部同步反向划圈，然后一同回到中心位置。将手臂和腿部分别比作两个椎体：一个顺时针划圈，另一个逆时针划圈。每个方向各重复 3 ~ 5 次。

☐ 双腿保持并拢与骨盆作为一个整体参与运动。

呼气。"V"字形坐姿，手于身体后侧支撑，指尖朝后。屈膝抬起至腿与地面约呈 60 度，双腿并拢。

吸气。骨盆和双腿作为一个整体，侧移。

呼气。腿部向下划圈至另一侧后回到正中位置。重复数次，动作变得流畅后再换至反方向划圈。

105

重点
- 腹斜肌

目的
- 通过锻炼腹斜肌来强化腹部肌肉
- 增强骨盆稳定性，并强化躯干旋转

十字交叉

下肢动作与垫上练习单腿伸展相同。脚保持在同一高度，伸直侧的腿屈膝朝向胸口时，髋屈肌群要有内在对抗的感觉。

这个动作的重点是躯干旋转，强化腹斜肌。旋转时容易伴随躯干的侧弯，且屈膝侧的肋骨易外翻。练习者可以通过收缩屈膝侧的腹内斜肌，将下端肋骨拉向骨盆以避免这种情况。此外，运动疲劳会造成体前屈时，躯干的高度逐渐降低，并且下背部抬离垫面（脊柱过度前弯）。如果出现这种情况，须立即停止动作，并重新调整至正确的姿势。动作不正确，就算尽力去练习，也会适得其反，并养成不良动作模式的习惯，

躯干旋转和骨盆稳定的特写。可以看到腹斜肌强烈地收缩。

吸气。仰卧，手指交叉放于脑后，肘部打开。身体抬高至肩胛离开垫面，双腿屈膝抬起至髋屈约 100 度，小腿与地面平行。

呼气。躯干朝屈膝侧旋转，另一侧腿伸直。

还可能会引起身体不适。

　　另一个错误的做法是躯干的旋转范围小，摆动肘部碰膝。这个动作中，头和手臂须作为一个整体运动。最舒适的姿势是保持肘与耳相对。

想象

　　腿部做活塞运动。始终保持骨盆的稳定，躯干的

下半部分有个转盘，上半部分绕着纵轴线旋转。或者想象烤鸡杆的转动。

☐ 双肘打开并保持稳定。

☐ 想象从腰部开始旋转，避免脊柱侧屈。

吸气。躯干转至中心位时双腿交换。

呼气。躯干转向另一侧。

吸气。身体回到起始姿势。

重点

- 腹斜肌

目的

- 加强腹斜肌的力量和控制
- 增加躯干的灵活性
- 加强肩部的力量和稳定性

脊椎扭转

它在垫上练习——侧弯扭转的基础上添加一些元素，变成一个 3D 的动作。这里所说的转动不仅包含躯干，也包含肩部。单侧的肩部承重并适应身体的旋转。这个动作大部分产生自相对不稳定的盂肱关节，具有一定的难度。

我喜欢先教垫上练习体侧屈，接着再教这个动作。当学生能分别掌握后，再将这两个动作结合起来，各做三次。如第 3 章中所述，协调性、稳定性决定了一个练习的级别。这个动作包含了以上两点。

呼气。侧坐，双腿屈膝交叉，上侧腿在前。下侧手支撑同时肩部保持稳定，上侧手自然放在体侧。

吸气。双腿伸直，骨盆抬离垫面同时打开上侧手臂，指尖朝向天花板。当身体成一条斜线时，双臂与身体成 "T" 字形。

呼气。尽量抬升骨盆，旋转躯干同时（非支撑侧的）手从身体下方穿过。

想象

　　做这项练习时，会运用到几种想象方式。

　　身体在处于顶部位置时，看上去就像一座金字塔，躯干是金字塔的一面，双腿则是金字塔的另一面；手臂向穿针似的从身体下方穿过，能量是旋转的。返回至身体成一条对角线。在"T"字形姿势时，感受有一条能量线直穿身体，另一条能量线从地板穿过手臂延伸到空中。

☐ 尽量减少腿部的运动，最大化侧屈肌群和回旋肌的运动。

☐ 肩胛骨保持稳定，绕着肩关节旋转。

☐ 保持头与脊柱正确的排列。

吸气。回到先前的姿势，身体成对角线，双臂对齐。

呼气。降低身体，回到起始姿势，骨盆稍微离开垫面（如果可以），或者轻放在垫面上。

109

背部伸展

这一板块的内容非常重要。以下的动作主要是从各方面提高背伸肌群的功能：力量、肌耐力和控制力。在腹肌对背部起稳定支撑时，脊柱伸肌用于保持脊柱伸展。普拉提的很多动作都有脊柱屈曲，因此加入脊柱伸展有助于肌肉的平衡。另外，现代日常活动和体育锻炼都需要脊柱屈，这也进一步说明了脊柱伸肌力量与耐力的重要性。合理地锻炼这些肌群能有效降低患骨质疏松的风险，并降低下背部的损伤概率。

值得注意的是，脊柱伸与背部损伤（特别是下背部）有相同的机制。因此做这些动作时，要特别注意技术的正确性。无背部不适或非脊柱伸的禁忌人群，必须在熟练掌握本章节中的基础练习后，才可进行高级练习。

背部伸展

为泳式、双腿上踢、弓形摇摆和天鹅下潜等脊柱伸展练习奠定了良好的基础。合理的腹肌工作非常重要，它能在运动中对背部提供支撑并帮助达到良好的排列。整个脊柱的运动，每一个椎间关节都需参与，以免局部压力过大。

如腹肌有助于腰椎的稳定，肩胛稳定肌有助于胸椎的稳定。下斜方肌，不仅可以作为肩胛稳定肌，也可以作为中背部的伸肌。在背伸的练习中，要合理利用肌肉的相互作用，并建立良好的身体排列，同时遵循背和肩运动力学原理。

在这个动作中，骨盆保持不动。

想象

飞机悬停在地面上。这种想象方式有助于身体拉长并感受飞行。

☐ 始终保持腹肌的支撑。

☐ 保持头与脊柱的排列。

☐ 运用肩胛稳定肌，使手臂紧贴在身体两侧，指尖朝下。

重点
- 背伸肌群

目的
- 强化背伸肌群
- 加强腹部和肩胛的控制

呼气。俯卧，前额着地。手臂紧贴身体两侧。双腿并拢，跖屈。

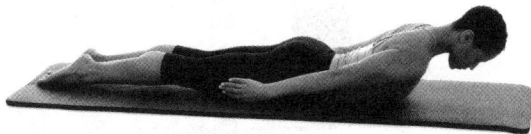

吸气。头部和胸部微微向上抬起。耻骨联合轻压垫面同时腹部收紧。保持双腿并拢，臀部放松

吸气。手臂外展成"T"字形，呼气手臂回到身体两侧，躯干保持不动。

呼气。最后一次重复后，身体有控制地回到起始姿势。

重点

- 腹部肌肉
- 背伸肌群

目的

- 强化腹部肌肉的控制
- 强化下背部的柔韧性
- 加强肩部的稳定性和控制
- 强化中上背部的伸肌

猫背伸展

这个动作主要有两个重点：脊柱屈（着重于腹肌）和脊柱伸（着重于背伸肌群）。脊柱屈，拉伸下背部的肌肉；脊柱伸，加强骨盆腰椎的稳定性。猫背伸展是低负荷的腹部与背部练习，适用于孕期、康复期以及年老等人群。

这个动作，在屈曲阶段，上背部易过度拱起；而在伸展阶易塌腰。本书中通过强调下背部的屈曲和中上背部的伸展来避免以上情况。伸展时，骨盆保持自然中立位。

想象

屈曲时，想象腹部区域有个能量球让背部拱起。

伸展时，感受胸骨的抬高，身体看上去像坚定的狮身人面像。也可以根据这个动作的名称，想象一只猫伸懒腰的样子。

☐ 保持髋位于膝部上方，肩位于手部上方。

☐ 这个动作发生在躯干。

☐ 第一阶段，下背部尽量屈；第二阶段，中上背部尽量伸。

☐ 第一阶段，要避免上背部过度拱起；头不要埋在双臂之间；骨盆也不要过度卷动。

吸气。四足跪姿，双膝打开与髋同宽，双手臂分开与肩同宽。脊柱保持自然中立位，身体均匀承重。感受从尾骨到头顶的延伸，同时集中注意力在内部支撑系统。

呼气。收腹，脊柱屈曲（着重于下背部屈），保持头和脊柱的正确排列。

吸气。有控制地回到脊柱自然中立位（保持腹肌和背部肌肉的持续收缩以使躯干稳定）。

呼气。保持骨盆腰椎的稳定，背部伸展（着重中上部脊椎的伸展）。肩关节微外旋以促进上背部的伸展。

吸气。有控制地回到起始姿势（脊柱自然中立位）。

单腿上踢

开始前的动作设置很重要。在这个姿势下，若腹肌的支撑不足会造成下背部的压力过大。应侧重于中上背部的背伸肌群的练习。保持肩胛的稳定，前臂成三角形（相互平行或交叉重叠）支撑。

想象

身体姿势像一个狮身人面像。

腿部运动时，身体的其他部位保持稳定，小腿的动作像折扇的开合（从侧面看）。

☐ 始终保持稳定。

☐ 保持骨盆稍微后倾。

☐ 始终保持小腿抬离垫面。

重点
- 背伸肌群
- 腘绳肌

目的
- 加强髋屈肌群的控制
- 强化中上背部的伸肌
- 加强躯干稳定性

变式练习

若下背不适或者压力过大：两手重叠，前额放在手背上。

吸气。俯卧，收腹挺胸，背部伸展。肘位于肩部下方，前臂成三角形，十指交叉。双腿伸直并轻微抬离垫面。

呼气。一侧屈膝弹动两次（弹动一次，呼气一次），伸直的同时换腿。

另一腿弹动两次（弹动一次，呼气一次）。

保持身体的稳定，重复同样的动作，双腿再次交换，吸气弹动（弹动一次，吸气一次）。

113

重点

- 背伸肌群

目的

- 强化背伸肌群
- 加强腘绳肌的控制
- 拉伸胸部肌肉

双腿上踢

这个动作能很好地强化背伸肌群和腘绳肌。首先，手臂辅助背伸并调节背部的负荷。其次，双手交叉在此能够拉伸胸部和肩部。它也可以作为垫上练习弓形摇摆的准备运动。身体被拉长，不应抬起过高。这样可以在强化中上背的同时避免下背部压力过大。

想象

身体是弓，而手臂是弦。这种想象方式有助于加强身体的延长感。

☐ 保持腿部轻微抬离垫面。

☐ 身体放下时，肘部放松贴于地板，双手放在背部。

变式练习

胸和肩部紧张者，手握小毛巾完成同样的动作。

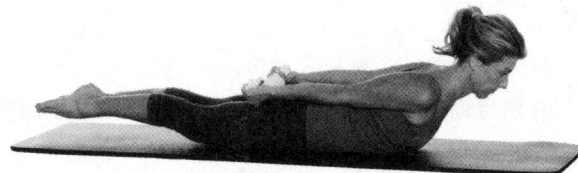

☐ 背伸时，保持头与脊柱的正确排列。

吸气。 俯卧，头部转向一侧。双手交叉在背后。肘部着地。双腿伸直并拢，轻轻抬离垫面。

呼气。 保持大腿抬起的高度不变，屈膝弹动3次（弹动一次，呼气一次）。

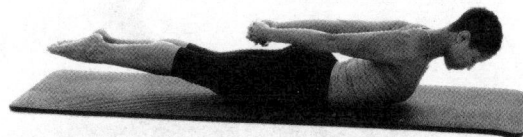

吸气。 背部伸展，胸部抬起同时伸直手和腿，头部转到中心位置。

身体放下至起始姿势，头部放松转向一侧。

泳式

这个动作能强化背伸肌群和髋伸肌，提高交替运动时的协调性。一侧背部和对侧的髋部同时工作。这种运动模式在日常生活和娱乐活动中很常见。例如正常的步态（走路时的姿势），迈右腿时，左腿在后，躯干轻微向右转动。游泳也是这种运动模式。

这个动作的呼吸模式与百次拍击相同，吸气做5次动作，呼气做5次动作。

想象

手和腿轻轻拍击水面，就像自由泳。

躯干像一块平板保持不动，手和腿运动。

☐ 保持骨盆和躯干的稳定。

☐ 避免耸肩。

变式练习

初学者在做这项练习时可以进行简化，手臂和腿部不需要始终抬离垫面。这样可以为四肢提供支撑，增加四肢的体力恢复时间。

☐ 手和腿进行小范围运动。

重点
- 背伸肌群
- 腘绳肌

目的
- 加强髋屈肌群的控制
- 强化中上背部的伸肌
- 加强躯干稳定性

呼气。俯卧，手臂向前伸直，双腿并拢。胸、手臂和腿部轻轻抬离垫面。

吸气。同时抬起左手和右腿。回到起始姿势后换至相反的方向。先慢然后加快手臂和腿部的交替，吸气做5次。

呼气。重复5次。保持同样的动作，进行10次呼吸（吸气和呼气）。

动作完成时稍适停顿（身体和腿稍停悬空位），身体再回到垫子上。

重点

- 背伸肌群
- 髋部伸肌

目的

- 强化背部和髋部伸肌
- 增加髋屈肌群的灵活性
- 拉伸胸肌

弓形摇摆

　　弓形摇摆需要保持稳定的身体形状，同时需要内在能量"让球滚起来"。这个动作很难用书面语言表达，先建立起正确的身体形状，重心缓缓向前移。运动中要保持固定的身体姿势，合理运用惯性。髋伸肌在此十分重要。背部伸展时，脚尖朝向天花板。双手抓脚踝以增加腿部的高度，并增大身体的弧形。开始滚动时，髋伸肌让腿部尽量上抬，同时身体向前倾。当身体前倾到一定程度后，背伸肌群让躯干向上后方抬起。同垫上练习天鹅下潜，这个动作不仅需要柔韧性，还需要稳定性和协调性。

想象

　　身体是弓，手臂是弦。像准备射箭，身体绷紧。

　　另一种方式，将身体想象成一艘小船，随着波浪前后晃动。

变式练习

　　弓形摇摆有一个很好的准备运动：身体抬升至滚动姿势后再回至地面（不加滚动），重复数次。同样可以增加柔韧性、力量及协调性。

□ 始终保持头与脊柱的正确排列。

□ 保持肩胛的稳定，手臂伸直。

□ 保持双腿内收。若骨盆和下背部有压力，双腿向外分开。

吸气。 俯卧。屈膝，手握住脚踝上方的部位。躯干上抬至身体成弓形。

呼气。 向前滚动。

吸气。 向后滚动。

天鹅下潜

天鹅下潜是一个优雅但难度较大的动作，它能体现出普拉提的多项运动原理，特别是流畅性。着重于激活并促进身体能量的流动。要将这个动作做标准，除了柔韧性的要求外，还需要足够的躯干稳定性，以及有序地激活相应肌肉。

背伸肌群、髋伸肌和腹肌同时工作让身体保持稳定的姿势。腹肌辅助背伸时各节脊柱均衡做工，以免腰椎局部压力过大。

见过许多年轻的舞者有着橡胶般的脊柱，他们尽力地想做好这个动作。而接近 60 岁的我已没有橡胶般的脊柱，但仍能比他们做得更流畅、更到位，这是来自于多年的练习。

做这个动作时，要保持身体的稳定，动用所有需要参与的肌肉同时让髋、肩及各个肩椎间关节最大化运动。

想象

身体像充气轮胎一样大幅度地前后滚动。若轮胎的气不足，运动就会不流畅。同理，即使激活了背伸肌群和髋伸肌，若躯干不能保持固定的弧形，动作也不会流畅。多个关节和肌肉的共同参与才能让身体形成优美的弧形。

☐ 始终保持腹肌的工作。

☐ 最大化惯性和工作的流畅性。

☐ 保持身体的弧度。

重点
- 背伸肌群
- 髋部伸肌

目的
- 强化背伸肌群和髋伸肌
- 加强躯干稳定性
- 身体能量的控制

俯卧，肘部于身体两侧支撑，手于肩部下方。吸气，收缩腹部肌肉伸直手臂，身体抬升至弧形姿势（背部伸展）。

呼气。手臂伸过头顶，身体向前滚动，腿朝向天花板延伸。

第一次前滚时，屈肘，手放在前额。接着向后滚动时，手臂伸直并保持伸直。这样会更有帮助。

吸气。保持身体的弧形，向回滚动。手臂朝向天花板延伸，同时腿部压向垫面。保持惯性，随着滚动增加双腿和手臂的高度。

最后一次重复后，回到手臂支撑的弧形姿势。屈肘，身体回到俯卧姿势。

重点

- 下背部的伸肌

目的

- 放松肩及背部
- 放松
- 拉伸背部肌肉，特别是下背部肌肉

休息放松式

通常在背部伸展练习完成后进行，是一个很好的放松和过渡性动作。

跪姿，上半身轻贴在大腿上，骨盆沉向脚跟。放松肩颈及下背部。这个动作与瑜伽中的婴儿式相似。

想象

背部张开或融化在大腿上。

背部、骨盆和肩部轻垂在大腿上。随着每次呼吸，背部横向张开并进一步放松。

☐ 自然地深呼吸。

☐ 骨盆沉向脚跟。

☐ 闭眼（如果更舒适的话）。

变式练习

膝部不适者，可以在骨盆和脚跟间放一个垫子，以降低膝屈角度；

背部不适者，可俯卧在大的健身球上，以助于躯干的支撑，并减轻膝、髋与背部的压力。

保持跪姿，胸部贴于大腿上方，骨盆坐在脚踝上。前额着地，手臂向前伸直或摆放在身体两侧（选择更舒服的姿势）。在做这个动作时，使身体感到舒适是最重要的。

5

普拉提重组训练床

普拉提重组训练床（以下简称普拉提床）是所有普拉提器械中最易辨认且最受欢迎的。其实通过普拉提床可组合无穷多的动作。它是一个跨越时代的工具，可以用来进行不同级别的练习；根据不同的训练目标，也可以用它来做任何动作。它的多功能性也是普拉提训练法的体现。

每个普拉提器械都有其优点和特性。如同一个好木匠根据螺丝头选择合适的螺丝刀，对于普拉提器械的选择同样如此，所选择的器械要适合当前的练习目标。例如，针对足部练习可能是最人性化的器械；让身体处于舒适的仰卧位，有助于肌肉均衡地运动。在普拉提床上做足部练习，比在凯迪拉克高架床和稳踏椅上更加轻松，同时骨盆和躯干也更容易保持稳定（所

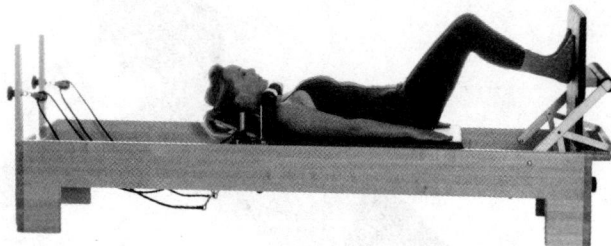

有的器械练习中都着重骨盆和躯干的稳定性）。普拉提床还有助于观察身体排列和肌肉工作的状况。

在普拉提床上的上身练习极具多样性和综合性。利用普拉提床拉伸髋屈肌群、腘绳肌和内收肌群，是其他器械无法比拟的。大范围的运动，不同的身体姿势和不同的阻力选择都可以在普拉提床上实现。

跳跃运动是普拉提床中一项独特的练习，在跳板（或称作足部练习板）上做跳跃，就如在蹦床上做跳跃运动一样，不过这是在仰卧位。对于运动员、舞者、健身爱好者、喜欢跳跃并追求动作挑战性的练习者来说，跳板上有很多练习动作。脚很难放在踏杆上的练习者，可以使用跳板代替踏杆。

扫码听资深普拉提导师
为你解答新手常见问题

120

足部练习

足部练习是普拉提练习的基础部分。它可以在普拉提床、凯迪拉克高架床和稳踏椅上进行。为保持一致，我在每个板块中都会讲到综合的足部练习，它通常会被放在暖身后，作为一个过渡动作，衔接课程的主体。虽然叫作足部练习，但它实际上锻炼的是整个腿部，并与全身相关联。

骨盆和脊柱的位置是首要条件，它是整个练习的基础。在进行足部练习时，保持骨盆和脊柱处在自然中立位。但这种理想状态不是随时都能够达到的。例如，如果存在脊柱过度前弯和下背部肌肉过度紧张的情况，为了达到正确的肌肉激活，避免过度紧张，骨盆和脊柱不要求处于中立位。

与骨盆与躯干的位置关系同理。在足部练习中，可适当改变脚与腿部的位置，但核心保持不变。本板块中锻炼的重点是髋伸肌群和膝伸肌，此外，腘绳肌也很重要。通常股四头肌更发达，确保腘绳肌得到锻炼就变得十分重要。整个练习过程中，臀肌（髋伸肌群）保持放松。这样会使髋关节的运动更加流畅，并更容易让骨盆保持在自然中立位。

腿部在伸直和弯曲时，专注在向心和离心收缩。弯曲时，离心收缩常常会被忽略。同时注重两种收缩方式，也是普拉提能作为非常好的功能性训练的原因之一。在我们的日常生活中会常常运用到肌肉的向心收缩和离心收缩。

进行足部练习时，建议腿部完全伸直。一些练习者担心完全伸直会让膝关节"锁死"。实际上，不完全伸直容易造成肌肉和神经肌肉的问题。动作不能达到最大限度，肌肉就无法得到良好的锻炼。并且腿部完全伸直的感觉会逐渐变淡，会造成在腿部没有完全伸直的状态下，被误认为完全伸直。膝关节的结构是能够完全伸直的，应当发挥它最大的优势。

在本书当中，对练习的描述有时会讲到伸直双腿，或者相反，从腹肌处收腿。从解剖学上看，这是不准确的，腹肌与腿部并不存在直接的肌肉连接。但从概念上讲，腿的弯曲和伸直都是来源于核心区域。想象从骨盆处将腿推出去和拉回来，实际上也是通过运用内部支撑系统，来获得流畅且平稳的运动。将内部支撑系统想象成一台蒸汽机，腿部是由发动机驱动的机轴。这种想象方式有助于建立所需的运动模式。

足部运动能从力量、柔韧性、稳定性、排列状态、不对称性和动作习惯等方面，为老师和学生提供很多相关信息。从多方面看，足部练习类似于步态周期，可以反映出一个人走路和跑步的方式。在学习中，这是一个非常有趣的部位，需要从不同角度观察。

121

重点
- 腘绳肌
- 股四头肌

目的
- 强化髋伸肌群和膝伸肌
- 运用大肌群进行热身
- 加强骨盆腰椎的稳定性

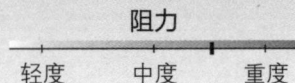

阻力

轻度	中度	重度

双脚平行-脚跟

脚跟姿势主要有两大好处：首先，负重时让双脚均衡受力。足部是整个动作的基础，保持稳定不动，主要是踝、膝和髋关节的运动。其次脚跟承重，在腿部伸直的过程中更易与腘绳肌产生连接。

在不同的脚跟位置，足部都应保持稳定，就像踩在地板上。踝关节为轴心；相反地，若完全地足背屈，踝关节就会被固定，足会在脚跟上前后滚动。

想象

有一根橡皮筋从脚后跟连接至坐骨。腿部伸直时，橡皮筋拉长，脚跟与坐骨之间拉力变强。

腿部伸直时，想象橡皮筋从脚跟后侧一直向上紧压肌肉组织。这个想象可以产生内在阻力，加大离心收缩。

☐ 脊柱和骨盆保持中立位。

☐ 先启动腘绳肌。

☐ 保持足背屈，就像站在地面上一样。

☐ 以踝关节为轴。

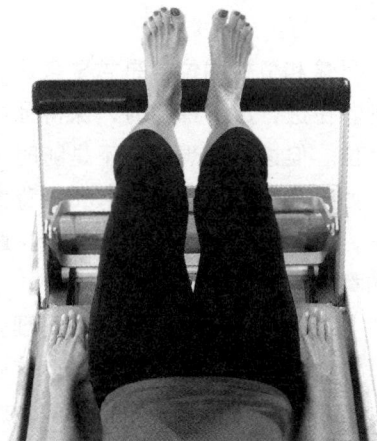

脚跟平行，充分运用踝、膝和髋关节

吸气。 仰卧，脊柱保持自然中立位，脚跟踩在踏杆上，双脚分开 5 ~ 10 厘米，双腿平行。手臂放松在身体两侧，肩部固定在肩托上。头部枕在头靠上。

呼气。 两腿完全伸直，同时骨盆和躯干保持稳定。

吸气。 屈膝屈髋，在无冲击力情况下流畅地还原。脚与踏杆之间的位置保持不变。

双脚平行－脚趾

在普拉提床、凯迪拉克床和稳踏椅上以脚趾支撑进行足部练习时，跖屈角度始终保持不变。屈膝时，脚与踏杆的位置不变，以踝关节为轴（不是跖趾关节）。一些练习者（特别是舞蹈运动员）常会在整个练习过程中都保持最大限度的跖屈，这样会使踝关节无法起到轴心的作用。

脚趾轻抓住踏杆，向外推动床时，压力应当均匀分布在前脚掌。

脚趾支撑比脚后跟支撑更具挑战性。它们结构更为复杂，包含更多关节，随足部高度的增加阻力变大。如果力量不足或阻力过大，双腿伸直时脚跟容易下沉，屈膝时脚后跟容易抬升。这时，需要减轻阻力以维持脚跟的稳定。

想象

有一根橡皮筋从脚后跟连接至坐骨处（所有的足

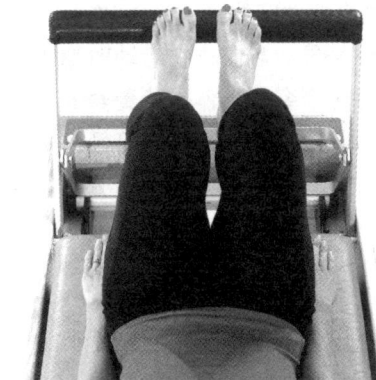

有时会发生足内翻，此时需要内侧多用力，增加腓骨肌的力量。脚部足外翻情况较为少见，此时脚的外侧多用力，增加胫骨后肌的力量

部练习都是如此）。脚趾向外推时，像踩脚踏板一样。

☐ 先启动腘绳肌。

☐ 脚跟稳定，踝关节角度始终保持不变。

重点
- 腘绳肌
- 股四头肌

目的
- 强化髋伸肌群、膝伸肌和踝部
- 运用大肌群进行热身
- 保持腿、脚的排列
- 加强骨盆腰椎的稳定性

阻力

轻度　　中度　　重度

吸气。仰卧，脊柱保持自然中立位，双脚平行分开 5 ~ 10 厘米，脚趾轻扣踏杆。手臂于身体两侧，肩部固定在肩托上。头部枕在头靠上（调整至最佳的脊柱排列状态，避免产生紧张感）。

呼气。两腿完全伸直，同时骨盆和躯干保持稳定。

吸气。屈髋屈膝，在无冲击力情况下流畅地还原。脚与踏杆之间的位置保持不变。

123

重点

- 腘绳肌
- 股四头肌

目的

- 强化髋伸肌群和膝伸肌
- 运用大肌群进行热身
- 加强踝关节的控制
- 提升髋内收肌群的意识

阻力

轻度　中度　重度

双脚"V"字形－脚趾

　　做这个动作时，两个髋关节的夹角约为30度，但根据个休不同会有些许差异。习惯于在运动时增大髋外旋角度的舞者不可将这个姿势当作是芭蕾舞的起始姿势。这是一个经典的普拉提姿势（舞者可额外进行针对外旋的练习）。这个动作可以从双脚平行开始，再将脚跟并拢。要注意的是这个动作仅是脚趾支撑。

想象

　　双腿伸直时向内挤压，就像双腿之间夹着一个大球或气球。

☐ 先启动腘绳肌。

☐ 脚跟并拢，且保持稳定。

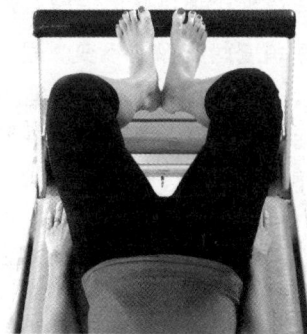

双脚"V"字形姿势是一个舒服的姿势，并不需要尽量增大髋外旋角度

☐ 完全伸直时注意股四头肌和腘绳肌的同步收缩。

吸气。仰卧，脊柱保持自然中立位，双脚分开5～10厘米，并成"V"字形。手臂于身体两侧，肩部固定在肩托上。头部枕在头靠上（调整至最佳的脊柱排列状态，避免产生紧张感）。

呼气，两腿完全伸直同时骨盆和躯干保持稳定。

吸气。屈膝屈髋，流畅且匀速还原。髋外旋角度及踝关节角度保持不变。

双脚 "V" 字形张开式－脚跟

这个不是经典的普拉提姿势，但也有诸多益处。可以加大髋关节在外展和外旋的活动范围，且更有挑战性。这个姿势还有助于舞者（及其他运动员）的技术纠正，并能增加在这个姿势下的力量。

想象

腿部伸直时将双腿向内挤压。在伸直和弯曲时，要注意内收肌群的运动。屈膝时，想象有能量线沿着膝盖向外延伸。

☐ 注意内收肌群的运动。

☐ 保持足背屈角度不变，就像站在地面上。

☐ 髋、膝和足部保持正确的排列。

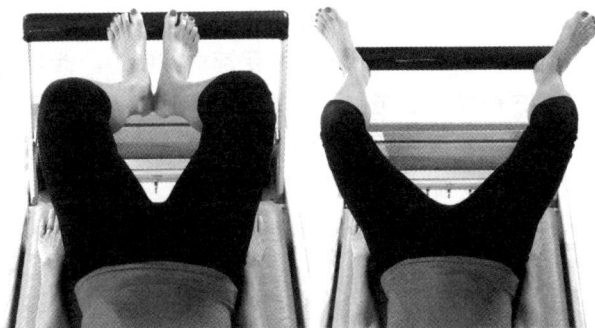

建议练习者先保持 "V" 字形脚趾的姿势，再分开双腿至这个姿势

重点

- 腘绳肌
- 股四头肌
- 内收肌群

目的

- 强化髋伸肌群和膝伸肌
- 控制内收肌群
- 增加髋关节的活动度
- 运用大肌群进行热身

阻力

轻度　　中度　　重度

吸气。 仰卧，脊柱保持自然中立位，脚跟在踏杆两端，髋外旋成 "V" 字形。手臂于身体两侧，肩部固定在肩托上。头部枕在头靠上（调整至最佳的脊柱排列状态，避免产生紧张感）。

呼气。 两腿完全伸直同时骨盆和躯干保持稳定。

吸气。 屈膝屈髋，流畅且匀速还原。髋外旋角度及踝关节角度保持不变

125

双脚 "V" 字形张开式 – 脚趾

重点
- 腘绳肌
- 股四头肌
- 内收肌群

目的
- 强化髋伸肌群和膝伸肌
- 加强内收肌群和腿部控制
- 增加髋关节的活动度
- 加强髋部内收肌群的意识

阻力

轻度　　中度　　重度

这个也许是足部练习板块中最复杂的姿势，需要很好地运用髋关节、膝关节和足部的控制力。此外进一步要求髋关节的范围，对腘绳肌和股四头肌有更大的挑战性。舞者会相当熟悉这个姿势，这个姿势同样可以让常人受益。

想象

同之前的足部姿势那样，运用橡皮筋、跳板的想象方式。并想象腿部伸直，双腿同时向内挤压。还可想象分开双腿做下蹲，这样会有助于缓解髋关节的紧张感并建立骨盆的轻松感。

☐ 腿部完全伸直。

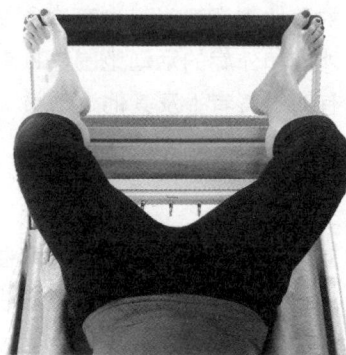

练习过程中，会明显感觉到股内侧斜肌的强化

☐ 脚跟始终保持稳定。

☐ 保持髋、膝和足部的正确排列。

吸气。 仰卧，脊柱保持自然中立位，脚趾在踏杆两端，髋外旋成 "V" 字形。手臂于身体两侧，肩部固定在肩托上。头部枕在头靠上（调整至最佳的脊柱排列状态，避免产生紧张感）。

呼气。 两腿完全伸直同时骨盆和躯干保持稳定。

吸气。 屈膝屈髋，流畅且匀速还原。髋外旋角度及踝关节角度保持不变。

提踵

这个动作用到多个肌肉和关节，能提高足部的活动度和力量。能有效地提升足部的排列状态，对于日常中走、跑或其他活动都很重要。试想正确的下肢排列对于一个马拉松运动员的重要性（马拉松运动员在一次比赛中就需要重复成千上万次相同的运动模式，更不用说在日常训练中会进行无数次的重复）。

脚跟往下推时，要特别注意肌肉的离心收缩。足背屈最大化的同时需保持与弹簧的拉力对抗。跖屈最大化时，要避免足部的内翻或外翻。适实地限制踝关节的活动度并保持正确的身体排列，同时将重量均匀分布在各脚趾，对提高身体排列会有很大的帮助。

想象

身体远离踏杆，会帮助达到理想的跖屈。身体，特别是骨盆越稳定，推力就会越强。想象大脚趾承担 50% 的身体重量，其余的 50% 均匀分布于其他脚趾。尽管无法精确，但可以提供很好的想象方式。

☐ 充分利用踝关节的活动度。

☐ 髋、膝和足部保持正确的排列。

☐ 正确的足部排列，着重距下关节的运动。

☐ 下推时，尽量足背屈。

重点
- 跖屈肌群

目的
- 强化跖屈肌群
- 加强足部的控制，并建立良好的排列
- 小腿肌肉的预热

阻力

轻度　　　中度　　　重度

吸气。 仰卧，脊柱保持自然中立位，双脚平行分开 5 ~ 10 厘米，脚趾轻扣踏杆。手臂于身体两侧，肩部固定在肩托上。头部枕在头靠上（调整至最佳的脊柱排列状态，避免产生紧张感）。双腿完全伸直。

呼气。 足背屈，脚跟下推。

吸气。 跖屈。

重点

- 足部跖屈肌群

目的

- 加强足部跖屈肌群
- 强化脚部控制与关节活动度
- 加强骨盆腰椎的稳定性
- 激活小腿肌肉

阻力

轻度　　中度　　重度

踱步式

起始动作与上个动作提踵一样。双腿伸直，尽量跖屈。一侧足背屈的同时，另一侧跖屈，同时回到起始姿势后再交换，同原地踏步。重要的是，踏步之前先回到起始姿势，每次踏步都要有长高和延伸感。良好的骨盆稳定性和足部运动能够让这个动作达到所需的流畅度、高度和轻盈度。另外，良好的呼吸模式也有助于流畅度。

想象

这个动作常常用在舞蹈训练中，想象马匹腾跃的样子。做这个动作的目的是让这个动作优雅、流畅，如同挺拔的舞者；另一种是将踏杆想象为蹦床，加入浮力的感觉，强调向上的推力。

☐ 始终保持骨盆的稳定。

☐ 双足的活动范围一致；一侧跖屈时，另一侧足背屈。

吸气。 仰卧，脊柱保持自然中立位，双脚平行分开 5～10 厘米，脚趾轻扣踏杆。手臂于身体两侧，肩部固定在肩托上。头部枕在头靠上（调整至最佳的脊柱排列状态，避免产生紧张感）。双腿完全伸直。

呼气。 一侧跖屈，同时另一侧足背屈。双脚回到起始姿势后再交换。

吸气。 保持同样的动作，重复 10 次循环。

脚抓踏杆

这是经典普拉提的姿势之一，很独特。一般在课程的早期阶段，我不会让学生做这个练习。由于足部姿势比较特别，并且运动模式也相对复杂，具有一定难度。但运用得当，会很有价值。它可以有效地拉伸足部筋膜及内在的肌肉。建议在踱步式之后做这个练习。

想象

鸟儿紧紧地抓住树干。

- ☐ 脚跟尽量下沉，最大化地拉伸小腿。

- ☐ 前脚掌抓踏杆，拉伸足的前部。

- ☐ 脚趾尽量分开。

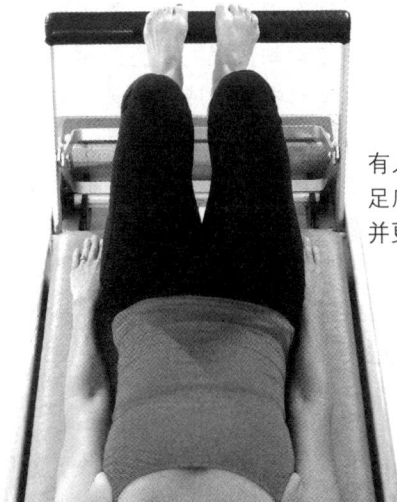

有人认为，踏在相应的足底反射区会更轻松，并更有益于健康

重点
- 腘绳肌
- 股四头肌

目的
- 强化髋部伸肌和膝伸肌
- 加强小腿肌肉
- 加强脚部的内在肌肉

阻力

轻度	中度	重度

吸气。仰卧，脊柱保持自然中立位，双脚分开5~10厘米，脚尖轻扣踏杆，双腿平行。手臂于身体两侧，肩部固定在肩托上。头部枕在头靠上（调整至最佳的脊柱排列状态，避免产生紧张感）。

呼气。两腿伸直，脚跟推至踏杆下方。

吸气。屈髋屈膝，在无冲击力情况下流畅地还原。脚跟保持下沉。

129

重点
- 腘绳肌
- 股四头肌

目的
- 强化髋部伸肌和膝伸肌
- 加强骨盆腰椎的稳定性
- 运用大肌群进行热身

阻力

轻度	中度	重度

单腿脚跟式

单腿运动的价值体现在以下两方面。首先是在不依赖另一侧的情况下单独运动，提高两侧的平衡性。若两侧不平衡，在同时运动中会造成强侧越来越强，弱侧越来越弱，这种情况常见于受伤或术后。通常先从较弱的一侧开始运动。这样更易发现身体的代偿和不良排列，其次可以增加骨盆稳定的挑战性。若条件允许，练习计划中应包含一套单侧腿部动作。建议先将两脚放于踏杆上，保持良好的身体排列后，抬起一侧腿，同时另一侧腿、骨盆及躯干保持不动。

想象

双腿都踩在踏杆上共同运动。在这种想象下能帮助保持身体的稳定和平衡。

☐ 下侧腿保持足背屈，就像站在地板上。

☐ 上侧腿保持在桌面姿势。

变式练习

许多单腿脚部练习的变体式都颇具益处。单腿脚后跟抬起式的一种比较好的做法即是将支撑腿朝向天花板伸直，使其尽可能接近垂直线，同时动作腿也保持伸直。双腿同时进行伸直和弯曲。两只脚都保持背屈。

☐ 保持正确的排列和骨盆的稳定。

吸气。仰卧，脊柱保持自然中立位，双脚平行分开5～10厘米，脚趾轻扣踏杆。手臂于身体两侧，肩部固定在肩托上。头部枕在头靠上（调整至最佳的脊柱排列状态，避免产生紧张感）。一侧腿抬起并保持桌面姿势。

呼气。踏杆上的腿完全伸直，身体的其他部位保持稳定。

吸气。屈髋屈膝，在无冲击力情况下流畅地还原。

单腿脚趾式

开始姿势是双腿双脚平行，脚趾扣住踏杆。从负荷上看，它是足部练习中最具挑战性的姿势。练习时，不要盲目追求大负荷，先使用较轻的负荷确保能维持良好的排列。有了正确的动作与良好的控制能力后，再增大负荷以进一步强化肌肉。

想象

比起脚跟位置，这个姿势下身体有更多的延伸感（参见单腿脚跟式）。

☐ 下侧的脚跟始终保持稳定。

☐ 每次重复时，下侧腿完全伸直。

☐ 上侧腿稳定在桌面姿势。

☐ 保持足部的正确排列和骨盆的稳定。

变式练习

上侧腿伸直垂直于地面，两侧同时足背屈和跖屈。然后回到起始姿势。

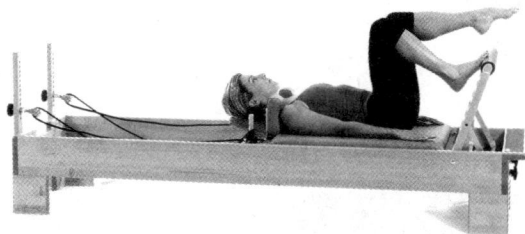

重点
- 腘绳肌
- 股四头肌

目的
- 强化髋伸肌群和膝伸肌
- 强化跖屈肌群
- 运用大肌群进行热身

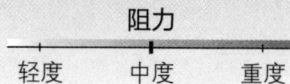

阻力

轻度　　中度　　重度

吸气。 仰卧，脊柱保持自然中立位，双脚平行分开 5 ~ 10 厘米，脚尖轻扣踏杆。手臂于身体两侧，肩部固定在肩托上。头部枕在头靠上（调整至最佳的脊柱排列状态，避免产生紧张感）。一侧腿抬起并保持桌面姿势。

呼气。 踏杆上的腿完全伸直，身体的其他部位保持稳定。

吸气。 屈膝屈髋，保持脚跟的稳定，在无冲击力情况下流畅地还原。足与踏杆的角度保持不变。

131

腹部练习

腹部练习在普拉提中极为重要。腹肌作为核心区域的一部分，对内部支撑系统的良性运作也有着至关重要的作用。腹部肌肉是作为整体的一部分，而不是单独存在的。人们常常错误地以为腹部练习就是核心和普拉提练习。肌肉组织的良好平衡，特别是内部支撑系统的良好平衡才是首要目标，因此，从一开始就制定练习指导方案是相当重要的。

腹部肌肉分为四层：腹直肌、腹外斜肌、腹内斜肌以及最深层的腹肌，即腹横肌（TA）。腹横肌是能量工厂的基本构成，能够稳定并保护脊柱，包含在每个普拉提动作中。若要获得良好的运动成效，合理地运用腹横肌是前提。

对比一些动作会发现一些有趣的现象。例如经典的仰卧起坐和普拉提垫上动作卷腹抬起。两者看起来十分相似，但性质和效果截然不同，很大的原因在于卷腹抬起会着重腹横肌的运用。腹横肌与其他的肌肉作为一个整体同时为躯干提供良好的支撑，并给予躯干运动以强大的动力，让各个腹部肌肉精准地工作，是非常有挑战性的。我曾见过可以连续做数百次仰卧起坐的运动员，几乎无法完整做完超过 10 次的卷腹抬起。

在编排普拉提课的腹部练习部分时，要注重平衡性。动作中应含肌肉的等长和等张收缩（动态），因为不同类型的动作侧重点不同，同时对身体功能的优化也是十分重要的。此外，需要整合侧重于肌肉力量和侧重于肌耐力的练习顺序。记住，不仅只有体前屈才能运动到腹部肌肉，所有动作，包括脊柱伸展也会锻炼到腹部肌肉。

在普拉提练习中，为了让腹肌正确工作，通常会用到"挖空"腹腔的想象提示。肚脐贴向脊柱以充分运用腹横肌。我喜欢想象有一个很深且很稳定的木制碗，盛满了能量和生命力。有些老师喜欢使用收紧上腹部的概念，类似于束腹。这与挖空的感觉完全不同，但也是有效的。它们共同的目标都是让躯干稳定，形成运动的基础。可以选择自己喜欢的一种想象方式。

我们花了大量篇幅来讨论脊柱稳定的重要性，以及腹肌在运动过程中起到的关键作用。但要了解——稳定性是动态存在的，在不断变化。腹部的练习很强大，但并不死板。动态稳定还有助于在脊柱得到支撑的同时保持自然呼吸。

重点

- 腹部肌肉

目的

- 强化腹部肌肉和肩伸肌群
- 增强骨盆腰椎稳定性

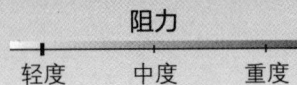

阻力

轻度　　中度　　重度

百次拍击预备式

这是一个简单且有效的动作。能让人立即感觉到腹肌的运动，同时感受到躯干屈肌群和肩伸肌群的协同作用。这个动作有不同的变体式，对各种健身水平的练习者都具挑战性。它是高级普拉提床动作百次拍击和协调训练的准备动作。它属于等张运动，与其他等长的腹部动作互补。

想象

上半身和手臂的动作像跷跷板，作为一个整体交替地抬起和下落。在腹部运动的前期，达到腹肌和手臂协同作用的感觉很重要，它在整套腹部练习和普拉提中会反复出现。

- □ 始终保持骨盆的稳定。
- □ 避免脊柱过度前弯和腹部膨出。
- □ 保持头与脊柱的排列。

吸气。 仰卧，脊柱应当处在自然中立位，双腿保持桌面姿势(髋部和膝部呈 90 度)。手套在拉力带上，手臂与身体垂直，轻轻绷紧拉力带。

呼气。 抬起头部和胸部，同时手臂下压至身体两侧。双腿保持桌面姿势。先启动腹肌（腹肌应保持持续工作）再抬起上半身，同时压低手臂。

吸气。 手臂抬起，上身有控制地回到起始姿势。拉力带轻轻绷紧。

百次拍击

这是经典普拉提中的标志性练习。与前一个动作相同，都是着重腹部肌肉和肩伸肌群的锻炼。随着手臂反复上下拍击能增加腹肌的等长收缩，帮助促进血液循环，加大呼吸深度。

这个动作需要很好的意识感、控制力、腹部力量，以及对内部支撑系统的理解。它和其他几个相似的腹部练习都包含了腹肌的等长收缩。若要腹部训练的平衡化，需补充等张运动。

想象

想象手臂的拍击，像工作的马达为身体输送能量，并集中在腹部区域。之前所提的空碗想象方式也有助于强化躯干姿势。

☐ 下背部贴住滑车。

重点
- 腹部肌肉

目的
- 强化腹部肌肉
- 加强骨盆腰椎稳定性

阻力

轻度　　中度　　重度

变式练习

腿部保持桌面姿势做同样的动作，以减轻背部的压力和腹部的强度。

☐ 保持头与脊柱的正确排列，目视前方。

☐ 手臂运动时，尽量保持滑车的稳定。

吸气。仰卧，脊柱应当处在自然中立位。双腿保持桌面姿势。手套在拉力带上，手臂与身体垂直，轻轻绷紧拉力带。

呼气。抬起头部和胸部，同时将手臂下压至身体两侧，两腿伸直。运用腹部力量来控制腿部位置及髋关节的角度。约瑟夫·普拉提所做的经典版较难，要求双脚与眼部相对。如果无法做到，腿部稍抬高。

吸气。暂停，进一步加大腹肌的收缩。

呼气。手臂小幅度上下拍打 5 次。

吸气。手臂继续拍打 5 次。

重复 10 次呼吸循环，共做 100 次拍打动作（也就是百次拍击名称的由来）。注意始终保持躯干和骨盆的稳定。完成后，回到起始姿势。

135

重点
- 腹部肌肉

目的
- 强化腹部肌肉
- 加强骨盆躯干稳定性
- 提高身体协调性

阻力

轻度　　中度　　重度

协调训练

从这个动作的名称可看出它的复杂性，最挑战的是呼吸与动作的相互协调。四个动作分为四次呼吸可能会更直接和简单，但个人建议四个动作用两次呼吸，这样需要更强的流畅性和连续性，还有呼吸的深度以更好地强化呼吸肌。

在这个动作中，可以始终保持体前屈姿势（等长收缩），也可以在每次重复后，落下躯干和头部（等张收缩）。两种做法各有益处。无论选择哪个，头部不得上下一半（我称这个部位为危险区），否则会造成颈部的过度紧张。注意肩伸和躯干屈的协调运动，这也是整个练习的基础。动作顺序与肌肉启动顺序尤为重要。

吸气。 仰卧，脊柱自然中立位，双腿保持桌面姿势。手套在拉力带上，手臂与身体垂直，轻轻绷紧拉力带。

呼气。 抬起头部和胸部，同时手臂下压至身体两侧，双腿伸直，视线与双脚平行。

想象

　　这项练习需要"按摩腹部同时轻拍头部"的运动模式。随着动作的顺序想象有一个闭环的机械玩具反复穿过。如果动作过于机械，则会失去动态感。应保持流畅度，腿的小幅度开合，应比躯干的抬起和下落更具动态感。

☐ 伸直时，保持双脚与眼部相对。体前屈时，下背部紧贴垫面。

☐ 先屈膝朝向胸部再抬手臂，然后放下躯干和头部。

继续呼气，双腿轻盈地进行开合动作（分开的距离不超过踏杆的宽度）。

吸气。屈膝至桌面姿势，然后抬起手臂，躯干和头部放下，回起始姿势。

重点
- 腹部肌肉

目的
- 强化腹部肌肉
- 增强髋屈肌群的控制

阻力

轻度　　中度　　重度

圆背-短箱

短箱是普拉提床的配套器械。这一系列动作还包含平背、爬树等。为包含侧屈于旋转的倾斜、扭转和回转等动作的奠定基础。尽管整套练习的重点都是躯干肌肉，特别是腹部肌肉，但每个动作对腹部肌肉的运用不同。有些动作能同时适用于多个板块。例如，动作包含倾斜、扭动和回转，同时可归纳于侧屈与旋转（本书中有介绍）以及腹部练习板块。

这个动作有两个版本：起始动作的直背和圆背。圆背时，着重脊柱的屈曲。肩于髋部上方，胸椎和骨盆自然跟随下背的位置。背伸肌群离心收缩与腹部肌肉共同让躯干保持"C"字形曲线，以髋关节为轴向后卷动至下背部在短箱上，保持"C"字形曲线卷回至肩

吸气。挂上所有的弹簧，降低踏杆。直坐在短箱前侧。双脚在脚部拉力带上，脚尖放在踏杆上（不适用于所有的普拉提床），双臂交叉于胸前。双腿屈膝并保持稳定，足部保持固定。动作发生在骨盆和躯干部分。

呼气。圆背。继续呼气，保持圆背后卷至下背部在短箱上（或者接近）。

吸气。保持姿势，暂停。

于髋部上方再到直坐姿势。两种躯干姿势（直坐式与背部后卷式）对于形成肌肉记忆是十分重要的，也是很多普拉提腹部练习的基础。

想象

背部有一根橡皮筋，坐姿直背时橡皮筋放松，圆背时被拉长"C"字形曲线。这种想象有助于脊柱屈曲时的拉长感，且可避免脊柱下陷。在躯干屈曲时应比直背时有更强的拉长感。向后卷的动作就像倒茶一样。

☐ 先圆背再后卷。

☐ 卷下和卷上时，保持稳定的圆背姿势。

☐ 动作结束在直背式。

呼气。保持"C"字形曲线上卷至肩于髋部上方。

吸气。躯干伸，回到起始的直坐姿势。

重点

- 腹部肌肉
- 背伸肌群

目的

- 强化腹部肌肉
- 加强背伸肌群的控制
- 加强髋屈肌群的控制
- 加强躯干稳定性

阻力

轻度　　中度　　重度

平背－短箱

腹部肌肉与髋关节的运动模式与前一个动作相同。两者都要求在矢状面维持身体的稳定，以强化腹部肌肉。但平背时，腹肌是等长收缩，躯干上下时，需要背伸肌群的支撑，以使脊柱保持在中立位（并非字面上的"平背"）。在这两个动作中，髋屈肌群都很重要，身体向下时髋屈肌群离心收缩；返回时，髋屈肌群向心收缩。但是这个动作的力臂更长，髋部屈肌的负荷更大。

控制躯干的运动，向后时不得超过 45 度，以免造成背部过度伸展；骨盆和躯干作为一个整体，髋关节铰链式运动。若骨盆不动仅是上半身向后，则容易导致脊柱过度前弯和下背部压力过大。

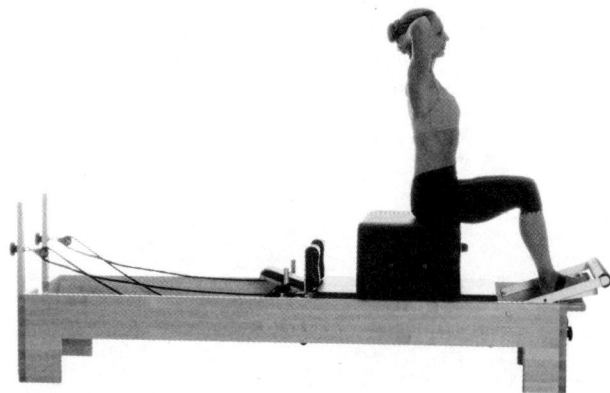

呼气。 降低踏杆。直坐在短箱前侧，双脚在脚部拉力带上，脚尖放在踏杆上（不适用于所有普拉提床练习），双手位于脑后。保持屈膝和下背部的稳定。

吸气。 躯干和骨盆应作为一个整体，直背向后。

想象

一扇门沿门轴旋转半开，然后关闭。这个想象有助于正确的运动。

☐ 腹部肌肉和背伸肌群同步收缩。

☐ 骨盆和躯干作为一个整体，髋关节铰链式运动。

☐ 保持头与脊柱的正确排列。

变式练习

平背拉回–短箱练习还可采用手臂举过头顶的姿势。这种方式可以加长力臂，从而增加挑战性。

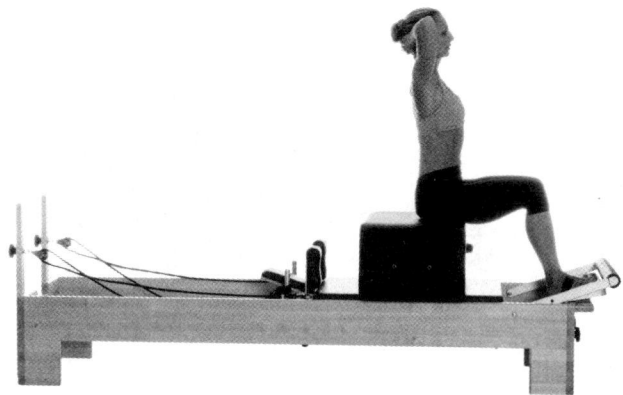

呼气。直背向上，回到起始姿势。

重点

- 腹部肌肉

目的

- 强化腹部肌肉
- 加强背伸肌群的控制
- 拉伸腘绳肌和胸部

阻力

轻度　　中度　　重度

爬树式－长箱

这个动作的标准姿势是在短箱上进行的，是短箱系列练习的一部分。个人建议先在长箱来进行练习（箱体纵向摆放在滑动板上），能为下背部提供更好的支撑，并更有助于胸椎的伸展。短箱上练习，压力易集中在腰椎区域，可能会对下背部的椎骨造成剪力。

直坐姿势下，腿伸直时，保持背伸肌群的工作、躯干的直立，以最大化地拉伸腘绳肌。须保持腹肌的工作，特别是在手划圈时。爬树（即腿部）时，躯干深度屈以强化腹肌的工作。重要的是上侧的腿始终与箱体保持垂直。如果高度不够，髋屈肌群负荷过大，

吸气。 直坐在箱体前侧。一只脚套在拉力带上，脚尖放在踏杆上（不适用于所有普拉提床练习）。另一侧膝屈，双手抱膝并将腿拉向胸部。

呼气。 弹动式将腿拉向胸部，连续3次。背部延长，每次弹动后坐得更直一些。

吸气。 腿部伸直，双手抓踝。尽量保持背部平直。

呼气。 双手慢慢向下移动，躯干屈并下卷。伸直侧的腿慢慢移动到与箱体垂直，并保持稳定（像树干一样）。

容易造成下背部过度伸展。腘绳肌紧张者，这种状况尤为明显。腘绳肌柔韧性特别好的练习者，腿容易超过垂直线，造成过度依赖腿部。

想象

向下和向上爬树，身体尽量贴近"树干"（腿部），以最大化脊柱屈。树干稳定地垂直于箱体。

☐ 开始时，保持直坐坐姿，背伸肌群参与。

☐ 爬树上下时，着重躯干屈。

☐ 双手划圈时，保持腹肌的工作，避免肋骨外翻。

吸气。中和上背部向后伸展，同时双手举过头并划圈回到箱体两侧。

呼气。回到体前屈，双手抓腿后侧。保持躯干屈，沿着腿部向上爬。

吸气。保持腿伸展，伸展脊柱。继续吸气，屈膝回到起始姿势。

重点
- 腹部肌肉

目的
- 强化腹部肌肉
- 加强骨盆腰椎稳定性
- 强化肩部控制

阻力

轻度　　中度　　重度

仰泳－长箱

这个动作的难度较大，需要协调性和力量。动作中，颈部可能会紧张，因为肩带以上没有长箱的支撑，同时有来自拉力带的阻力。会极大地锻炼到腹部肌肉。动作重点在于手臂和腿部分别运动时，颈部和躯干保持稳定。很多时候，会在垫上练习或不用拉力带的箱体上做同样的动作。当身体具备所需的力量时，才增加阻力。做这个动作时，眼睛必须平视前方，手臂朝天花板伸直和划圈时，视线不要跟随手臂移动。

想象

躯干呈一艘平稳的划艇。双腿和手臂是船桨，它们分别进行划圈。每次划圈后停顿，身体保持流线型姿势。就像船桨用力划过之后，身体像船在水面上滑动。

☐ 在整个练习过程中，眼睛要平视前方。

☐ 躯干尽量屈，保持头与脊柱的排列。

☐ 双手和双腿同步运动。

呼气。 仰卧在长箱上，面朝踏杆，使肩胛下角于箱体的边缘。躯干上卷至最大限度的脊柱屈，双腿保持桌面姿势。双手握住拉力带于前额，掌心朝上，双肘分开。双眼平视前方。

吸气。 双手和双腿朝天花板伸直。

双腿外旋。

呼气。 分开双手和双腿并划圈。

继续呼气，双腿并拢，双臂贴于身体两侧。

暂停。这时，双腿伸直与眼睛平行，双手贴住大腿外侧。

吸气。 屈膝屈肘，同时双腿回到相互平行。身体回到起始姿势。

拉腿-腹肌练习

这个动作需要躯干的稳定性和髋分离。如果已练过后面章节中的普拉提床滑板车和膝拉伸（个人非常推荐这两个动作），那么运用所学的运动模式来做这个练习。实际上它是仰卧位的膝拉伸。

由于髋屈肌群在此的负荷较大，这个动作可能对脊柱带来压力，特别是脊柱缺乏稳定性时。脊柱稳定性主要由腹肌维持，因此这个动作很有挑战性。注意合理分配髋屈肌群和腹部肌肉的比率。问题会出现在其中一个肌群（特别是髋屈肌群）用力过度时。

练习中，需要区分股直肌（双关节髋屈肌群）及腰大肌和髂腰肌（单关节髋屈肌群）。这个动作的目标在于后者。感觉整个动作是从骨盆深处产生的，而不是腿部。这样也有助于想象腿部没有重量，并运用腹肌的力量将腿部拉回（实际上腹部肌肉在此仅保持稳定）。

想象

结合两种想象：腹部形成一个空碗，固定在滑动板上；双腿像活塞泵前后推拉（着重朝向身体的回拉动作）。双脚保持于视线同高，水平地前后运动。

☐ 屈膝朝前额。

☐ 双脚在水平运动，避免下沉或过度屈膝。

☐ 下背部紧贴滑动板，保持骨盆腰椎的稳定。

重点
- 腹部肌肉

目的
- 强化腹部肌肉
- 强化髋屈肌群
- 加强骨盆腰椎稳定性

阻力

轻度　　中度　　重度

吸气。仰卧，双手在头后（降低踏杆可能会更舒适）。骨盆位于肩托前方，指尖轻触肩托。手臂伸直将拉力带套在膝部略上方，腿部保持桌面姿势。躯干前屈，双手放回头后。

呼气。将大腿拉向胸部。

吸气。双腿伸直，保持骨盆腰椎的稳定。

呼气。重复 5 ~ 10 次后回到起始姿势。

145

重点
- 腹斜肌

目的
- 强化腹斜肌和髋屈肌群
- 加强骨盆腰椎稳定性

阻力

轻度　中度　重度

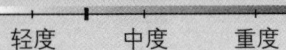

拉腿－腹斜肌练习

与前一个十分相似，但增加了躯干的旋转，因此保持骨盆稳定性的难度也随时增加，能进一步强化腹斜肌。练习时，保持肘部的绝对稳定。尽管胸椎主要负责旋转，但上半身是作为一个整体参与运动，同时下半身要保持稳定。想象身体由一组转盘构成，下部抓盘（即骨盆）保持稳定，同时上部转盘（即躯干）围绕中线旋转。建议先掌握垫上练习十字交叉，再做这个动作。

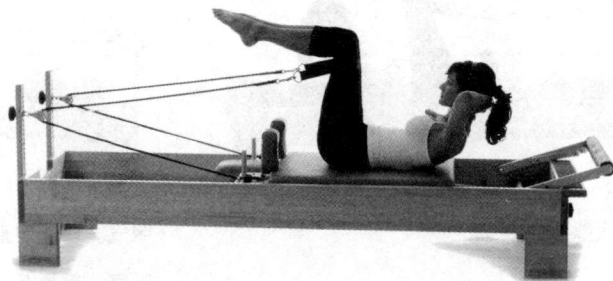

吸气。仰卧，双手在头后（降低踏杆可能会更舒适）。骨盆位于肩托前方，指尖轻触肩托。手臂伸直将拉力带套在膝部上方，腿部保持桌面姿势。躯干前屈，双手放回头后。

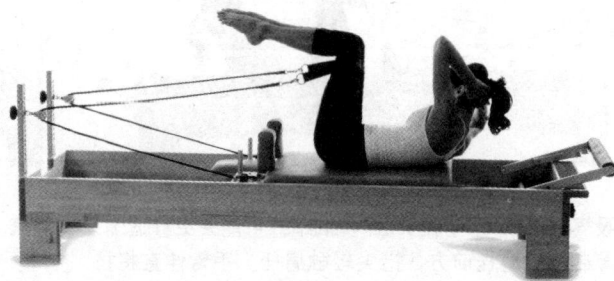

呼气。大腿拉向胸部，同时躯干转动。一侧肩部朝对侧膝盖。

想象

　　同一个动作：将腹部区域想象成一个空碗，腿部做活塞运动。着重于腿部的回拉。

☐ 躯干旋转时，避免侧屈。

☐ 旋转中保持肩胛骨抬离滑动板。

☐ 肘部分开并保持稳定，肩部放松。

☐ 保持骨盆腰椎的稳定。

吸气。躯干转回到正中，双腿伸直于视线同高。准备转向另一侧。

呼气。换至另一侧重复同样的动作。以此重复 5 ~ 10 次后回到起始姿势。

髋部练习

在此针对髋关节的练习单独设立了一个板块。髋关节与骨盆息息相关并影响整个动力链。它在步态和许多日常活动起着关键作用，无论是爬楼梯还是坐下与站起。髋关节与许多肌群相连，而这些肌群又易产生失衡状况。臀中肌对髋部的支撑与骨盆的正确排列都十分重要，相对于其他臀肌往往较为薄弱。髋屈肌群紧张时，髋伸肌群就会薄弱，两者也体现在生活中的久坐状态。大量的重复性动作也会加剧髋部肌肉的失衡，例如骑自行车和跑步，以及跳舞（特别是古典芭蕾舞），髋关节常处于外旋。

在髋部练习板块中，有一个重要的概念，即"髋分离"。它是指髋关节在不间断地运动时，骨盆保持绝对的稳定。掌握髋分离十分重要，它不仅关系到髋关节，还与身体其他部位（如肩关节）相关。

将髋关节比作一个大汤勺在锅里。汤勺在锅中搅拌的动作与髋关节在流畅运动时的动作相似。肌肉间的平衡很重要，同时适当的想象方式也会利于不同的肌群进行复杂的动作。

蛙式

这个动作与足部练习中的双脚"V"字形类似：两者都要求躯干和骨盆的稳定度和排列状态，腿部的基本动作也是相同的。但是，这个动作主要锻炼的是内收肌群、膝伸肌以及髋伸肌群。与髋部练习板块中的所有动作要求一样，练习时需要骨盆的高度稳定性。相对在踏杆上，双脚在拉力带里更不稳定。值得注意的是：这个练习的阻力较轻，主要着重于稳定性，而不是力量，能强化髋关节较为薄弱的肌群。阻力过大，股四头肌会过多参与，骨盆腰椎的稳定性可能也会变弱。

想象

弹跳的青蛙，不过在此节奏会较缓慢。

膝伸时，双腿要有挤压感，就像双腿之间夹着一个大气球。这种想象有助于激活内收肌群，并避免膝伸肌的过度工作。

☐ 始终保持骨盆腰椎区域的稳定。

☐ 双膝勿过于靠近胸部，以免尾骨上提。

☐ 保持脚跟并拢。

重点
- 内收肌群

目的
- 强化内收肌群
- 加强骨盆腰椎稳定性

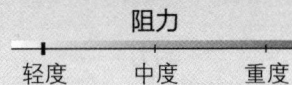

阻力

轻度　　中度　　重度

吸气。仰卧，脊柱保持自然中立位。双脚在拉力带上，屈膝，髋外旋。足稍背屈，脚跟并拢。

呼气。伸腿呈一条斜线。双腿与滑动板之间呈45度。

吸气。屈膝回到起始姿势。

重点
- 内收肌群
- 髋伸肌群

目的
- 强化内收肌群和髋伸肌群
- 加强骨盆腰椎稳定性

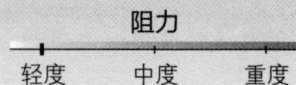

阻力

轻度　　中度　　重度

髋划圈－下

动作重点是髋分离。可以有效地锻炼内收肌群，需要控制力和精准度。在做这个动作时，略屈膝以减少股四头肌的参与，并强化内收肌群。骨盆稳定在自然中立位会很好地平衡内收肌群和腘绳肌。需要避免的是，由于个人运动习惯，有些练习者对于腘绳肌的运用大于内收肌群。

想象

用脚划圆（两个拼接的半圆形）。沿中心线下压时，双腿要保持并拢，然后沿半圆分开，回到上端再并拢。随着控制力的增加，加大圆圈的尺寸。整个动作需流畅，所画的线条要平整且连续。

☐ 尽量加大内收肌群的运动。

☐ 腿部沿中心线下压时，腘绳肌与内收肌群要同时参与。

☐ 始终保持骨盆稳定在自然中立位。

吸气。仰卧，脊柱保持自然中立位。双脚在拉力带上，保持骨盆的稳定，双腿设置尽量垂直于天花板。髋外旋，跖屈。

呼气。腿部沿中心线下压。

吸气。双腿分开接着向上划圈后回到起始姿势。

髋划圈-上

与前一个动作相比，它能使练习者更容易感受内收肌群的运动。双腿对抗阻力向下划圈时，内收肌群向心收缩。而前一个动作中的划圈，内收肌群是离心收缩。在这两个动作中，双腿并拢沿中心线上下运动时，内收肌群都应是进行等长收缩。

想象

用脚部划圆（两个拼接的半圆形，而不是两个真正的圆形）。我常用的：想象大汤勺搅拌黏稠的糖浆或者粥，勺子代表着股骨和股骨头。这种想象方式可以使动作更流畅，避免造成髋部的紧张。如果髋关节活动受限，骨盆在此会代偿，用以弥补髋的活动范围。

☐ 尽量加大内收肌群的工作。

☐ 双腿沿中心线上抬，腘绳肌与内收肌群要同时参与。

☐ 始终保持骨盆稳定在自然中立位。

重点
- 内收肌群

目的
- 强化内收肌群
- 加强骨盆腰椎稳定性

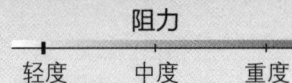

阻力

轻度　　　中度　　　重度

呼气。仰卧，脊柱保持自然中立位。双脚在拉力带上，保持骨盆的稳定，双腿设置尽量垂直于天花板。髋外旋，跖屈。

吸气。双腿部向两侧打开。

呼气。腿部向下划圈后并拢，沿中线回到起始姿势。

151

普拉提床

髋部练习

中级

重点
- 内收肌群

目的
- 强化内收肌群
- 提高内收肌群的柔韧性
- 加强骨盆腰椎稳定性

阻力

轻度	中度	重度

分腿

这个动作可以让身体处在最佳姿势下，检测髋关节的功能性活动度。骨盆和脊柱在正确排列下，做到最大的范围。提高在最大范围的控制力和力量，对舞者、花样滑冰运动员和体操运动员来说是非常重要的。柔韧性要求很高的运动项目，运动员有极好的柔韧性，但有时缺乏力量的支撑，容易导致受伤。

想象

双腿挤压着一个大气球。

☐ 保持腿部的稳定，避免下沉。

☐ 骨盆保持稳定的自然中立位。

☐ 最大化内收肌群的活动度和工作。

呼气。仰卧，脊柱保持自然中立位。双脚在拉力带，双腿伸直与滑动板约呈 45 度（双膝微屈）。髋外旋，足背屈。

吸气。双腿分开。

呼气。双腿并拢回到起始姿势。

蛙式进阶

这个动作结合了蛙式和分腿两个练习，需要更强的控制力和协调性。腿屈至蛙式时，保持腘绳肌的参与，拉力带的张力和滑车的稳定。把它看成髋关节的环形动作而不是线性。骨盆的位置和稳定性是锻炼的基础。

想象

大幅度的划圈动作，就像在搅拌一大锅粥。

☐ 腿屈至蛙式，滑车要保持固定。

☐ 始终保持骨盆的自然中立位。

☐ 屈腿是保持髋伸肌群的参与，以防腿过于贴近胸部而导致的骨盆卷起。

重点
- 内收肌群

目的
- 强化内收肌群
- 提高内收肌群的柔韧性
- 加强骨盆腰椎稳定性

阻力

轻度　　中度　　重度

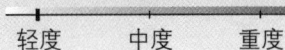

呼气。仰卧，脊柱保持自然中立位。双脚在拉力带，双腿伸直与滑动板约呈 45 度(双膝微屈)。髋外旋，足背屈。

吸气。双腿分开。

呼气。保持拉力带的张力。屈膝，脚跟靠拢成蛙式后腿部伸直至起始姿势。

普拉提床

髋部练习

高级

重点

- 内收肌群

目的

- 强化内收肌群
- 提高内收肌群的柔韧性
- 加强骨盆腰椎稳定性

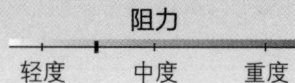

阻力

轻度　　中度　　重度

倒序蛙式进阶

　　虽然与前一个动作十分相似，但身体感觉有很大区别。双腿在两侧伸直，内收肌群的拉伸更强；双腿并拢，内收肌群的工作更具挑战性。始终保持拉力带的张力和滑动板的稳定仍十分重要。腘绳肌的参与有助于保持拉力带的张力。注意髋关节划圈时保持骨盆的稳定。

想象

　　大幅度的划圈（同前一个动作），就像在反向搅拌一大锅粥。

☐ 双腿在两侧伸直时，保持滑动板的稳定。

☐ 双腿并拢时膝部放松，注意内收肌群的运动。

☐ 始终保持骨盆稳定在自然中立位。

呼气。仰卧，脊柱保持自然中立位。将双脚套在拉力带上，腿部伸直与滑车约呈 45 度。髋外旋，足背屈。

吸气。屈膝呈蛙式，脚后跟并拢。

呼气。保持滑动板的固定，双腿向两侧伸直后并拢，回到起始姿势。

154

脊椎分节运动

这一板块包含了各项原则和目标肌群，是普拉提的基础。不论从身体结构，还是肌肉支撑与神经学健康方面来看，脊柱都是人体的中心支柱。正如约瑟夫·普拉提在 *Return to Life Through Contrology* 一书中提到的：“30 岁但脊柱僵硬，那你已经老了；60 岁仍拥有灵活的脊柱，那你依然年轻。”培养节段椎间运动的意识与控制是一个终身的过程。他在书中特别论述了脊柱“一节节”的运动模式，并说明了这种“卷起”与“展开”运动过程虽然缓慢，但会使脊柱回到出生时的标准状态，并能增加相应的灵活性。

要实现所需的流畅度，必须能意识到并控制每一块微小的椎间肌肉。呼吸也是脊椎分节运动的重要组成部分——提供运动节奏并助于肌肉活动。此外，脊椎分节能够提高呼吸过程，使肺部像海绵一样被“拧干”，从而促进更深的呼吸。

脊椎分节通常是脊柱屈曲下的分节活动。有时可以用在脊柱伸展时，但不适用于所有的背部伸展动作，相对比较难掌握。适当运用，同样可以收获很大的益处。

无论是脊柱屈曲还是伸展时的分节运动，腹部肌肉都发挥着重要作用（无论腹部肌肉做原动肌还是稳定肌）。腹横肌在高效的脊椎分节中起极其重要的作用。在不同级别的普拉提练习中，都应当掌握脊椎分节运动。

想象脊椎分节运动时像波浪一样。不仅能让练习者感受有序的卷起，还能有如波浪一般连续的流动感。我喜爱游泳、冲浪和风帆，作为一个酷爱水上运动的人，任何与水有关的想象方式都能给我灵感。没有参加过水上运动的练习者，可以感受海浪的流畅、自然与节奏。

重点

- 腹部肌肉
- 腘绳肌

目的

- 提高脊柱分节
- 加强髋伸肌群的控制

阻力

轻度　　中度　　重度

下身抬起

在脊椎分解板块中，这个动作实际上是骨盆卷动。它是垫上普拉提的代表性动作，不过在此用普拉提床。由于滑车不稳定，因此比骨盆卷动更具挑战性。此外，比起脚在地板上，在踏杆上则需要更高的高度，运动范围也更大。练习这个动作之前，须先掌握垫上的骨盆稳定和脊椎运动。腘绳肌对于骨盆的卷起和卷下都至关重要，在此它不仅作为髋伸肌群，还作为膝屈肌，以使滑动板保持在适当的位置。滑动板应当尽量保持稳定不动；弹簧拉力设置得越低，滑动板越难固定，对腘绳肌的要求也就更高。开始选择

舒适的弹簧拉力设置，随着熟悉度的提高逐渐减少拉力。注意，前脚掌承重，需保持足部的稳定、踝关节和距下关节的控制与良好的排列。

想象

剥香蕉皮的过程。即脊柱从普拉提床上剥离开来，然后在卷回时想象香蕉皮贴回到香蕉上。

☐ 滑动板尽量不移动。

☐ 始终保持足部的正确排列，脚跟稳定不动。

☐ 双腿平行，内收肌群参与。

吸气。仰卧，脊柱保持自然中立位，头靠放下（平放）。屈膝，双腿平行，前脚掌踩在踏杆上。

呼气。收腹，骨盆后倾，髋伸。脊椎一节节地向上卷动至肩胛支撑。从肩到膝呈直线，避免脊柱过度前弯。

吸气。保持不动。

呼气。一节节卷下至起始姿势。

下身抬起加伸展

在前一个动作增加了膝伸，加大了髋伸肌群的运动，需要良好的骨盆腰椎稳定性。髋伸肌群和膝伸肌助于腿部伸直，形成吊桥姿势。臀肌在此起辅助作用。髋伸时，尽量先启动腘绳肌再动用臀肌。臀肌的过分参与会抑制腘绳肌工作。

避免臀部完全伸直，否则会造成下背部压力过大。滑动板回到起始位置的过程中，保持从肩到膝的直线，会有助于避免骨盆下沉和髋关节屈曲。

想象

位于伸展姿势时，身体像稳定的吊桥，有良好的支撑。从脚到肩保持流畅的线条。

☐ 始终保持脚跟稳定不动。

☐ 不要完全伸直膝关节，保持稍屈。

☐ 滑动板拉回时，骨盆抬高并进一步伸髋。

重点
- 腹部肌肉
- 腘绳肌

目的
- 强化脊椎分节
- 加强髋伸肌群的控制

阻力

轻度　　中度　　重度

吸气。仰卧，脊柱保持自然中立位，头靠放下（平放）。屈膝，双腿平行，前脚掌踩在踏杆上。

呼气。收腹，骨盆后倾，髋伸。脊椎一节节地向上卷动至肩胛支撑。从肩到膝呈直线，避免脊柱过度前弯。

吸气。保持不动。

呼气。伸膝（不完全伸直）伸髋，骨盆不要下沉。

吸气。保持双腿平行。保持骨盆的高度，屈膝。重复 5 ~ 10 次。

呼气。一节节卷下至起始姿势。

157

重点
- 腹部肌肉
- 腘绳肌

目的
- 加大脊椎分节
- 强化髋伸肌群
- 加强上背部和肩部的灵活性

阻力

轻度　　中度　　重度

半圆

这个动作是上一个动作的进阶，它要求的活动范围更大，更具挑战性。需要更多的肌群参与。骨盆的上抬和"V"字形腿需要加强对内收肌群和髋伸肌群的控制，以保持对髋屈肌群的拉伸和腿部的良好排列（髋屈肌群过紧和臀肌的过度运动会让腿部有内翻的倾向）。滑动板拉回时，保持骨盆抬高和"V"字形腿的姿势，以确保有效地拉伸髋屈肌群。

这个动作中，脊柱不是处在自然中立位，而是过度伸展位，增加了脊柱的活动范围。注重肩部的稳定性、柔韧性，以及胸椎伸展。对肩部和胸部紧张者，以及常见的圆肩姿势很有益处。

吸气。仰卧在滑车上，双脚成小"V"字形，脚趾在踏杆，脚跟并拢。骨盆抬高，髋部伸展。手臂伸直抵住肩托，身体上抬至肩胛部位，骨盆保持抬高。

呼气。从胸椎开始一节节卷下至骨盆碰到弹簧，尽量保持滑车的稳定。这时，脊柱处于过度伸展位。

吸气。伸膝（腿不完全伸直）保持骨盆于弹簧上，脊柱于过度伸展位。

想象

身体像一个波浪，要很流畅。动作要美观。

☐ 脊柱一节节地上下卷动时，滑车尽量不动。

☐ 始终保持脚跟并拢，双脚呈"V"字形。

☐ 保持手臂伸直。

变式练习

反方向运动：从开始位伸膝（但不完全伸直）。滑车不动，脊柱向下卷动至骨盆碰弹簧。然后屈膝，拉回滑车并向上卷动回到起始姿势。

呼气。收腹，骨盆后倾，脊椎一节节地向上卷动至肩胛部位，充分伸展髋部。尽量保持滑车的稳定。

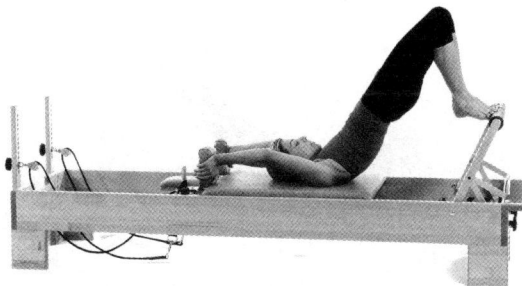

吸气。保持髋伸和骨盆抬高，屈膝回到起始姿势。

短脊柱

重点

- 腹部肌肉

目的

- 提高脊椎分节
- 提高下背部和腘绳肌的柔韧性

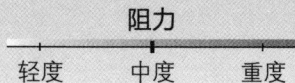

阻力

轻度　　中度　　重度

约瑟夫·普拉提所做的经典版本中，向上卷动至肩部时，滑车向脚杆移动。本书中，身体向上卷动时，滑车稳定在停止位不动。不依赖弹簧或者拉力带的向上卷动，需要更强的腹部控制能力和脊柱灵活性，以及更有效的腘绳肌拉伸。骨盆尽量保持稳定，骶骨尽可能地贴近滑车。鉴于腿部在此时位置，大多数练习者认为不可能保持骨盆的中立位，但通过将骶骨贴近滑车的方式会有助于稳定的骨盆及对腘绳肌的有效拉伸。

当腿举过头时，屈膝并保持拉力带张力和躯干的稳定（避免塌陷）。双腿呈菱形于面部上方，然后脊柱一节节地向下卷动到滑动板，能很好地拉伸下背部。当骨盆不能再继续移动时，足背屈，保持菱形伸展髋部，双腿经身前下落。最后，骨盆处于中立，回到起

吸气。仰卧，双脚在拉力带上，髋外旋，膝盖弯曲，脚后跟并拢，足背屈（蛙式）。注意头靠必须平放。

呼气。腿伸直，跖屈。

吸气。双腿过头，滑动板归位。

始姿势。

　　注意，这个动作需要极度的脊柱屈，颈椎可能会承重。因此背部和颈部不适者，特别有椎间盘问题者避免做这个练习。

想象

　　享受这个动作中流畅的波浪式运动。感觉身体应有无尽的能量（如前一个动作半圆）。

☐　向上卷动之前，滑动板完全归位。

☐　向上卷动至肩部时，屈膝，双腿呈菱形。保持拉力带的张力。

☐　动作的最后阶段，腿部保持菱形，注重伸髋而不是膝屈。

呼气。脊柱一节节向上卷动至肩部。

吸气。屈膝，双腿呈菱形。

呼气。脊柱一节节地向下卷动，保持双脚在面部上方。

吸气。足背屈，伸髋。双腿经身前下落至滑动板上。返回起始姿势。

重点
- 腹部肌肉
- 腘绳肌

目的
- 强化脊椎关节
- 加强髋伸肌的控制

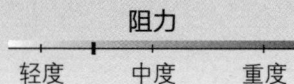

阻力

轻度　　中度　　重度

长脊柱

在经典版本中，身体向上卷动至肩部时，滑动板停在收回位，同时拉长拉力带以适应身体姿势。在这个版本，身体在向上和向下卷动时，滑动板须推出并停住，注重平衡与稳定性。这种方式需要对内部支撑系统和髋伸肌群有极强的控制力，同时需要背伸肌群和肩伸肌群的辅助。

维持腿部的垂直，身体上卷（特别是卷下）需要极强的控制力。在卷下阶段，髋伸肌群和背伸肌群离心收缩，使脊柱的运动更加流畅，同时不移动滑动板。这个动作有一定的难度，特别是阻力轻度时。

建议从中度阻力开始练习，随着熟悉度的提升，再逐渐降低阻力。做这个动作时，颈椎和背部可能会

呼气。仰卧在滑车上，双脚套在拉力带上，双腿伸直与滑车之间约成45度。头必须放平。

吸气。腿部垂直，骶骨固定在滑动板上。

呼气。保持滑动板的稳定，脊椎一节节地向上卷动至肩胛部位。

承重，因此背部和颈部不适者，特别有椎间盘问题者避免做这个练习。

这是我个人最喜欢的动作之一，只有在熟练掌握了其他难度较低的脊椎分节练习后，才能有效完成这个动作。需要意识到这个动作潜在的危险因素：如果上卷到肩部时失去控制，弹簧就会将身体重量拉至颈部，造成颈椎压力过大。

想象

腿像帆一样被拉上桅杆。到达最高点时，整个身体如桅杆一样地竖直。卷下时就像帆被放下。

☐ 脊柱上下卷动时，保持滑动板的稳定。

☐ 向下卷动阶段，腘绳肌离心收缩。

☐ 骨盆稳定，骶骨固定在滑动板上，再回到起始姿势。

吸气。保持身体竖直，双腿稍外展。

呼气。保持滑动板的稳定，脊柱一节节地向下卷动。

骶骨固定，腿向下划圈后回到起始姿势。

163

拉伸练习

柔韧性对于健身运动和调理疗法的重要性毋庸置疑。每个课程计划中都应包含拉伸板块的内容。可以根据自身的情况来决定着重于哪些部位，个人建议应包含髋屈肌群和腘绳肌。大多数人都会频繁运用这两个肌群，并且它们对骨盆的排列和功能有很大的影响。骨盆区域的平衡性至关重要。即便柔韧性非常好，也往往会存在腘绳肌和髋屈肌群不平衡的现象，训练的重点可能是控制。

特别值得注意肩带的柔韧性。肩部易紧张，会对上半身和颈部产生影响，导致功能的退化，甚至会感到疼痛和不适。我常将肩带列入拉伸方案中。

当然，在脊椎分节运动板块当中已有脊柱柔韧性的相关练习。一般来说，柔韧性（特别是脊柱的柔韧性）会随着年龄的增长而退化，这也意味着脊柱的柔韧性训练成为必要。为了达到最佳的功能，柔韧性和活动范围是关键。

拉伸需要保持一定的时间，以使肌肉得到充分的拉伸和放松。关于拉伸的最佳持续时间是具有争议的，我的规定是保持 3 ~ 5 次循环呼吸。将肌肉比作橡皮筋的想象方式是非常有利的。此外，长而深的呼吸有助于放松与充分的拉伸。

站姿弓步

重点在于发展髋屈肌群和腘绳肌的柔韧性。这两个肌群的相互作用有助于使骨盆的排列和功能保持平衡。拉伸髋屈肌群时，腹部肌肉（上提耻骨联合）和腘绳肌（下拉坐骨结节）的收缩，使骨盆后倾。这个姿势可有效伸展髋屈肌群，并减轻下背部的压力。

腘绳肌拉伸时维持背伸肌群的收缩以加大拉伸效果，同时能强化背肌，特别是中背部，益于保持良好的体态。值得注意的是，整个系列中的髋屈肌群拉伸，膝盖不超过踝关节；前侧腿伸直和腘绳肌伸展的过程中骨盆沿水平线移动（不要上下移动）。

想象

髋屈肌群拉伸时，骨盆后倾，想象骨盆从身体上拉同时背部拉长呈弧形；腘绳肌拉伸时，骨盆前倾，想象有一条能量线从骨盆后方穿过脊柱到达头顶，助于达到平背姿势。这两种想象，有助于让拉伸最大化。

☐ 拉伸髋屈肌群时，骨盆后倾并延长上背部。

☐ 前侧腿部以拉腘绳肌时，骨盆要沿着水平线移动。

☐ 拉伸腘绳肌时，骨盆前倾，背部保持平直，保持头部与脊柱的排列。

重点
- 髋屈肌群
- 腘绳肌

目的
- 加强髋屈肌群和腘绳肌的柔韧性
- 强化背伸肌群的控制
- 加强骨盆腰椎的稳定性

阻力

轻度　　中度　　重度

站在普拉提床侧。双手握住踏杆，手臂伸直。两脚与肩同宽，外侧的脚在地板上，屈膝于踝上方。另一侧脚抵在肩托上，膝盖放在滑动板上。躯干保持平直。专注髋屈肌群的伸展，保持 3 ~ 5 个呼吸。

外侧足背屈，脚跟压在地板上；伸直膝盖，保持骨盆水平移动，平背前移。专注于腘绳肌的伸展，保持 3 ~ 5 个呼吸。

前侧腿屈膝，骨盆水平前移至起始姿势。重复两次后，换另一侧重复。

重点
- 髋屈肌群
- 腘绳肌

目的
- 提高髋屈肌群和腘绳肌的柔韧性
- 强化背伸肌群的控制
- 加强骨盆腰椎的稳定性

阻力

轻度　　中度　　重度

跪姿弓步

整个系列中，髋屈肌群拉伸的原则相同。为了最大化拉伸髋屈肌群，须后倾骨盆、运用腹肌、激活上背伸肌群，胸椎延长，从膝后侧到大腿、骨盆再到躯干和头部形成弧形；为了最大化拉伸腘绳肌，须前倾骨盆、运用下背伸肌群，保持骨盆与躯干的排列。

整个系列中的起始位置，前侧膝位于踝正上方。过渡到腘绳肌伸展时，骨盆水平移动，同时保持后侧腿与滑动板之间的角度不变。与前一个动作相比，它需要更好的柔韧性与骨盆的稳定性。

想象

骨盆是固定点。保持骨盆的排列，感觉如橡皮筋般，最大限度地拉伸。

☐ 拉伸髋屈肌群时，后倾骨盆并延长上背部。

☐ 伸直前侧腿以拉伸腘绳肌时，骨盆沿着水平线移动。

☐ 拉伸腘绳肌时，保持背伸肌群的工作、头部与脊柱的排列。

☐ 拉伸腘绳肌时，前倾骨盆，保持背部平直、头部与脊柱的排列。

跪在滑动板上，一侧脚踩在踏杆上，膝盖位于脚踝正上方。另一侧膝盖放在滑动板上，脚抵肩托。双手握踏杆、与肩同宽，躯干保持平直。专注于跪姿侧的髋屈肌群，保持 3 ~ 5 个呼吸。

踏杆上的腿伸直，骨盆平移，躯干向前倾。后侧腿与滑动板之间的角度保持不变。保持背伸肌群的工作，专注于腘绳肌的拉伸，保持 3 ~ 5 个呼吸。

回到起始姿势。

全弓步

包含了身体的平衡，极具挑战性。这个动作中，前侧膝仍位于脚踝正上方，后侧腿完全伸直。当身体从髋屈肌群拉伸过渡到腘绳肌拉伸时，骨盆沿着水平线平移。对于柔韧性过高的练习者来说，这个运动仍具难度，因为需要足够的力量支撑。全弓步能均衡地发展力量与柔韧性。

运用腹肌并后倾骨盆，使髋屈肌群得到最大限度的拉伸，同时保护下背部。而在拉伸腘绳肌时，运用背伸肌群并前倾骨盆

变体式中的动作能进一步强化控制力、核心区域的意识，提高腘绳肌和髋屈肌群的柔韧性及平衡能力。

想象

瑜伽中的动作"战士"。

☐ 后侧脚跟抵在肩托上。

重点
- 腘绳肌
- 髋屈肌群

目的
- 加强髋屈肌群和腘绳肌的柔韧性
- 加强髋屈肌群和腘绳肌的控制

阻力

轻度　　中度　　重度

变式练习

增加了难度，双手侧平举。保持平衡，前侧腿伸和屈 3 ~ 5 次后，双手放回到踏杆上。接着再做腘绳肌的拉伸。

☐ 整个过程中，保持后侧腿伸直。

☐ 保持前脚与同侧髋关节的排列。

双手握踏杆，与肩同宽。一侧脚跟抵在肩托，脚趾朝前。另一侧脚尖在踏杆上，前侧膝盖位于脚踝正上方，后腿伸直。专注于后侧髋屈肌群的拉伸，保持 3 ~ 5 个呼吸。

前侧腿伸直，直背前倾。保持背伸肌群的工作。前倾骨盆，保持头与身体的中心线对齐。专注于腘绳肌的拉伸，保持 3 ~ 5 个呼吸。

回到起始姿势。

全身综合练习

这个板块更能体现出普拉提的哲学。在做全身综合练习时，身体就像一台相互协调、润滑的机器。所有的普拉提动作都是全身性练习，但此板块中的动作不是特定于身体某个部位的，而是整个身体性能的整合。

全身综合练习 I（初中级）包含了初级到中级难度的练习；全身综合练习 II（高级/导师级）包含了高级和大师级难度的动作。在进行全身综合练习 II 之前，应先掌握全身综合练习 I 中的所有练习。学习了高级普拉提动作后仍须进行初级的练习。普拉提课程应结合不同级别的运动，每个全身综合练习都要求高水平的身体意识；对运动的理解越深，所获得的成效也就越大。

全身综合练习的很多动作着重于收回阶段。常出现在弹簧缩短，阻力减少时。与正常呼吸模式相反的是，此时需呼气。当腿部向前（髋屈）时，和膝伸肌群离心收缩以对抗弹簧。在其他一些练习中，如膝伸－反向中，腿部向躯干移动时，阻力随之增加，髋屈肌群向心收缩。在本板块的多数动作中，阻力会随着腿部前移而减弱，应着重于离心收缩。

弹簧的阻力设置必须要与锻炼目的相符——无论是着重于力量还是稳定性。不同的拉力会产生不同的结果。增加弹簧的拉力会着重加强腿部和手臂的力量训练；减少拉力则会着重加强骨盆和躯干的稳定性。通常建议使用较小的阻力，从着重于稳定性开始。

单脚滑行车

在这个动作中，躯干、支撑腿和骨盆保持稳定，另一侧腿前后移动。练习目的是在保持骨盆稳定的前提下，通过腿的延伸充分伸髋。由于骨盆是后倾位，膝盖无法完全伸直，同样也取决于髋屈肌群的柔韧性。

建立躯干姿势时，首先是收腹并圆背。从腰椎区域开始屈曲，随之是骨盆、上背部和头部。整个躯干保持在所需的形状。

由于骨盆的位置易使臀肌过度参与，从而抑制髋关节的运动。而在这个动作中，髋关节要轻松地活动。还有一种不良的现象是上背部过度屈曲，并易耸肩。

这种现象会加剧日常生活当中的圆肩状态。

想象

短跑运动员在起跑前的姿势，蓄势待发。腿向前移动时，力量增大。

☐ 保持脊柱与头的"C"字形曲线。

☐ 避免耸肩。

☐ 注意髋分离和骨盆的稳定。

重点
- 腹部肌肉
- 髋伸肌群和膝伸肌群

目的
- 加强骨盆和躯干的稳定性
- 强化髋伸肌群和膝伸肌群

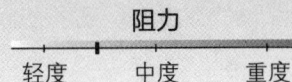

阻力

轻度　　中度　　重度

双手放在踏杆上与肩同宽，手臂伸直。一侧屈膝站在床侧，保持膝与脚跟的排列；另一侧脚抵住肩托，膝略抬离滑动板。收腹圆背。

吸气。伸腿将滑动板推出，骨盆即将产生前倾时停顿。

呼气。保持肩、躯干和骨盆的稳定，有控制地将滑动板收回。

重点

- 腹部肌肉

目的

- 加强骨盆和躯干的稳定性
- 强化髋伸肌群和膝伸肌群（中度阻力）

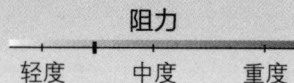

阻力

轻度　　中度　　重度

膝伸-圆背

躯干姿势与单脚滑行车相同，区别在于这个动作是跪姿双腿移动。不稳定性变高，加大了训练难度。腿前后移动时，须保持躯干（包括骨盆）的稳定性。这个动作中的腿伸的幅度比单脚滑行车小。

脊柱与头部保持均衡的曲线。避免骨盆卷起或臀肌过度收缩。以免髋关节运动受限或腰椎压力过大。

想象

腿部运动像摆锤的前后摆动。缓慢地摆出，顺滑地摆回。

☐ 保持头与脊柱的均衡"C"字形曲线。

☐ 注意动作的收回阶段。

☐ 尽量将滑动板收回。

跪在滑动板上，双脚抵住肩托。双手放在踏杆上，与肩同宽，手臂伸直。呼气，收腹圆背，骨盆略抬离脚跟。

吸气。伸髋，滑动板推出。手臂和躯干保持稳定。

呼气。屈髋，滑动板收回。保持肩、躯干和骨盆的稳定性。

膝伸-平背

这个动作和短箱-平背都表示脊柱处于自然中立位。需要腹部肌肉与背伸肌群共同收缩。除与前一个动作中的脊柱姿势不同外，其余的都相似。两者都强调躯干的稳定和髋分离。想象有一条能量线从尾骨开始，穿过躯干延伸到头部，有助于保持脊柱的排列。

想象

向后踢腿的驴（前腿及上半身不动，保持平衡）。

☐ 脊柱保持自然中立位。

☐ 注意从髋关节处开始运动。

☐ 腕关节保持中立，十指并拢伸直。

重点
- 腹部肌肉
- 背伸肌群

目的
- 加强躯干的稳定性
- 加强髋伸肌群和膝伸肌群

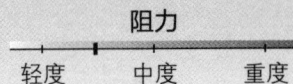

阻力

轻度　　中度　　重度

跪在滑动板上，双脚抵住肩托。双手放在踏杆上，与肩同宽，手臂伸直。呼气，脊柱中立位，骨盆略抬离脚跟。

吸气。伸髋，滑动板推出。手臂和躯干保持稳定。

呼气。屈髋，滑动板收回。保持肩、躯干和骨盆的稳定性。

171

重点

- 腹部肌肉
- 背屈肌

目的

- 加强躯干稳定性
- 加强膝伸肌群和跖屈肌

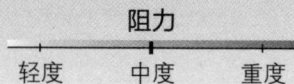

阻力

轻度 —— 中度 —— 重度

腹部按摩－圆背

这个动作的特点在于下肢有强度的运动时，躯干保持稳定。与仰卧位相比，坐姿的锻炼难度更高。在日常生活中，如坐在椅子上、走路和跑步时，通常会忽略正确的肌肉活动，从而导致不良的排列、不平衡的肌肉力量和过度紧张。这个动作能增强躯干的稳定性，并强化对脊柱良好排列的意识感。

想象

想象在推一个沉重的箱子。

☐ 双手轻拉在滑动板前端。

☐ 躯干保持均衡的"C"字形曲线，保持头与脊柱的排列。

☐ 整个练习过程中，肩部始终位于髋部上方。

吸气。 坐在普拉提床上，面朝踏杆。坐骨支撑在滑动板的中心，或略近踏杆（如果可能）。双脚呈"V"字形，脚跟并拢、脚趾在踏杆上。双手轻拉在滑动板的前端，圆背，肩部位于髋部的正上方。

呼气。 双腿完全伸直，跖屈。

吸气。 屈膝，回到起始姿势。

腹部按摩－平背

与前一个动作的顺序相同，但这个动作是脊柱处在自然中立位，或尽量接近自然中立位。手臂在此起平衡作用，不要依赖于它的支撑，同时它也能拉伸胸部及肩部前侧。双肘平行，微屈，肘尖朝后。

想象

背靠在墙上，双腿将重物推开。

☐ 最大化背伸肌群和腹部肌肉的协同收缩。

☐ 双肘平行、微屈，朝向正后方。

☐ 在整个练习过程中，保持躯干的直立。

变式练习

难度增加：双臂与肩同宽，双手伸向斜上方。对躯干稳定性的要求更高。

重点
- 背伸肌群
- 腹部肌肉

目的
- 加强躯干稳定性
- 强化背伸肌群、膝伸肌群和跖屈肌群

阻力

轻度　　中度　　重度

吸气。 坐在普拉提床上，面朝踏杆。坐骨支撑在滑动板的中心，或略近踏杆（如果可能），脊柱尽量中立。双脚呈"V"字形，脚跟并拢、脚趾在踏杆上。双手轻放在肩托上，双肘微屈，指尖和肘部向后。

呼气。 双腿完全伸直，跖屈。

吸气。 屈膝回到起始姿势。

重点
- 腹部肌肉
- 髋屈肌群

目的
- 加强躯干稳定性
- 强化腹肌和髋屈肌群

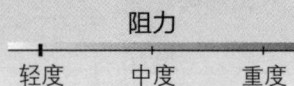

阻力

| 轻度 | 中度 | 重度 |

膝拉伸-反向

这个动作主要包含三个原则：骨盆腰椎的稳定性、肩胛的稳定性和髋的屈肌的活性。腹部的支撑在此非常重要，可以避免下背部产生过度的负荷和紧张感，同时能保持骨盆和躯干的稳定。腿部前后移动的同时，上半身和骨盆保持稳定，有助于髋分离。

在这个动作中，髋屈肌群的向心收缩阶段（双腿向胸部移动）比离心阶段容易（双腿向后移动，髋屈肌群拉长）。离心阶段需要更强的腹部支撑以保持骨盆腰椎的稳定性，并对抗向后的拉力。

做这个动作须注意：髋屈肌群的负荷可能会对下背部造成压力。我喜欢屈脊柱完成这个动作，借助力学优势以保护脊柱。

想象

双腿像活塞来回移动。前移产生动力，返回需更多控制。核心区域是发动机的"燃料"。

☐ 整个练习过程中，保持脊柱屈曲。

☐ 避免肩胛上提。

☐ 肩部稍在手部前方。

吸气。保持四足，双膝靠在肩托，双手撑住床架，手指在床架外侧。肩部略靠前。保持肩胛的稳定，躯干屈曲。

呼气。屈髋，双膝靠近胸部。保持骨盆的稳定和躯干的"C"字形曲线。

吸气。保持脊柱和骨盆的位置不变，慢慢回到起始姿势。

向下伸展

这个动作看起来简单，但却需要很强的控制和力量。练习时，躯干、骨盆腰椎区域和肩胛都需要稳定。在练习的过程中，保持髋伸，腹部肌肉和腘绳肌的共同作用，让骨盆稳定在略后倾位，同时能避免腰椎的压力过大。

这个动作的轴心是肩关节。肩屈肌群和重力的共同作用让滑动板推出；在弹簧的辅助下，肩伸肌群让滑动板收回，此时要着重胸椎的伸展。注意：阻力越小，挑战性越高。

想象

想象身体是船头雕像，随着木船在汹涌的波浪中上下波动。此外，想象胸骨处连着一根钓鱼线。在收回的过程中，钓鱼线向上拉起。可助于身体向上抬起，特别是胸部。

☐ 保持身体的弧度。

☐ 在整个练习过程中，保持背、髋和肩伸肌群的工作。

☐ 双脚抵在肩托，保持双腿平行。

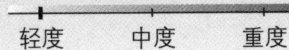
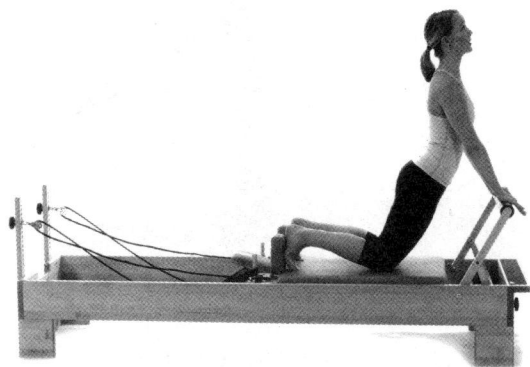

吸气。跪在滑动板上，面朝踏杆。双手伸直在踏杆上，分开与肩宽。双脚部抵在肩托，双腿平行。从膝到大腿、髋、躯干和肩及头顶连成一条线。

呼气。以肩关节为轴将滑动板推出，保持身体的弧形。

吸气。伸肩，双手紧按踏杆，慢慢让滑动板完全收回至起始位置。

重点

- 腹部肌肉
- 背伸肌群群

目的

- 加强躯干和肩胛的稳定性
- 加强腘绳肌和肩部柔韧性
- 强化核心力量

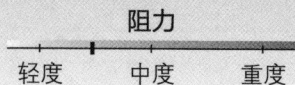

阻力

轻度　　中度　　重度

大象

它与"向上伸展"十分相似。区别在于这个动作足部是平放的，加强了对腘绳肌的拉伸，脚趾抬起会进一步加强拉伸。练习中，有时会圆背，我更倾向保持直背，即：从髋到躯干、肩、手臂和手形成一条长线。这样让背伸肌群充分地工作（特别是中背部和上背部）有助加强肩部及腘绳肌的伸展。

以髋关节为轴流畅的运动，注重收回的阶段。动作范围和板的滑动距离都应较小。练习时，要保持两条能量线：一条从髋部延伸到躯干、肩和手臂；另一条从髋部向下延伸到腿部和脚跟。

想象

腿部像摆锤一样在髋关节处摆动；想象由腹部肌肉拉动腿部以强化腹部的运动（腿拉回实际是弹簧和髋屈肌群的共同作用）。

☐ 手臂、肩和躯干保持稳定。

☐ 在整个练习过程中，保持头部要与脊柱的排列（身体保持金字塔状）。

☐ 重量放在脚跟，以最大化拉伸腘绳肌。

呼气。站在滑动板上，身体呈金字塔形状：双手放在踏杆上，分开与肩同宽；骨盆抬高，双脚平放在滑动板上，脚跟抵在肩托（或脚趾抬起）。

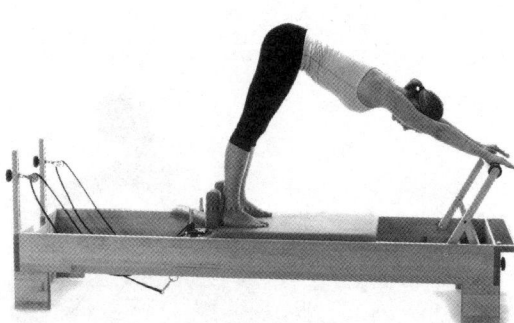

吸气。伸髋，将滑动板推出。

呼气。屈髋，滑动板收回到起始姿势。

注意：这个动作的目标是在能保持良好的身体排列下尽可能地完全收回滑动板（若柔韧性和控制力允许可完全收回）。

向上伸展

和其他基于金字塔姿势的动作类似：以特定的关节为轴，从髋部延伸，穿过躯干、肩和手臂所形成的直线固定不动。腿部形成的第二条直线进行摆锤式的前后运动。躯干的稳定与核心力量是根本。在做这项练习时，腹部肌肉（滑动板推出时防止脊柱过度前弯）和背伸肌群（滑动板收回时防止脊柱屈曲）需协同收缩。肩部应保持稳定，与躯干之间建立牢固的连接。

与大多数全身综合练习一样：阻力越小难度越高，特别是核心力量和稳定性。

想象

与前一个动作的想象相似：腹部肌肉拉回腿部的感觉。我喜欢想象成一座金字塔（尾骨即是塔顶，脚和手是基座）随双腿的前后移动，基座的尺寸改变，但金字塔的形状保持不变。

☐ 保持手、肩和躯干的稳定。

☐ 保持头与脊柱的排列。

☐ 脚跟紧贴肩托。

重点
- 腹部肌肉
- 背伸肌群

目的
- 加强躯干和肩胛的稳定性
- 加强腘绳肌和肩部的柔韧性
- 强化核心力量

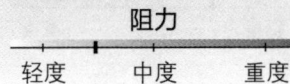

阻力

轻度 —— 中度 —— 重度

呼气。站在滑动板上，双手放在踏杆上，与肩同宽。骨盆抬高，脚跟抵在肩托的约 1/2 处。

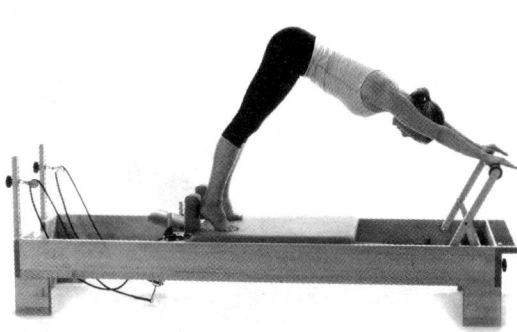

吸气。伸髋，将滑动板推出。

呼气。屈髋，有控制的将滑动板收回到起始姿势。

重点

- 腹部肌肉
- 肩胛稳定肌群

目的

- 加强躯干和肩胛的稳定性
- 强化核心力量
- 强化肩屈肌群

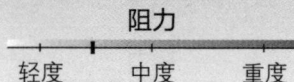

阻力

轻度　　中度　　重度

直体伸展

此动作由前一个动作演变而成。骨盆降低至垫上练习前置支撑的位置，通常也被称作俯卧撑姿势。通过保持手臂的稳定，以肩和髋关节为轴来完成动作。身体姿势不变，通过手臂的控制让身体移至踏杆上方（滑动板尽可能收回），然后再回到起始姿势。

如果普拉提床没有高度调节功能，身高较高的练习者可能无法完全收回滑动板，当出现代偿时停止动作（仍要尽可能做到最大范围）。肩部至少垂直于踏杆。

这个动作中所需的精准度、控制力和核心力量适用于所有俯卧撑形式的动作。

想象

想象身体从炮筒里发射出来。

变式练习

通过重复直体伸展式的第一步，即将身体由金字塔式变换成俯卧撑式，然后再回到金字塔的三角形形状，我们实际上是创造了一项新的练习，我将它称作"向上伸展 2"。请注意，在做这个动作时，仅是肩膀和髋部进行铰链运动，双臂要保持绝对稳定。应当感觉到身体像跷跷板一样上下移动。

☐ 保持躯干稳定。

☐ 保持肩胛稳定，专注肩胛的下沉和外展。

☐ 保持头与脊柱的排列。

☐ 骨盆稍后倾，以促进腹部肌肉的运动，避免下背部塌陷。

呼气。 站在滑动板上，双手放在踏杆上，与肩同宽。骨盆抬高，脚跟抵在肩托约 1/2 处。

保持肩部和手臂的稳定，身体降低至俯卧撑姿势。
吸气。 身体前移，滑动板完全收回（若可以的话）。

呼气。 滑动板推出至起始姿势。

前置平衡

与直体伸展类似，但这个动作的难度更高。腹部肌肉和背伸肌群的协同收缩创造了骨盆与躯干所需的稳定性。它需要很好的肩部稳定性和肩胛的控制能力。

建议练习时骨盆后倾以避免下背部的压力过大；同时注意肩带的稳定以避免损伤；足部通常保持中立或背屈，加了跖屈让动作更加优美，并提高一些难度。

想象

身体像一座吊桥。手臂是桥的一部分，但可独立移动。

还可想象一条能量线贯穿脚尖至头顶，另一条能量线从肩横穿，连接手臂和手指。

☐ 躯干保持稳定。

☐ 保持肩胛稳定。

☐ 保持头与脊柱的正确排列。

☐ 骨盆稍后倾，以保护下背部。

☐ 保持跖屈。

重点
- 腹部肌肉
- 肩胛稳定肌群

目的
- 加强躯干和肩胛的稳定性
- 强化核心力量
- 强化肩屈肌群

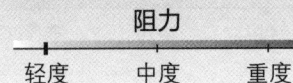

阻力

轻度　　　中度　　　重度

吸气。站在滑动板上，面朝床后。双手在肩托，肩部在肩托正上方。双脚在踏杆上，跖屈。身体呈平板支撑姿势。

呼气。肩屈，滑动板推出。保持稳定的平板支撑姿势。

吸气。肩伸，滑动板有控制地回到开始位置。

179

重点

- 肩伸肌群
- 肘伸肌群

目的

- 加强躯干和肩胛的稳定性
- 强化肩伸和肘伸肌群

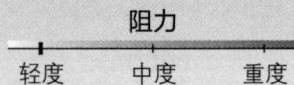

阻力

| 轻度 | 中度 | 重度 |

后置平衡 – 预备

身体分成两个单独部分：躯干为上半部，腿部为下半部。此动作是髋和肩关节的运动。动作幅度相对较小，重点在于保持躯干和腿部呈"L"字形。肩伸，滑动板向后移，"L"字形略张开。

腹部肌肉提供支撑，肩带和躯干保持稳定。运动从肩伸肌群开始，髋伸肌群在稳定下半部和保持身体高度方面起着重要作用；练习时，避免圆背（特别是胸肌过紧的练习者）。

想象

身体呈字母"L"字形；肩关节和髋关节处分别有个弹簧铰链，两处轻轻打开后再回到起始位。

☐ 保持脊柱自然中立。

☐ 保持背伸肌群的工作。

☐ 维持肩带的稳定。

变式练习

难度增加：不要立即回到"L"字形，继续运动至身体呈一条直线。为了加强肩部运动范围，指尖朝外。

吸气。面朝踏杆，双手在肩托。双脚在踏杆上，双腿平行。腿部和躯干保持"L"形。

呼气。肩伸，滑动板推出，保持背部平直。

吸气。肩屈，滑动板有控制地回到开始位置。

手臂练习

普拉提中有很多上半身练习，其中多数是手臂的动作。通常男性会将锻炼的重点放在上半身，因此约瑟夫·普拉提针对性地创造了多个动作。本书中对不同的手臂动作进行了整理和分类。选择一组动作进行练习，会有更好的训练效果。

肩部是手臂练习的重点。肩关节的活动度很高，同时又相当不稳定性。主要依靠肌肉组织进行支撑，通常被称为依赖肌肉性关节。要获得成效，需要对肩部有很好的控制能力。

正确的肩部力学需要肱骨和肩胛骨相互协调运动，实现良好的"肩肱节律"。肩胛骨为手臂的移动提供了基础，肩袖肌群提供关节结构的稳定。肩关节的力学不正确，颈部及背部也容易出现问题。

当手臂运动时，肩胛骨需要与之成比例且有控制地运动。可以用勺子搅拌一锅粥或糖浆的想象方式。

重点
- 背阔肌

目的
- 强化肩伸肌群
- 加强躯干和肩胛的稳定性

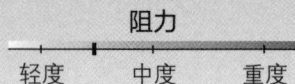

阻力

轻度	中度	重度

仰卧肩伸

在做仰卧系列的手臂练习时，要运用核心稳定肌群，让脊柱保持在自然中立位。这个动作的重点是提高肩胛稳定肌群的协调工作能力，尤其是斜方肌下束和前锯肌。同时也能强化背阔肌。

仰卧位练习，在身体舒适且稳定的条件下，进行手臂和肩部的锻炼。所有动作的活动范围在肩部高度以内，对于肩部不适或有疼痛，例如患有肩峰撞击综合征等的练习者大有裨益。

想象

仰泳，双臂像两片大鳍推动着身体平稳且连贯地移动。

☐ 保持骨盆腰椎区域和肩胛的稳定。

☐ 保持手臂平滑且均匀的运动。

☐ 手臂保持伸直，避免肘部压力过大。

吸气。 仰卧在普拉提床上，脊柱保持自然中立位，膝和髋均呈 90 度（桌面姿势）。双臂与滑动板垂直，双手套在拉力带上，掌心朝向膝盖。肩部保持稳定。轻轻绷紧拉力带。

呼气。 手臂伸直下压，至身体两侧且与滑动板平行时稍停顿。

吸气。 双臂抬起至起始姿势。

仰卧肩内收

与前一个动作类似，区别是这个动作中手臂在躯干两侧做肩内收。练习重点也与前一个动作相同：强调正确的肩肱节律及躯干的稳定性。

想象

与前一个动作相同：仰着游泳，双臂像两片大鳍推动身体移动。

☐ 保持骨盆腰椎的稳定性。

☐ 避免肩胛上移或内收。

☐ 手臂伸直，避免肘部的压力过大。

重点

- 背阔肌

目的

- 强化肩内收肌
- 加强躯干和肩胛的稳定性

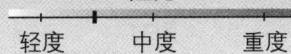

阻力

轻度　　中度　　重度

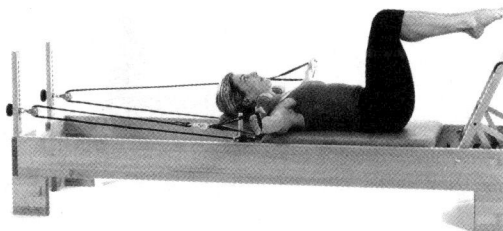

吸气。仰卧在普拉提床上，脊柱保持自然中立位，腿部保持桌面姿势。双臂在身体两侧呈"T"字形，双手套在拉力带，掌心相对。肩部保持稳定，轻轻绷紧拉力带。

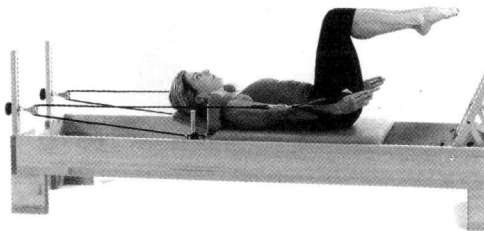

呼气。肩内收，手臂压至身体两侧。

吸气。手臂慢慢打开回到起始姿势。

183

重点
- 背阔肌

目的
- 强化肩伸肌和内收肌
- 加强躯干和肩胛的稳定性
- 改善肩部移动性

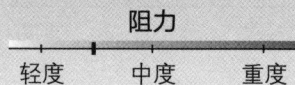

阻力

轻度　　中度　　重度

仰卧手臂划圈

通过将前两个动作（肩内收和肩伸）的线路连接起来，形成两个半圆形，而非完整地划圈。动作幅度要求尽量大。

想象

手臂在凝胶中流畅地划圈。

☐ 手臂抬起不要超过肩。

变式练习

反向划圈：
从手臂下压开始经外展至"T"字形后回到垂直姿势。

☐ 保持动作的流畅性。

☐ 精确的圆弧形动作线路。

吸气。 仰卧在普拉提床上，脊柱保持自然中立位，腿部保持桌面姿势。双臂在身体两侧呈"T"字形，双手套在拉力带，掌心相对。肩部保持稳定，轻轻绷紧拉力带。

呼气。 肩内收至手臂在身体两侧。接着肩内旋，掌心朝向滑动板。

吸气。 肩屈，双臂抬起至与滑动板垂直。接着打开呈"T"字形后回到起始姿势。

仰卧肱三头肌练习

肘部保持不动。手腕要中立，从肘部到手指形成一条直线。上臂紧贴身体两侧，以帮助肩部稳定和良好的排列。动作起始位，肘关节成90度，指尖朝向天花板。结束位，肘部呈180度，从肩到手指呈一条直线。上臂与地面平行，不要压在滑动板上（肘压在滑动板易导致肩胛骨的内收和上提，并容易造成肋骨外翻）。

想象

想象翻过来的狗爬式泳姿，用前臂划水。

☐ 整个练习过程中，保持手臂与滑动板平行。

☐ 肘贴于身体两侧，上臂保持不动。

☐ 保持手腕的中立位（与手臂形成一条直线）。

普拉提床
手臂练习
初级

重点
- 肱三头肌

目的
- 强化肘伸肌群
- 加强躯干和肩胛的稳定性

阻力
轻度　　中度　　重度

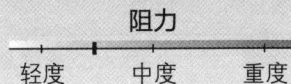

吸气。仰卧在普拉提床上，脊柱保持自然中立位，腿部保持桌面姿势。手臂贴于身体两侧，平行于地面。双手套在拉力带，掌心朝向踏杆。屈肘90度，轻轻拉紧拉力带。

呼气。伸肘，手臂伸直下压至与滑动板平行。

吸气。屈肘还原（可以超过90度）。

重点

- 背阔肌

目的

- 强化肩伸肌群
- 加强躯干和肩胛的稳定性

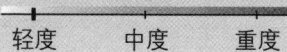

阻力

轻度　　中度　　重度

坐式扩胸

　　坐式系列的关键是保持躯干的平直，尽可能接近中立位，这类动作很容易出现圆背或肋骨外翻等不良现象。根据练习者的力量、柔韧性以及保持躯干正确排列的能力来决定动作范围，避免代偿。

想象

　　指尖在地面划直线，同时头部朝向天花板方向延伸。

□ 保持躯干平直且稳定。

□ 指尖朝向地面。

□ 避免肋骨外翻。

吸气。坐在滑动板边缘靠近踏杆的位置。面朝床后，双腿伸直于肩托间。双臂靠近身体两侧在铅垂线前20～30度。双手套在拉力带上，掌心朝后，指尖朝地面。

呼气。保持躯干平直，肩部尽量向后延伸（铅垂线后20～30度的位置）。

吸气。屈肩，手臂向前慢慢回到起始姿势。

坐姿肱二头肌练习

与前一个动作相同，须保持脊柱中立位和正确的身体排列状态。在这个练习中，要避免身体向后倾。

肘关节运动时，上臂始终保持固定。手臂前伸至与地面平行。不正确的肌肉参与和肩胛上提，都会影响到肘关节运动和肱二头肌收缩。

想象

躯干和上臂为前臂创造一个稳定的平台。练习时，想象上臂放在桌面上；前臂的动作与上臂完全分离。

☐ 始终保持上臂与滑动板平行。

☐ 每次动作重复后，肘关节完全伸直。

☐ 保持躯干的平直。

重点
- 肱二头肌

目的
- 强化肘屈肌群
- 加强躯干稳定性

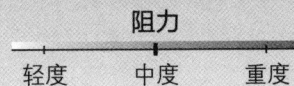

阻力

轻度　　中度　　重度

吸气。坐在滑动板边缘靠近踏杆的位置。面朝床后，双腿伸直于肩托间。手臂与肩同高，向前伸直至与滑动板平行。双手套在拉力带，掌心朝上。

呼气。保持躯干和上臂的稳定，屈肘至90度或更大的幅度。

吸气。伸肘，手臂向前慢慢回到起始姿势。

187

重点
- 三角肌
- 菱形肌

目的
- 强化肩部水平外展肌群
- 强化肩胛内收肌群
- 加强躯干稳定性

阻力

轻度	中度	重度

坐式菱形肌练习

虽然这个动作名称包含菱形肌，但重点是肩胛稳定性和肩水平外展。与坐姿肱二头肌相同：上臂与滑动板平行，肘屈 90 度。肩胛骨即将内收或缩回（但实际并不缩回）时停止肩水平外展。练习时，注意力与能量集中在菱形肌上。

想象

手掌像两盏聚光灯照向脸部。

☐ 肩关节略外旋，以避免内旋。

☐ 始终保持肱骨平行于地面。

☐ 避免肩带上提。

> **变式练习**
>
> 具备了良好控制能力后，增加肩胛内收：水平外展到极限时，进行内收。
>
> 肩胛内收应作为一个独立的动作。

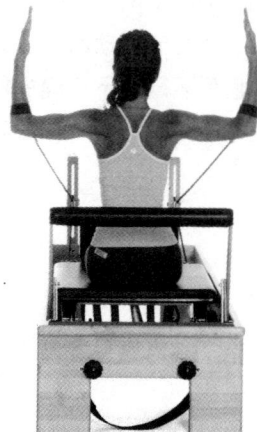

吸气。坐在滑动板边缘靠近踏杆的位置。面朝床后，双腿伸直于肩托间。手臂与肩同高，肘屈 90 度，拉力带套在前臂靠近肘部的位置。掌心朝身体。

呼气。肩关节水平外展。始终保持上臂高度及肘关节角度不变。

吸气。肩水平内收，慢慢回到起始姿势。

直坐－抱树

在这个练习中要避免肘腕过度屈及圆肩。由于肩是水平内收，建议着重中上背伸肌群的运动，以防止胸椎屈曲。双臂向两侧延长，建立长力臂，让练习更具挑战性。保持躯干的平直与稳定，专注于胸部的运动。手臂张开时，充分感受胸部的拉伸。

想象

像老鹰一样张开翅膀；同时想象躯干是一个稳固的树干。

☐ 保持背和肩的宽度，肩胛骨外展。

☐ 手臂打开在余光范围内。

☐ 肩略外旋，感觉用小手指带动。

重点
- 胸肌

目的
- 强化肩部水平内收肌群
- 加强躯干稳定性

阻力

轻度 —— 中度 —— 重度

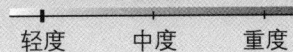

吸气。直坐在滑动板上，面朝床前。双腿向前伸直，骨盆后侧靠在肩托。手臂在身体两侧打开，呈"T"字形。保持手臂延长，肘微屈。

呼气。肩水平内收，双臂互相平行且与肩同高。

吸气。保持肩胛骨的稳定。肩水平外展至"T"字形，最大化胸肌的离心收缩。

189

重点
- 肱三头肌

目的
- 强化肘伸肌群
- 加强躯干和肩胛的稳定性

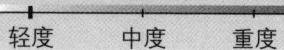

阻力

轻度　　中度　　重度

直坐－敬礼

练习重点是肱三头肌，注重躯干的稳定性和肩胛骨的正确位置。在起始动作，双手位于鬓角旁，绳子略在肩上方，但不触碰肩膀。手臂朝斜前方运动。

想象

手臂沿无限延长的斜坡滑动。

☐ 始终保持肩胛骨的稳定。

☐ 屈肘时，保持抬高并向两侧延伸。

☐ 手指沿运动方向。

吸气。 直坐在滑动板上，面朝床前。双腿向前伸直，骨盆后侧靠在肩托。双手套拉力带于鬓角旁，肘部向两侧打开。指尖朝前上方。

呼气。 沿斜线伸直手臂，与水平线保持20～30度。

吸气。 屈肘回到起始姿势，手指朝前上方。

跪式胸部扩张

此动作需要非常好的躯干稳定性、平衡度和控制能力，比坐姿、凯迪拉克的站姿或椅上的版本更具挑战性。练习中，在回到起始姿势时的离心阶段尤其需要控制，返回速度过快，身体可能会向前倾斜。不稳定性体现在几个方面：跪姿支撑面较小、重心偏高、力臂长。

当身体排列不良时，即刻便会体现出不稳定性。孕妇应避免这个练习，以防跌倒。

理想的状态是脊柱保持中立位。建议骨盆略后倾，以加强腹肌的运动。同时还可以消除髋屈、骨盆前倾、肋骨前移和背部过度伸展的倾向。

想象

躯干像一棵直立的大树；想象手朝地板延伸，同时头朝天花板延伸。

☐ 保持躯干的直立和稳定。

变式练习

在肩部保持充分伸展的基础上增加头部的旋转。

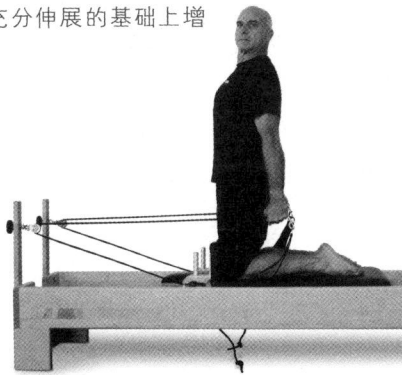

☐ 髋屈肌群拉长，感受大腿的拉伸。

☐ 避免肋骨前移。

重点
- 背阔肌

目的
- 强化肩伸肌群
- 强化肱三头肌
- 加强躯干稳定性

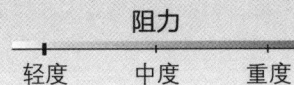

阻力

轻度　　中度　　重度

吸气。跪姿，面朝床后，膝盖抵在肩托。双手握住绳索，掌心相对。双臂在身体前方，与铅垂线呈20～30度。

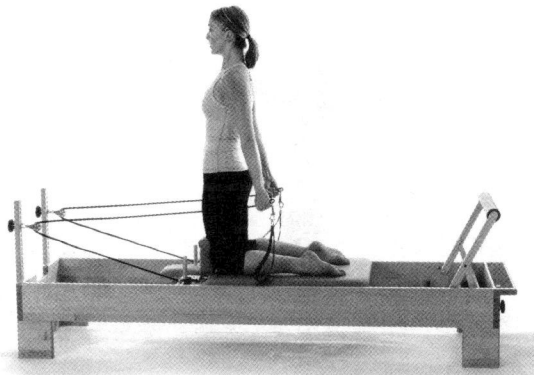

呼气。保持躯干的稳定，伸肩（与铅垂线呈10～20度）。

吸气。肩屈，有控制地回到起始姿势。

191

重点
- 肩屈肌群（向上划圈）

目的
- 强化肩屈肌群及肩部外展肌群
- 加强躯干和肩胛的稳定性

阻力

轻度	中度	重度

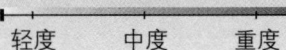

跪姿-向上划圈

跪姿系列手臂练习能进一步锻炼躯干和上半身。我曾向一些运动员推荐这套动作，他们都认为该动作虽具有挑战性，却收益颇多，尤其深受游泳运动员们的喜爱。

练习时容易让股四头肌过度参与。要学会充分利用核心肌群工作以稳定躯干。与前一个动作相同，需要保持骨盆稍后倾，髋屈肌群拉长。在肩允许的范围内运动。

想象

起始阶段，想象双手各高举一个大而轻的沙滩球；双肩在顶部转动时，手掌朝前，想象小指带动双臂回到身体侧方。

吸气。跪姿，面朝踏杆，双脚抵在肩托上，躯干竖直。双臂于身体两侧，双手套在拉力带，掌心朝前。

呼气。屈肩，双臂向上前方延伸，掌心向上。

吸气。双臂举过头顶时，转为掌心向前。

□ 掌心先向前再向上。

□ 手臂在身体两侧时，保持余光可见。

□ 手臂举过肩时，避免肩带上提。

变式练习

手臂反向划圈。
如有需要，可以减轻阻力进行练习。

持续吸气，手臂划圈至身体两侧。

双臂放回到起始姿势。

重点
- 肱三头肌

目的
- 强化肘伸肌群和肩外展肌群
- 加强躯干稳定性

阻力

轻度　　中度　　重度

高跪姿-肱三头肌练习

练习的重点是肱三头肌，与普拉提床直坐-敬礼以及普拉提椅上的敬礼类似。但这个动作更不稳定，难度相对更高。要避免圆背、耸肩等不良姿势。

保持直立。手臂伸直时，感受有一条能量线从膝盖穿过躯干、手臂一直延伸到天花板。

想象

双肘屈伸时，想象双手掠过头部后方。伸直时，想象由手指构成的三角形带动整个运动。

☐ 始终保持肩胛稳定。

☐ 保持双肘抬高并外展。

☐ 手指沿着动作路线。

吸气。跪姿，面朝踏杆，双脚抵在肩托，躯干竖直。双手套在拉力带上于脑后。拇指和食指相互并拢，形成三角形。双肘向两侧打开。

呼气。保持指尖靠拢，伸肘向天花板延伸。

吸气。屈肘慢慢回到起始姿势。

194

高跪姿-肱二头肌练习

我在约瑟夫·普拉提发明的经典手臂练习中增加的部分。与凯迪拉克高架床：站姿肱二头肌练习类似，都能很好地拉伸胸部和肩部。可以有效地提高肱二头肌和肩部的力量和柔韧性。男性的肱二头肌与胸部通常会比较紧，运动范围可能会受限。

想象

把身体想象成船头雕像。随着屈肘，胸部进一步拉伸，感觉胸部前伸。保持腹肌收缩，避免下肋骨前移。

☐ 始终保持上臂稳定。

☐ 保持手臂相互平行。

☐ 保持肩胛稳定。

重点
- 肱二头肌

目的
- 强化肘屈肌群
- 拉伸胸和肩前侧
- 加强躯干稳定性

阻力

轻度　　中度　　重度

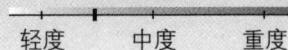

吸气。 跪姿，面朝踏杆，双脚抵在肩托，躯干竖直。双手握拉力带，手臂朝后延伸。

呼气。 保持上臂的稳定，屈肘。

吸气。 伸肘慢慢回到起始姿势。

195

普拉提床

手臂练习

中级

重点

- 三角肌和菱形肌

目的

- 强化肩部水平外展肌群
- 加强肩部活动度和稳定性
- 加强腹部控制能力

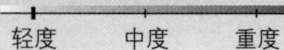

阻力

轻度　　中度　　重度

向后划船 I

　　划船系列练习体现了普拉提的经典元素，适用于全身综合板块。从上半身的动作考虑，在此将它归类于手臂练习板块当中。上身的支撑、肩关节的活动度与躯干的稳定度，说明了功能性活动范围。练习时，避免颈部过紧和耸肩。

　　由于具有一定复杂性，应该先掌握普拉提床坐式手臂练习以及垫上练习向上卷动等相关练习。要求保持良好的流畅度。在向下卷动阶段，骨盆后倾，下背部紧贴滑动板。

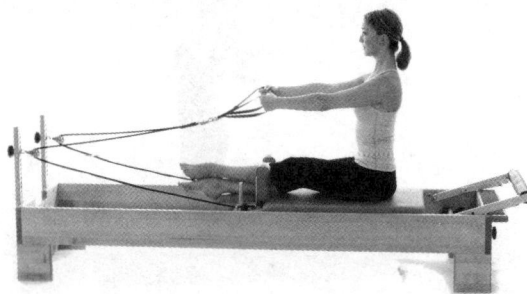

呼气。踏杆降低。面朝床后，直坐在滑动板约三分之一的位置（下卷时以支撑下背部）。双腿于肩托间，双臂前伸，双手握住拉力带，与地面保持平行。掌心相对。

吸气。屈肘，双手朝胸部。

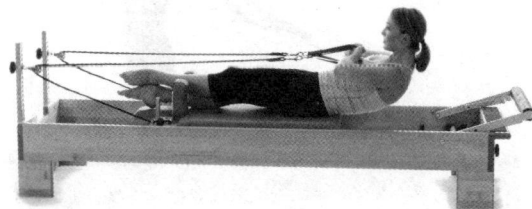

呼气。向下卷动，保持双手在胸骨前方。

想象

手臂做滑水动作，想象一条长长的船滑过水面。

☐ 第一个阶段，身体下卷前双手移向胸部。

☐ 双臂从下卷位的"T"字形至碰后背的前屈位，须保持滑动板的稳定。

☐ 脊柱卷至坐姿前，手臂向前划圈（像蝶泳一样）。

吸气。保持下卷。肩内旋，向两侧伸直手臂呈"T"字形。暂停。

呼气。躯干前屈至腿部上方，同时双臂后伸，双手靠拢。保持滑动板的稳定及拉力带紧绷。

吸气。保持体前屈，拉伸腘绳肌。手臂向前划圈至腿部上方（像蝶泳的肩部动作）。

呼气。卷起回到起始姿势。

重点

- 肱二头肌

目的

- 强化肘屈肌群
- 加强腹部和背部的控制

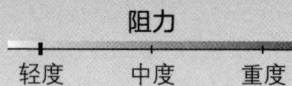

阻力

轻度	中度	重度

向后划船 II

依然强调全身综合运动和动作的流畅度。主要针对肱二头肌的锻炼。普拉提床坐姿 – 肱二头肌练习可作为这个动作的基础。练习时，保持肘屈 90 度能够增加该练习的挑战性及运动的协调性。

从仰卧位抬起到坐姿，容易产生骨盆前倾和脊柱前弯，造成下背部压力过大，需注意腹部肌肉和背伸肌群的协同收缩。我倾向在练习时躯干下卷，以强化脊柱分节运动，同时减小对下背部的压力。

呼气。 踏杆降低。面朝床后，直坐在滑动板约三分之一的位置(下卷时以支撑下背部)。双腿于肩托间，双臂前伸，双手握住拉力带，与地面保持平行。掌心向上。

吸气。 保持肘屈 90 度。

呼气。 下卷，肘部保持 90 度。

想象

下卷后放松，再像波浪一样上卷。我喜欢想象脊柱在做波浪式运动。

☐ 身体向下卷动至仰卧位时，肘部保持 90 度。

☐ 仰卧时，双肘紧贴身体两侧。

☐ 在过渡到脊柱伸展动作之前，使腰椎轻微弯曲。

吸气。在下卷位停顿，保持躯干和手臂的稳定。

呼气。抬升身体，进一步收缩腹肌。同时手臂呈斜线前伸，回到起始姿势。

重点
- 三角肌
- 肱三头肌

目的
- 强化肩部屈肌群和肘伸肌群
- 加强躯干和肩胛的稳定性

阻力

轻度　　中度　　重度

向前划船 Ⅰ

这个练习与直坐–抱树类似，躯干应像大树般牢固。通过腹部肌肉和背伸肌群的协同收缩来保持躯干的稳定，练习的重点是躯干的稳定性和肩膀的灵活性。

如果腘绳肌过紧且背肌力量较弱，易造成髋屈肌群的过度疲劳。可根据情况选择坐在垫子上或小盒子上以减轻腘绳肌和髋屈肌群的压力，以帮助保持更好的直坐姿势。

避免身体后倾，使手臂始终在余光范围内，不要超过身体向后。

吸气。坐姿，面朝踏杆。骨盆后侧靠在肩托，双腿向前伸直。拇指套在拉力带上，绳索位于腋下。屈臂，双手于胸部两侧，掌心朝下。

呼气，手臂向斜前方伸直。

吸气。手臂延伸下压，指尖轻触滑动板。

想象

    指尖射出激光束。在起始姿势，想象手臂漂浮在一团空气上，有助于绳索舒适地穿过手臂下方。

☐ 始终保持躯干的稳定和竖直。

☐ 动作开始前，建立肩胛的稳定性。

☐ 保持手臂的延伸感。

呼气。双臂上抬，肩内旋。

双臂划圈至身体两侧，掌心朝前。

吸气。屈肘抬高至起始姿势。

201

重点
- 背伸肌群
- 三角肌

目的
- 强化背伸肌群、肘伸肌群和肩屈肌群
- 拉伸腘绳肌

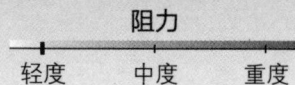

阻力

轻度	中度	重度

向前划船 II

这个动作需要躯干与手臂动作的相互协调。需要躯干的稳定性和腘绳肌的柔韧性。躯干从前屈至伸展应从下背部开始运动，能量通过躯干向上流动到手臂直至手指。专注于脊柱的延长并可避免肩上提或躯干伸展不充分等常见错误。个人建议当躯干和双臂形成一条稳定的斜线时暂停动作；随着躯干前屈，双臂向前延伸。

吸气。 坐姿，面朝踏杆。骨盆后侧靠于肩托，双腿向前伸直。拇指套在拉力带上，绳索位于腋下。屈臂，双手于胸部两侧，掌心朝下。

呼气。 双臂紧贴身体两侧，躯干前屈。双手位于肩部正下方。

吸气。 背伸成一条斜线。手臂随斜线伸直，肩内旋以让绳索顺利穿过手臂下方。

想象

　　像电波依次穿过手臂和手指；背伸时，想象墨滴在试纸上扩散。

☐ 从腰椎处开始伸展一次到中背部和上背部。

☐ 背部呈斜线时停顿。

持续吸气。身体抬上至直坐，双臂举过头顶，保持肩内旋。

呼气。手臂划圈至身体两侧，掌心朝前。

吸气。屈肘抬高至起始姿势。

腿部练习

与足部练习板块一样，腿部的练习课程也包含专注于腿部和下半身的训练。根据个人不同的锻炼目标制定训练内容。例如：足球、跑步、自行车、体操等专业运动员和舞者，应结合其专项的特点，针对性地制定训练内容。本板块提供了针对不同肌肉或肌群的练习方式。

通常会用到本板块中的动作来锻炼髋内收和外展肌群（着重于臀中肌）。对股四头肌和腘绳肌的锻炼则会相对较弱。动作设计综合了阻力、平衡、特定技巧或以上三者。

侧分腿

最具功能活动度的练习之一。分腿练习同时需要力量与柔韧性的协调，缺一不可。

这个练习的两个阶段都需要髋内收肌群、腹肌和背伸肌群的协调工作：向外，髋内收肌群做离心收缩；向内则是向心收缩。虽然在整个普拉提训练中，都需要内部支撑系统的参与。但分腿练习尤为注重骨盆底肌的运动，它是内部支撑系统的基础。收缩腹肌能够避免在大范围外展时常见的脊柱前弯和骨盆前倾等不良现象。背伸肌群有助于保持身体的直立排列并避免骨盆后倾。腿部拉回时须避免身体前倾。阻力应具挑战性。注意：若阻力过大，就会锻炼到髋外展肌群。

想象

把身体想象成一个木偶。有一根穿过骨盆底并从头顶延伸出来的绳子。

□ 先通过骨盆微后倾，至有能力保持骨盆中立位。

重点
- 髋内收肌群

目的
- 加强髋内收肌
- 加强骨盆腰椎稳定性

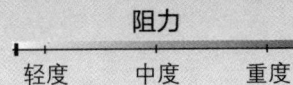

阻力

轻度　　中度　　重度

变式练习

为确保安全，开始时脚放在滑动板中部。为了防止脚部滑动，建议在脚的外侧放置一个橡胶垫，让大部分重量在足内侧。待熟悉后，再逐步靠近肩托。

□ 始终保持躯干竖直。

□ 手臂和肩部放松。

呼气。站在平台上。一脚放在滑动板（可以的话，靠在肩托）。手臂保持"T"字形。

吸气。髋外展，滑动板推出到可控的最大范围，停顿。

呼气。髋内收，滑动板收回至起始位置。

重点
- 臀中肌

目的
- 强化髋外展肌群
- 加强骨盆腰椎稳定性

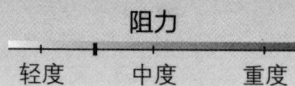

阻力

轻度　　中度　　重度

单腿滑冰

髋外展练习。臀中肌对健康的髋关节功能至关重要，在日常生活中，如走、跑、坐等都会运用到。

在这个动作中，双腿起不同的作用。支撑侧的腿始终保持稳定，它是运动的前提。在阻力过大或腿部力量较弱时，通常会出现双侧腿都用力向外推的错误现象。阻力过大还会造成在动作腿伸直的过程中，身体抬高。要注意的是，动作腿是完全伸直。膝伸到最后的 5 ~ 10 度时，对髋外展肌群最为挑战。

吸气。屈膝站在平台上，一脚于滑动板边缘。身体重量完全在支撑侧腿。双手叉腰或放于脑后，躯干保持竖直。

呼气。腿部完全伸直，滑动板推出。

想象

我一直在学习空手道，因此练习时喜欢想象空手道中的侧踢。

□ 重量完全放在支撑腿，并避免其向外推。

□ 躯干保持竖直。

□ 始终保持骨盆的中立和稳定。

□ 动作腿完全伸直，并且有控制地还原。

变式练习

双腿滑冰式：一侧腿于滑动板三分之一处。手臂可向两侧外展或放在骨盆后方。双腿同时运动。保持背部平直及头部与脊柱的排列。

想象速滑选手高速且平稳地在冰上滑行。建议在此之前应先掌握单腿滑冰练习。

吸气。屈膝有控制地还原。重复数次后，换至另一侧。

重点

- 腘绳肌

目的

- 强化膝屈肌群和髋伸肌群

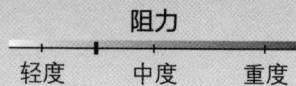

阻力

轻度　中度　重度

腿部弯举

在膝屈时，增加了髋伸展，以加强腘绳肌的锻炼。髋伸肌群助于屈膝和髋伸。屈膝时应避免股直肌过紧而导致的骨盆前倾或由此造成的脊柱前弯。骨盆、腹肌和背伸肌群为运动创造了稳定的基础，手臂抱箱体前端则有助于支撑。

想象

身体成弓箭手的弓。注重中上背部的伸展，避免下背部过度伸展。

☐ 始终保持髋伸。

☐ 保持中上背部的伸展。

☐ 腹肌参与以保护下背部，并避免脊柱前弯。

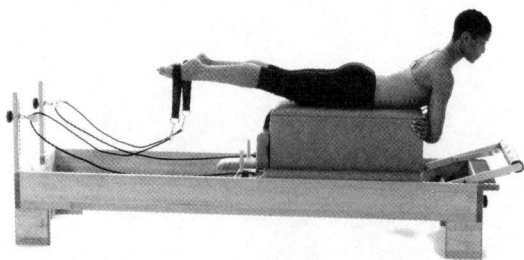

吸气。 仰卧在长箱上，面向踏杆。腹肌收缩，伸展中和上背部。脚套在拉力带上，双腿伸直并轻轻抬离箱体，保持髋伸。用手臂抱住箱子的前端。

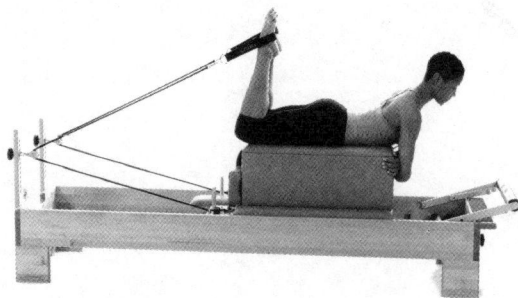

呼气。 耻骨联合紧贴箱子。保持髋伸，屈膝。

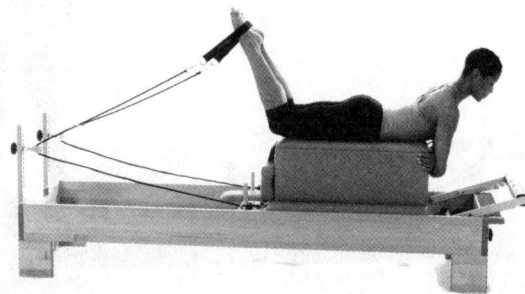

吸气。 伸膝慢慢回到起始姿势。

侧屈和旋转

无论是在日常生活还是在健身运动中，侧屈和旋转都十分重要。但许多健身方案却忽略了侧屈和旋转的练习。很多练习者都会做体前屈以锻炼腹部肌肉，其实这仅仅是腹部锻炼的一小部分。腹肌的锻炼不仅有助于动作表现（例如高尔夫挥杆），还有助于保护脊柱，提高脊柱的稳定性。加入侧屈和旋转，会让腹部肌肉得到充分的锻炼。

每个运动方案都应包含相应难度的侧屈和旋转动作。通常在旋转动作中，手臂和肩部会对躯干旋转不足做补偿，这样就会导致不良的影响。当腹部肌肉和躯干的其他肌肉共同运动时，就会产生更大的能量，而在普拉提中，这被称为核心区域能量。

圆形能量是侧屈想象方式，通常是指圆弧形，而不是一个完整的圆。旋转时，能量则更像螺旋形。这两种能量模式可以促进动作的平稳度和流畅性。在做侧屈动作时，我本人喜欢想象触摸弧形上的每一个点；在做旋转动作时，则会想象出一个螺旋形收集路线上的能量，或想象弹簧缩短的画面。当螺旋展开时，便产生无穷的能量。

重点
- 腹斜肌

目的
- 强化腹斜肌
- 加强腹斜肌的控制

阻力

轻度	中度	重度

倾斜-短箱

此动作为难度较高的侧屈动作奠定基础。练习的重点是保持骨盆稳定（身体重量均匀分布在坐骨上），从腰部区域开始侧屈。

练习时，从骨盆处沿着脊柱向上延伸。保持头与脊柱的排列，弧形尽量大。骨盆及下半身始终保持固定不动。

想象

一棵小树被拉弯然后回弹到直立；动作在冠状面进行，也可想象在两块窗格玻璃间运动。

- ☐ 腹肌与背伸肌群协同收缩。
- ☐ 两侧坐骨始终在箱上。
- ☐ 避免肋骨前移。

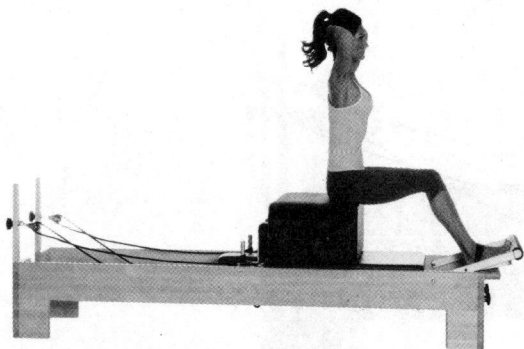

呼气。直坐在短箱前侧，屈膝。双脚套在安全带上，脚尖放在踏杆上（如果可以）。双手在头后。

吸气。从腰部开始侧弯并延长，保持骨盆稳定。

呼气。再次从腰部返回到起始姿势。两侧交替重复。

扭动-短箱

这个动作有两个不同的阶段：首先，躯干绕纵轴旋转；然后以髋为轴，躯干整体向斜后方移动；回到起始姿势后，反方向重复。

第二阶段侧重于腹部肌肉和背伸肌群的协同收缩，以避免背部过度伸展。根据坐骨保持固定在短箱上的能力来决定动作范围。骨盆必须与躯干整体运动。如果在骨盆不动的情况下继续移动躯干，则会造成脊柱过度前弯和下背部过度紧张。

想象

在动作的起始和结束阶段，躯干围绕纵轴旋转是关键。把身体想象成门，整体向斜后方移动。

☐ 腹肌与背伸肌群要同步收缩。

☐ 身体后移前，先绕纵轴线旋转。

☐ 面朝前方旋转之前，先将躯干抬起，使其回到纵轴线上。

重点
- 腹斜肌

目的
- 强化腹部肌肉（尤其是腹斜肌）
- 加强躯干稳定性

阻力

轻度　　中度　　重度

变式练习

难度增加。回转：在身体后倾位，转动至另一侧，回到开始位。

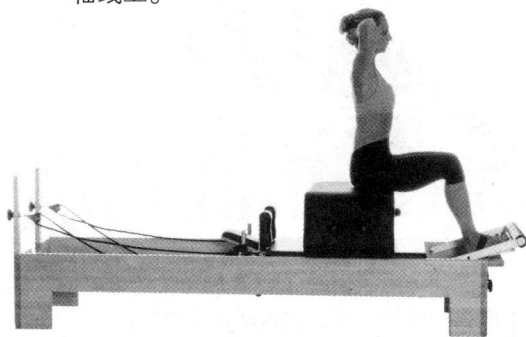

呼气。直坐在短箱前侧，屈膝。双脚套在安全带上，脚尖放在踏杆上（如果可以）。双手在头后。

吸气。躯干绕纵轴旋转，以髋为轴，骨盆和躯干整体向斜后方移动。

呼气。原路返回后换至反方向。两侧交替重复。

重点

● 腹斜肌

目的

● 强化腹部肌肉（尤其是腹斜肌）

● 加强躯干稳定性

阻力

| 轻度 | 中度 | 重度 |

侧压－短箱

个人最喜欢的练习之一。想象有一条能量线从脚向上穿过脊柱，延伸到头部。身体呈一条斜线，从腰部区域开始动作。躯干到头顶延长，侧弯成弧形，骨盆和下半身保持稳定。

注意：头是身体延长线的一部分。侧屈时，避免头部位置不正确所造成的颈部紧张。此外，抬起必须来自于侧屈肌群。与多数侧屈练习一样，腹肌和背伸肌群共同收缩有助于保持身体的排列及在冠状面内运动。保持骨盆的稳定。同时体会下侧腹斜肌的工作，让脊椎有更多的延伸感。

呼气。 侧坐在短箱上（根据个人的身高调整箱子的前后距离）。上侧腿伸直套在安全带上，保持与髋的排列（最小化髋外旋），足背屈。另一侧腿于体前弯曲，放在箱子上。双手交叉位于头后。上侧脚至头呈一条斜线。

吸气。 躯干成弧形侧屈，骨盆和腿部保持稳定。

想象

小树被拉弯后回弹到直立；或想象在两块窗格玻璃间运动。

☐ 腹肌与背伸肌群协同收缩。

☐ 躯干上抬至与腿成斜线。

☐ 侧弯均匀地分布在整个脊柱上，身体呈弧形。

变式练习

难度增加：双臂举过头顶，以增加力臂的长度。

在回到起始姿势前，建议下侧手臂放在滑动板上，上侧手臂举过头以拉伸侧屈肌群。

呼气。躯干抬起，回到起始位置。

重点
- 腹斜肌

目的
- 加强脊柱的活动度
- 加强腹斜肌的控制
- 增强肩部活动度和稳定性

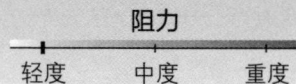

阻力

轻度　　　中度　　　重度

美人鱼

美人鱼有着优美的流畅度，能体现出普拉提中所包含的舞蹈内容。这个动作可分为三个不同的部分：第一步，建立躯干的稳定性。第二步，滑动板尽量向外推出，躯干朝地面下沉，支撑侧手臂与地面平行。感觉动作像从手臂以下发出，躯干作为一个稳定的整体（实际上是由肩外展肌群进行动作）。第三步，身体绕着肩部旋转。在此阶段，背伸肌群应保持收缩；应有躯干与骨盆分离并绕杆旋转的感觉。尽量保持骨盆的稳定，取决于柔韧性，一块坐骨可能会轻微抬起。此时，双肩一致且平行于地面。

呼气。侧坐在滑动板上，靠近踏杆侧的腿弯曲在骨盆前方，另一侧腿在侧面弯曲，小腿靠在肩托上。一只手伸直在踏杆上，另一只手在侧面，手指轻触头靠。

吸气。滑动板推出至手臂与地面平行。躯干须作为一个整体移动，保持头与脊柱的排列。同时上侧手臂抬起成斜线（不得高于肩膀）。

从第三步返回到第二步时应准确且干脆，躯干围绕肩关节旋转。最后再逐渐返回到起始位置；避免支撑侧手臂屈及肩部上抬。滑动板不需完全返回。各步骤间的转换都应当清晰且具控制。

想象

身体像弹簧，准确且有控制地收起和拉开。

☐ 支撑侧手臂始终保持伸直。

☐ 围绕支撑侧的肩部进行旋转。

☐ 上侧手臂随着躯干轻盈地移动。

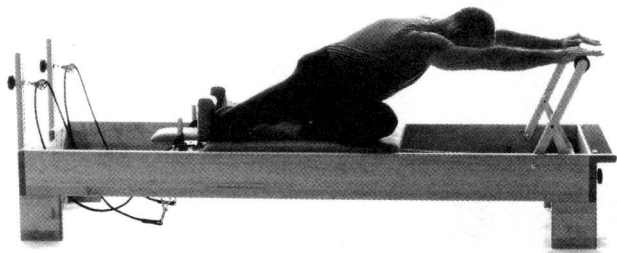

呼气。保持滑动板的稳定。收腹，躯干绕肩部旋转。同时上侧手碰到踏杆。

吸气。继续保持滑动板的稳定。旋转回到上一个姿势。

呼气。慢慢回到起始位置。滑动板不需要完全归位。

215

背部伸展

我本人非常喜欢背部伸展练习，是每节课程中必不可少的部分。现代生活方式加上不可避免的重力因素会让脊柱自然产生前屈，以致越来越僵化。

普拉提注重腹部的练习，与背部伸展练习往往不成比例。但伸肌才是人体直立的支撑。

对于背部不同的区域，需要针对性的练习。通常在基础动作中，专注于下背部的支撑和稳定，运动集中在中上背部。由于脊柱的生理曲线，多数练习者会自然从腰椎处伸展而忽略中上背部。从而导致中和上背部的伸肌变弱及其拮抗肌（胸屈肌群）变紧。

在完成了初级背部伸展练习后，可以进行更大范围的运动，需要腰椎伸肌群至髋伸肌群的参与。

伸展练习包含三种不同的想象方式，会产生不同的效果。

第一种着重锻炼中和上背部。想象方式是"延长"：从头顶伸出，放松腿部和臀肌。

第二种想象方式着重高度。想象弓正准备释放。适用于前后移动及身体保持弧形且稳定的姿势，如垫上练习天鹅下潜。

第三种想象方式非常复杂。目标是深层椎间肌群的工作。脊柱反向分节运动，从头顶开始脊柱分节伸展，会比脊柱屈的分节运动（例如骨盆卷动）难度高很多。

最后必须强调呼吸的作用。所有垫上和器械上的背部伸展练习中，伸展时吸气。有两个原因：第一，从概念上，吸气有助于身体上提；第二，辅助吸气肌群也有助于脊柱伸展。但在掌握了练习内容并在不影响动作质量的情况下可改变呼吸模式。

重点
- 背伸肌群

目的
- 强化背伸肌群
- 加强肩胛稳定性
- 加强腹部控制

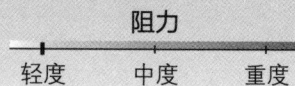

阻力

轻度	中度	重度

蛙泳预备式

对于各个年龄段和不同运动水平的人群来说都是一个极好的背部伸展练习。阻力小且支撑面积大，舒缓且安全。

想象

滑动板推出时，像在冰面滑动一样。这个想象方式同样适用于变体式。

当身体呈弧形，能量线同时在水平和垂直方向。

☐ 滑动板移动前，先启动背伸肌群。

☐ 保持腕关节的稳定，手指朝前。

☐ 保持头与脊柱的排列。

呼气。俯卧在长箱上，面朝踏杆，胸骨位于长箱的边缘。双手于踏杆上，与肩同宽。

肘部向两侧延伸，手臂像在平坦的表面上。保持身体平行于地板，启动背伸和髋伸肌群。

吸气。伸直双臂，身体水平移动。

蛙泳

强调肩、手臂与背伸肌群的协调运动。从脊柱的底部开始逐渐往上，背部和手臂应跟随运动。适中且均匀地伸展。

保持双臂伸直和背部伸展至手臂划圈到身体两侧；当手臂回到身体两侧时，屈臂、躯干往下。屈肘时，保持上臂的稳定，肩关节尽量外旋；前臂应像在平面上滑动。

根据具体的目标确定背伸的高度。躯干位置较低，着重锻炼中背部和上背部。而较高时，侧重于下背部。我时常让练习者在他们的舒适区外运动。例如，舞者常抬至过度伸展的位置（这是他们的舒适区），会让他们降低高度，以注重整个背部的均匀伸展。

想象

在水面上或 2.5 厘米深的水池中蛙泳，尽量保持手臂在冠状面内做水平运动。

☐ 手臂作为躯干伸展的一部分。

☐ 最后阶段的肘屈时，保持肩外旋。

☐ 注重背伸，避免髋伸过度；保持双腿平行于地面。

☐ 始终保持掌心朝下。

重点
- 背伸肌群

目的
- 强化背伸、肩外展和肘伸肌群

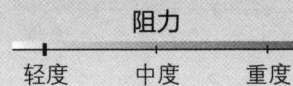

阻力

轻度　　　中度　　　重度

呼气。 俯卧在长箱上，面朝踏杆，胸骨位于长箱的边缘。拇指套在拉力带上，绳索穿过手臂下方。屈肘在身体两侧，肩外旋。手略高于肘，手指朝前。

吸气。 躯干伸，双臂朝前上方成对角线伸直。

持续吸气，保持躯干伸，双臂划圈至身体两侧。

呼气。 屈肘靠近身体两侧，双手略比肘高。保持肩外旋，同时降低身体，回到起始姿势。

重点

- 背伸肌群

目的

- 强化背伸和肩伸肌群

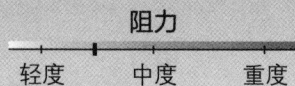

阻力

轻度	中度	重度

牵引拉力带 I

着重背伸肌群正确的肌肉活动，及其与手臂和肩部的共同运动。与前一个动作的运动方向相反，它从头顶开始，依次向下。伸展时，保持在腿与地板平行。背伸程度不同决定了锻炼的背部区域。越高，对下背部的锻炼越强。在整个练习过程中，保持掌心朝普拉提床，避免肩内旋。手臂后拉时注重胸椎的伸展。根据自身情况加大肩伸的程度。

想象

想象自己是一名冲浪者，正在用冲浪板。

☐ 开始动作时，先启动背伸肌群。

☐ 保持肘部伸直，掌心朝普拉提床。

☐ 肩伸的最后，双手贴大腿。

呼气。背对踏杆，俯卧在长箱上，胸骨位于长箱的边缘。双手握住拉力带的绳索，双臂伸直在铅垂线前约 20 度。

吸气。躯干伸，拉力带拉向大腿两侧，掌心朝身体。

呼气。降低身体，手臂前伸慢慢回到起始位置。

牵引拉力带 II

像上一个牵引拉力带 I 的动作一样，这个练习强调背伸肌群的重要性，着重背部和肩部肌肉的协同工作。然而，在本练习中，伸展背部时需要内收肩部，而不是外展肩部。这个练习更加复杂，难度也更大，需要背部肌群发挥巨大的力量，而背伸肌群为双臂的活动提供支撑。

这两个牵引拉力带练习都需要背阔肌的参与，前一个练习伸展肩部，而这个练习内收肩部。但背阔肌也会使肩部产生强有力的内旋，而这不是我们想要的动作。背阔肌的内旋功能被背外旋肌群和背伸肌群抵消，背伸肌群的中部和上部在本练习中尤其得到强调。通过将掌心冲向地面来募集肌肉，肩外旋肌群和背伸肌群的中部和上部得到了锻炼。沿水平方向移动双臂。

此外，肩部的后侧面，尤其是三角肌后部，必须尽力保持手臂抬起，并能沿水平方向移动。为了能够做到这点，可能需要使用较小的阻力。

想象

沿着两条导轨或缆绳将身体向前拉（每侧各一条），保持肩与手臂呈一条直线。除了水平的能量线，当躯干伸展时，会出现一条垂直的能量线。

☐ 保持肩外旋。

☐ 始终保持手臂与身体同高。

☐ 每次重复后，回到"T"字形。

☐ 始终保持掌心朝下。

重点
- 背伸肌群

目的
- 强化背伸肌群
- 强化肩内收肌和水平外展肌群

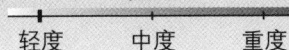

阻力		
轻度	中度	重度

呼气。背对踏杆，俯卧在长箱上，胸骨位于长箱的边缘。双手握住拉力带呈"T"字形，与地面平行，掌心朝下。

吸气。背伸，手臂拉向大腿两侧，掌心仍朝地板。

呼气。降低身体，手臂沿水平面向前，回到起始姿势。

6

凯迪拉克床

关于约瑟夫·普拉提先生帮助许多伤者或病人恢复健康的记载有很多。在帮助别人的过程中，普拉提先生也不断受到启发。看到凯迪拉克床，你立刻便能发现它的研发灵感明显来自于医院病床。

所有的普拉提器械都具有多种功能，并拥有其独一无二的特性，凯迪拉克床也不例外。例如，将足部练习从普拉提床换作凯迪拉克床，效果会截然不同。在凯迪拉克床上，强化腘绳肌的同时可改善其灵活度。只要保持正确的姿势与排列，练习能带来诸多好处。

练习者可以在凯迪拉克床上做悬挂动作。这些看似杂技般的动作在强化身体平衡、协调性、柔韧性的同时增加肌肉力量，可谓趣味十足，益处多多。

凯迪拉克床不可随便移动，这为练习者——特别是缺乏平衡和稳定性的人（例如老人和伤者）提供了稳定的练习平台。此外，床体的高度使凯迪拉克床对身体活动度有限的人来说更容易使用。这些特点也使得老师和学生可以更轻松地进行互动。

与普拉提床相比，凯迪拉克床为人体提供了更大的活动范围，例如练习者可以在仰卧、侧卧、俯卧和站立姿势完成有弹簧辅助的腿部练习，练习中腿部可向各个方向运动。所以称其"三维器械"毫不为过。此外，正如普拉提床能为腿部提供独一无二的拉伸练习一样，凯迪拉克床是上半身伸展练习的最佳选择。希望大家喜欢这个精巧的设备，它总是能让我们变回那个在公园攀登架上玩几个小时都不累的孩子！

扫码听资深普拉提导师
为你解答新手常见问题

双脚平行－脚跟与双脚平行－脚趾

凯迪拉克床与普拉提床上进行的足部练习内容相同，动作提示和指导也一致。尽管足部的姿势相同，腿部的姿势却是不同的：在普拉提床上，腿部在躯干所处的相同平面上移动；而在凯迪拉克床上，腿部则在与躯干垂直的平面上移动——也就是说，双腿伸直时，髋部进行大约90度的屈曲。对于因腘绳肌紧张而无法保持此姿势的人来说，可以头朝相反方向躺下，并且使髋关节离推拉杆稍远，而并非置于其正下方，从而减小髋曲的角度，同时有效拉伸腘绳肌，并使身体保持良好排列。

与普拉提床相比，在凯迪拉克床上，膝部屈曲程度有限。这可被视为一个优点，因为这有限的屈曲范围实际上正是跳跃时膝盖的"力量范围"，不仅可避免膝盖遭受潜在损伤，还能使个人在更具功能性的活动范围内进行训练。

虽然脚跟位可以加强对于髋伸肌群的拉伸与锻炼，但脚趾位可产生更大阻力。为保持阻力一致，足部保持跖屈至关重要。在脚趾位时，双腿后侧的拉伸感不如在脚跟位强烈，但腿部后侧仍会有明显的延长感。

想象

想象双腿像支柱一样撑起大型建筑物的天花板。随着膝盖的每次伸展，你都将天花板向上抬起一点点，而屈膝时，则逐渐将天花板降低。努力感受腿部的巨大力量。

☐ 骨盆稳定前提下尽量屈膝。

☐ 全程保持运用髋伸肌群。

重点
- 腘绳肌
- 股四头肌

目的
- 强化髋伸肌群和膝伸肌群
- 加强腘绳肌的柔韧性
- 加强骨盆腰椎的稳定性

阻力

轻度　　　中度　　　重度

双脚平行－脚跟前视图　　双脚平行－脚趾前视图

☐ 每次重复时都将双腿伸直，充分伸展膝关节。

吸气。仰卧，双臂置于身体两侧，屈膝，两腿平行，将脚跟或脚趾踩在推拉杆上。

呼气。伸直膝盖，髋伸。

吸气。弯曲膝盖，屈曲髋部。

225

重点
- 腘绳肌
- 股四头肌

目的
- 强化髋伸肌群、内收肌群和膝伸肌群
- 加强腘绳肌的柔韧性
- 加强骨盆腰椎的稳定性

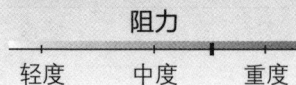

阻力

轻度　　中度　　重度

双脚"V"字形－脚趾

做这个动作时可以从双脚平行－脚趾的位置开始，仅需将脚后跟并拢。此时，胸部上方大腿的限制较小。双脚呈"V"字形时，屈膝后大腿向胸部两侧打开，因此膝盖屈曲程度比双脚平行时略大。

全程必须积极并拢脚后跟，从而激活髋外旋与内收肌群。与此同时需保持脚部跖屈，从而使阻力保持一致。尽管凯迪拉克床上的推拉杆要比普拉提床的踏杆窄很多，但仍要尽量保持全部脚趾与推拉杆相连。

凯迪拉克床的优点之一是做足部练习时的身体位置，它可以激活内部支撑系统（ISS），将出现过度脊柱前凸的可能性最小化，并拉伸下背部。但必须避免骨盆后倾从而骶骨上抬的常见错误。骶骨和骨盆作为一个整体，为腿部运动提供一个稳定的平台。错误的骨盆位置会降低足部练习的效果，特别是针对腘绳肌的练习。

想象

青蛙跳是很好的想象提示。保持缓和的"V"字形姿势；不要将腿过度打开。

☐ 骨盆稳定前提下尽量屈膝。

☐ 脚后跟保持并拢。

☐ 全程保持跖屈（脚趾位）。

双脚"V"字形－脚趾前视图

吸气。仰卧，双臂置于身体两侧，将脚趾踩在推拉杆上，双脚保持"V"字形，脚跟并拢。

呼气。伸直膝盖，髋伸。

吸气。弯曲膝盖，屈曲髋部。

双脚"V"字形张开式－脚跟和双脚"V"字形张开式－脚趾

在这两项练习中，髋外旋的程度要与"V"字形姿势保持一致，不同的地方在于腿部是分开的。在这个姿势下，膝盖可以进一步不受限制地弯曲，同时髋部的拉伸也能够得到强化。但必须注意，骶骨仍然要保持稳定。

脚跟的位置有两种选择。第一种需要小腿肌肉和跟腱的柔韧性。脚跟放在推拉杆上，脚趾在相应的侧杆下方。如感到拉伸感过强，那么请采用第二种选择——仅需将脚前部放在推拉杆上，且足部保持中度背屈。双脚"V"字形张开式－脚趾这个动作能对髋关节提供全方位的深度伸展。全程保持跖屈，以确保阻力一致。

想象

青蛙跳跃的动作对于这项练习也是一种良好的想象方式。在这个姿势时，腿部向外打开，因此只要将骶骨固定，就能最大限度地享受拉伸。

双脚"V"字形张开式－脚跟前视图

双脚"V"字形张开式－脚趾前视图

重点
- 腘绳肌
- 股四头肌

目的
- 强化髋伸肌群、内收肌群和膝伸肌群
- 加强腘绳肌的柔韧性
- 加强骨盆腰椎的稳定性

阻力

轻度　　中度　　重度

☐ 骨盆稳定前提下尽量屈膝。

☐ 保持脚后跟压在推拉杆上（脚跟位）。

吸气。仰卧，双臂置于身体两侧，双脚保持"V"字形，将脚趾置于推拉杆上。

呼气。伸直膝盖，同时髋伸。

吸气。弯曲膝盖，同时弯曲髋部。

重点

- 跖屈肌群

目的

- 加强足部稳定肌和跖屈肌群
- 拉伸跖屈肌群和腘绳肌

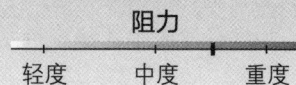

阻力

轻度　　中度　　重度

提踵

提踵练习可全面拉伸大腿后侧，这种拉伸常常在整个躯干甚至在脖颈处都能感受到。在凯迪拉克上的拉伸感要比在普拉提床上更强，因为在这项练习中腿部是处于竖直姿势的。这个姿势的另一个好处是使练习者在训练时能够观察到自己的脚部。视觉反馈有助于进行观察和校正对准。

想象

试图想象脚部的轻盈感，就像用脚将球抛到空中，然后再使其轻轻落回脚上。

☐ 利用踝关节和足部的完整活动度。

☐ 刻意使足背屈，而非依赖弹簧拉力。

☐ 膝盖保持伸直。

提踵起始位置的前视图

呼气。仰卧，双臂置于身体两侧，将脚趾踩在推拉杆上，双腿平行，与髋同宽，将膝盖伸直，跖屈。

吸气。足背屈。

呼气。双脚跖屈，呼气时做一个完整的动作循环，吸气时再做一个完整的动作循环。

228

踱步式

在凯迪拉克床上进行这项练习时，要保持与普拉提床踱步式相同的流畅性和平滑过渡。骨盆下沉有助于使之保持稳定，减少骨盆左右倾斜的倾向。

想象

试图想象脚部的轻盈感，就像用脚将球抛到空中，然后再使其轻轻落回脚上。

☐ 利用踝关节和足部的完整活动度。

☐ 可以使足背屈，而非依赖于弹簧的拉力。

☐ 每次重复后，使足部转变为完全跖屈。

重点

● 跖屈肌群

目的

● 加强足部稳定肌和跖屈肌群

● 加强跖屈肌群和腘绳肌

阻力

轻度　中度　重度

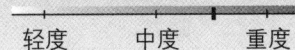

呼气。 仰卧，双臂置于身体两侧，将脚趾踩在推拉杆上，双腿平行与髋同宽，将膝盖伸直，跖屈。

吸气。 一只脚跖屈，同时另一侧屈膝，且足部保持背屈。将弯曲腿伸直，并跖屈脚部，此时双腿均伸直，且两脚同时跖屈。换腿重复此动作。

呼气。 一只脚跖屈，同时另一侧屈膝，且足部保持背屈。

交替进行；呼气时做一个完整的动作循环，吸气时再做一个完整的动作循环。

229

重点
- 腘绳肌
- 股四头肌

目的
- 强化髋伸肌群和膝伸肌群
- 加强腘绳肌的柔韧性
- 加强骨盆腰椎的稳定性

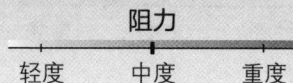

阻力

轻度　　中度　　重度

单腿脚跟式

单腿脚跟式动作可以在拉伸动作腿的腘绳肌并伸展支撑腿的髋屈肌群时使身体处于最佳排列。动作腿的强度和柔韧性之间的相互作用突出了普拉提的平衡原则。在这项练习中，你会很容易感觉到腿后侧的拉伸和髋屈肌群的伸展。支撑腿应平放于垫上，与髋关节保持排列。练习过程中支撑腿容易产生侧移和屈膝的倾向，特别是在髋屈肌群紧张的情况下。如果无法控制这种倾向，那么可以弯曲支撑腿，并将脚稳定踩在垫上，以减轻支撑腿髋屈肌群和动作腿髋伸肌群的压力。

想象

想象身体有两条能量线，一条从动作腿的髋关节处穿过腿部，并从足部垂直向上延伸。

另一条能量线从支撑腿的髋关节处起始，一侧穿过腿部和脚趾，另一侧穿过躯干，再从头部延伸出来。这种想象方式有助于使身体保持最佳排列。

☐ 骨盆保持稳定。

☐ 如果腘绳肌和髋屈肌群紧张，则弯曲支撑腿。

脚跟踩在推拉杆上的膝盖和髋部前视图

仰卧，双臂置于身体两侧。将一条腿的脚后跟踩在推拉杆上，弯曲同侧膝盖。另一条腿（支撑腿）保持伸直，并固定在垫子上。

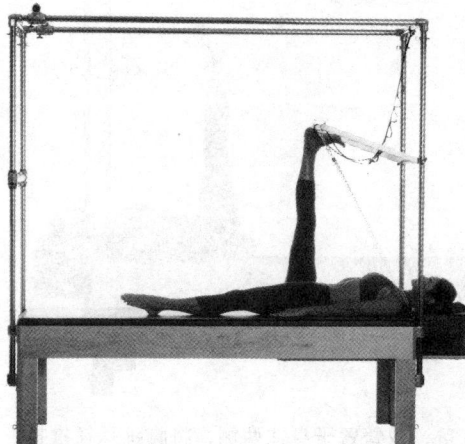

呼气。 伸直膝盖，髋伸。

吸气。 弯曲膝盖，弯曲髋部。换另一条腿重复这个动作。

单腿脚趾式

在做单腿脚趾式时，弹簧的拉伸程度更高，因此阻力会略微增强。在这项练习中，跖屈肌群和控制旋后与旋前的肌肉发挥着非常重要的作用。与脚跟式练习一样，在做这个动作时，支撑腿容易产生侧移和屈膝的倾向。如果无法控制这种倾向，那么可以弯曲支撑腿，将脚稳定踩在垫上。

想象

想象身体有两条能量线，一条从动作腿的髋关节处穿过腿部，并从足部垂直向上延伸。另一条能量线从支撑腿的髋关节处起始，一侧穿过腿部和脚趾，另一侧穿过躯干，再从头部延伸出来。这种想象方式有助于使身体保持最佳排列。

☐ 骨盆保持稳定。

☐ 如果腘绳肌紧张，则弯曲支撑腿。

☐ 足部始终保持跖屈。

重点
- 腘绳肌
- 股四头肌

目的
- 强化髋伸肌群和膝伸肌群
- 加强踝关节的控制
- 加强骨盆腰椎的稳定性

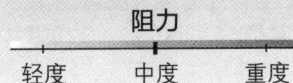

阻力

轻度　　中度　　重度

脚趾踩在踏杆上的膝盖和髋部前视图

仰卧，双臂置于身体两侧。将一条腿的脚趾踩在推拉杆上，弯曲同侧膝盖。另一条腿（支撑腿）保持伸直，并固定在垫子上。

呼气。伸直膝盖，髋伸。

吸气。弯曲膝盖，屈曲髋部。换另一条腿重复这个动作。

重点
- 腹部肌肉

目的
- 强化腹部肌肉
- 强化背部肌肉
- 加强躯干稳定性

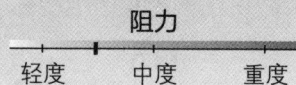

阻力

轻度	中度	重度

向上卷动

这是一项有弹簧辅助的上卷练习，与垫上向上卷动十分相似。对于难以在垫上正确做出上卷动作的练习者来说，这项练习非常有帮助。它也可作为一系列凯迪拉克床练习的热身动作。弹簧对腹部肌肉有辅助作用，且有助于维持正确的肌肉募集顺序。此外，使用弹簧还可减轻肌肉的过度压力，特别是髋屈肌群和下背部肌肉，以避免其在练习过程中起阻碍作用。

想象

与大多数的弹簧辅助练习一样，当你使用弹簧进行辅助时，应将弹簧视为身体和肌肉组织的一部分，而并非一种外在力量。将弹簧视为一块特殊的腹肌或者腹部肌肉的延伸。

☐ 练习从激活腹部肌肉开始——它们可以在头部和肩部开始弯曲时保持躯干的稳定。然后激活髋屈肌群，使躯干和骨盆至屈曲姿势。

☐ 腹部肌肉首先用来稳定躯干并强化腹部中空。然后与髋屈肌群协同工作，使躯干和骨盆至屈曲姿势。

☐ 在延伸腿部时，膝盖保持柔软。

☐ 全程运用内收肌群。

呼气。仰卧，双腿伸直。两手握住拉杆，与肩同宽，身体尽量靠后以保证弹簧张力。

吸气。抬起头和肩带做脊柱屈曲，身体呈"C"字形。

呼气。身体保持"C"字形慢慢卷起，当肩膀位于髋关节上方时停止，吸气。

呼气。身体一节一节地向下卷动，回到起始位置。

小幅度上卷

这是垫上练习卷腹抬起的弹簧辅助版本。我将弹簧作为腹部肌肉的延伸,用于补充腹部肌肉的力量。弹簧辅助腹部肌肉发挥其作用,使其更容易克服代偿并形成良好的身体形状。在这项练习中,弹簧主要帮助稳定腹部肌肉,并缓解下背部背伸肌群的压力——如压力过度,则会阻碍躯干进行充分屈曲,并抑制腹部肌肉的充分收缩。注意,躯干应始终保持屈曲,它的感觉应与垫上练习球式卷动类似,躯干的弯曲形状保持不变。运动范围在肩胛骨的底部和骶骨之间,脊柱一节一节地抬离垫子,然后再降下来。

想象

想象一个轮子或者球沿着小弧形前后滚动。每次卷动时,注意加深腹部的中空程度。

☐ 必须保持脊柱屈曲。

☐ 肩部保持放松。

☐ 全程尽量保持骨盆中立位(如果对动作有帮助,则允许骨盆的轻微后倾,特别是存在过度脊柱前凸症状的时候)。

重点
- 腹部肌肉

目的
- 强化腹部肌肉
- 拉伸下背部肌肉
- 腹部练习时训练骨盆保持中立位

阻力

轻度　　中度　　重度

吸气。仰卧,屈膝,将双脚稳定置于垫上,与髋同宽。正手握住拉杆,双手与肩对齐。将头部和肩胛部位上抬至脊柱屈曲姿势。

呼气。身体缓慢地向上卷动,身体保持"C"字形。此时,肩部应位于拉杆的正下方。

吸气。降低身体,回到起始位置。重复 5 ~ 10 次,然后回到仰卧姿势。

233

腹部练习

中级

重点
- 腹部肌肉

目的
- 强化腹部肌肉
- 强化手臂力量，并拉伸肩部

阻力

轻度　　中度　　重度

向上卷动

　　这项练习与 232 页的动作顺序类似，但本项练习包括脊柱从屈曲到伸展再到直立坐姿的过渡。此外，它包含了手臂运动，从而能够强化手臂力量、拉伸肩部，并挑战躯干保持直立坐姿时的排列（躯干直立时，特别是在手臂运动期间，容易产生肋骨前凸的倾向，应加以避免）。在手肘屈曲时，要注意肩部外旋和肩胛骨外展。

想象

　　想象双臂向上推住大型建筑物的天花板。当屈肘时，想象它们被有力的弹簧拉向身体两侧。当手肘收回并伸直时，想象它们正在与弹簧的拉力相对抗，并再次向上推天花板。

☐ 调整身体起始位置，使身体在直立坐姿并且手臂举过头顶时，躯干能够垂直于床面。

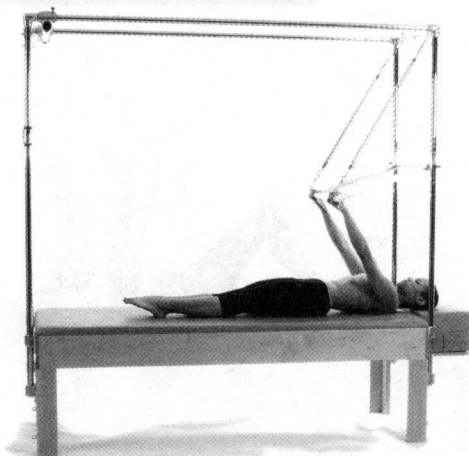

呼气。仰卧，双腿伸直。双手握住推拉杆，手臂与身体约呈 45 度。头部置于头靠上（若无自带头靠，可在床头放置一个带有垫子的板凳作为头靠）。

吸气。将头部和肩带抬起至脊柱屈曲姿势。

呼气。脊柱分节缓慢向上卷动，伸展躯干至直立坐姿。手臂举过头顶将推拉杆向上推动。

□ 保持直立坐姿时，使腹部肌肉与背伸肌群同步收缩以维持躯干稳定。

□ 屈肘时保持肩轻微外旋。

变式练习

这项练习可以通过从底部而非顶部安装弹簧来进行（记住使用安全带）。在这种情况下，弹簧起到对抗而非辅助作用，从而可以增加对腹肌、背伸肌群、手臂和肩部的挑战性。这个版本的练习被称作底部负载式向上卷动。

吸气。手肘向身体两侧弯曲，并轻微向前（肩略微外旋），肩胛外展，后将手肘伸直。

呼气。身体向下卷动，回到起始位置。

重点

- 腹斜肌

目的

- 加强腹部肌肉（尤其是腹斜肌）
- 强化腰部肌肉
- 腹部练习时训练骨盆保持中立位

阻力

轻度　中度　重度

小幅度上卷－腹斜肌

这项练习采用了与 233 页相同的形式和姿势，但它在脊柱屈曲基础上增加了旋转，使其更具挑战性。躯干的旋转易使骨盆产生侧倾并向一侧抬起。所以需要稳定骨盆，并保持双脚均匀受力以避免类似情况发生。此外，肩膀也会有上提的倾向。反握住推拉杆有助于在保持肩胛稳定的同时使肩部放松。避免肋骨向一侧外翻（通常是旋转方向的一侧），否则躯干可能出现侧屈而非真正的旋转。为此请将旋转一侧的肋骨内收从而激活腹内斜肌。最后，要避免屈肘。手臂仅作为躯干和推拉杆之间的连接物，全程保持手臂伸直。

想象

有意识地想象从腹部产生动作而并非从手臂或双脚。同时想象保持下部肋骨和两侧髂嵴之间的距离相等。这种想象方式有助于躯干进行真正的旋转。

☐ 使用身体两侧的腹内外斜肌。

☐ 全程保持脊柱屈曲。

☐ 握住推拉杆的手臂始终保持伸直，肩部放松。

吸气。 仰卧，屈膝，将双脚稳定置于垫上，与髋同宽。反握住推拉杆，双手打开与肩同宽。将一只手置于脑后。

呼气。 将头部和肩带抬起至脊柱屈曲姿势，然后朝着握住推拉杆的手臂的反方向进行旋转。身体向上卷动，保持"C"字形曲线以及躯干的旋转。

吸气。 保持躯干的旋转，回到起始姿势。重复 5 ~ 10 次后，回到中间位并重新回到仰卧姿势。

"V"字形悬体

在普拉提垫、普拉提床、梯桶和凯迪拉克床上都可以做本项练习。在凯迪拉克床上，弹簧所提供的支撑可以辅助腹部肌肉和背伸肌群，有助于更好地募集肌肉，同时使动作更加精准。在凯迪拉克床上，从初级到高级版本的"V"字形悬体均可使用推拉杆作为辅助工具。使用两根弹簧可起到更多辅助作用，使用一根弹簧则增加动作难度，而在不使用弹簧的情况下，动作难度将达到最大，辅助作用也降到最低。

躯干在保持"V"字形坐姿时，手臂应与躯干对齐呈一条斜线。所以建议在最初身体处于仰卧位时，肩部应位于推拉杆的正下方。

想象

悬挂在装有弹簧的推拉杆上会使人产生一种处于无重状态感；身体轻轻浮起，再慢慢地向下卷动。无论在哪种器械上做"V"字形悬体，都要尽量保持这种感觉。

☐ 在向上和向下卷动阶段保持脊柱分节运动。

☐ 在"V"字形姿势时充分伸展背部。

☐ 全程在自身条件允许范围内尽量抬高双腿。

重点
- 腹部肌肉
- 背伸肌群

目的
- 强化腹部肌肉和背伸肌群
- 加强髋屈肌群的控制
- 加强躯干的稳定性

阻力

轻度　　　中度　　　重度

呼气。仰卧，双手握住推拉杆。肩部位于手部正下方的位置。伸直腿部，并使腿部与地面保持大约45度。

吸气。从头部开始向上卷动脊柱。脊柱从屈曲过渡到伸展，使身体呈"V"字形，双臂过头，并与躯干成笔直斜线。

呼气。脊柱向下卷动回到起始姿势。双腿保持稳定。

237

重点

- 髋内收肌群

目的

- 强化髋内收肌群和髋伸肌群
- 加强骨盆腰椎的稳定性

阻力

轻度　　　中度　　　重度

蛙式

与普拉提床相比，在凯迪拉克床上做同样的练习有几项优势。其一，稳定感更强。其二，上下床更容易。其三，在凯迪拉克床上双腿各使用一根弹簧，使得双腿可独立运动，而在普拉提床上，主导侧常常承受更大负荷。这种优势可用于解决腿部和整个身体中可能存在的不平衡。

凯迪拉克床上进行的蛙式与在普拉提床上类似，但由于阻力的角度不同，肌肉运动模式也会略有不同。从广义上讲，髋伸肌群会承受更大的负荷。要注意，脚后跟是沿着水平线运动的，而并非普拉提床上的斜线运动。

想象

普拉提床蛙式当中所运用的青蛙跳跃的想象提示非常适合于本项练习的起始动作，但在凯迪拉克床上进行蛙式的感觉是完全不同的。我更喜欢想象双脚固定的同时身体推离墙面，从而产生内部对抗的感觉。

☐ 全程保持脊柱中立位。

☐ 双脚沿着水平面运动。

☐ 练习从激活腘绳肌和内收肌群开始。

吸气。仰卧，带子套在脚上，脚后跟并拢，双脚背屈，呈"V"字形姿势，屈膝。将手臂掌心朝下放在床上，或握住床杆，肩部保持放松。

呼气。伸直膝盖，脚后跟并拢。

吸气。弯曲膝盖，回到起始位置。

髋部划圈

与普拉提床上的髋部练习一样，这个练习主要强调髋分离和髋关节的灵活度。但在凯迪拉克床上由于阻力的角度不同，训练重心会由髋内收肌群转移到髋伸肌群。此外，与之前的蛙式练习一样，在凯迪拉克床上双腿各使用一根弹簧使得双腿均可单独进行运动，从而避免主导一侧压制另外一侧而做更多的功——这种情况会在普拉提床的练习中不时出现。这是凯迪拉克床独特的优势，特别是在练习者身体存在不平衡的情况时。

想象

像在普拉提床上那样，你应当想象双腿在空中划出两个背靠背的"D"字形（或半圆形），随着控制力增加运动幅度亦增大。在凯迪拉克床上，当腿部沿着中心线向下运动时，不但强调双腿并拢来强化内收肌群，同时想象它们向下压时就好像压在球上。

☐ 使髋分离最大化。

☐ 保持髋外旋。

☐ 确保划圈的大小在舒适的控制范围内。

重点
- 腘绳肌
- 髋内收肌群

目的
- 强化髋伸肌群
- 加强髋内收肌群的控制
- 强化髋分离

阻力

轻度　　中度　　重度

吸气。仰卧，带子套在脚上，双腿伸直并拢，并垂直于床面。髋部外旋，跖屈。将双臂放在身体两侧或握住床杆，肩部保持放松。

呼气。髋伸，使腿部沿中心线向下压，之后双腿并拢。

吸气。双腿向两侧划圈，并回到起始姿势。重复5～10次后，反方向做这个练习。

重点

- 腘绳肌

目的

- 强化腘绳肌
- 强化髋分离
- 加强骨盆腰椎的稳定性

阻力

轻度　　中度　　重度

步行式

与蛙式和划圈练习中强调使用髋伸肌群与内收肌群不同，这项练习仅着重于髋伸肌群。腘绳肌的使用是重点，髋部由外旋转变为平行，从而有助于腘绳肌更加平衡地使用。

两种动作模式会同时出现。第一种是腿部的连续变换，两腿相对上下移动几厘米；第二种是双腿同时朝着床垫下压（伸展髋关节），随后上抬到垂直位置（髋关节呈 90 度）。虽然两项动作单独进行都不难，但将二者结合则需要极佳的身体协调能力，十分具有挑战性。双腿不停地进行小幅度而强有力的动作，同时又在进行着大幅度、缓慢下降和抬升的动作。

想象

与其将此项练习想象成走路，不如想象为游泳时打水。动作应当微小且具有控制性，并非像实际走路一样大步前进。

☐ 双腿进行小幅度的变换。

☐ 整个过程中保持弹簧张力。

☐ 保持骨盆稳定。

吸气。仰卧，带子套在脚上，两腿伸直且平行，并垂直于床面。将手臂摆放在身体两侧或握住床杆，肩部保持放松。

呼气。双腿进行小幅度的剪刀式动作，相互交换上下移动。同时髋伸，将双腿朝床面下压。每做完 5 次小幅度动作后即完成一次大幅度动作。

吸气。继续做相同的剪刀式动作，保持对抗弹簧，屈曲髋部并将双腿向上抬，直到双腿垂直于垫面，做完 5 次小幅度动作后，即完成一次大幅度动作。回到起始姿势。

自行车式

这项练习中双腿需进行大幅度的类似骑行自行车的动作，对身体协调性有很高要求。整个动作应保持流畅与延伸感，髋伸肌群全程工作。双腿保持平行有助于募集腘绳肌。朝床面下压的腿部膝盖轻微弯曲并保持稳定，以加强腘绳肌的收缩。（腘绳肌既作为膝屈肌，也作为髋伸肌群。）

髋和膝关节进行大幅度动作时，骨盆必须保持稳定，为腿部运动提供稳定的平台。

想象

在做这项练习时，前轮大后轮小的古董自行车是个不错的想象提示。较小的轮子（即骨盆）保持自行车的稳定，同时较大的轮子（腿部）进行运动。

变式练习

你可以反方向做这项练习，这在很大程度上改变了肌肉的动作和协调性，它实际上是一项完全不同的运动（被称作"反向自行车式"）。当髋伸肌群进行离心收缩时，感受它们的伸展。

□ 在腿部交换动作前，将一条腿伸直贴近床面，另一条腿与其垂直，形成"L"字形。

□ 全程保持骨盆的稳定与弹簧张力。

重点
- 腘绳肌

目的
- 强化髋伸肌群
- 加强髋分离
- 加强骨盆腰椎的稳定性

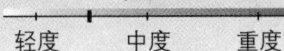

阻力

轻度　　　中度　　　重度

吸气。 仰卧，将带子套在脚上。双腿伸直且相互平行，与床面呈约90度。将手臂摆放在身体两侧或握住床杆，肩部保持放松。

呼气。 伸展其中一条腿，笔直地朝床面下压。

吸气。 之后同一条腿屈膝，脚趾沿床面或者略高于床面的位置进行滑动，将大腿拉向胸口方向。然后将这条腿朝向天花板伸直。同时将另一条腿笔直地朝床面下压，两根弹簧均保持张力。重复10次后，反方向做这个动作。

重点

- 腹部肌肉
- 背伸肌群
- 腘绳肌

目的

- 强化腹部控制
- 强化脊柱柔韧性
- 增加腘绳肌
  和小腿的柔韧性

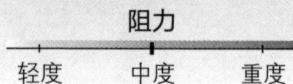

阻力

轻度　　中度　　重度

猴式

作为一系列练习中塔式的准备动作，本项练习着重于脊柱分节运动与腘绳肌的柔韧性，并有助于强化屈体姿势——这在普拉提器械特别是稳踏椅（第7章）上的屈曲练习中经常出现。运用腹部肌肉帮助脊柱屈曲，同时激活背伸肌群来加强腘绳肌的拉伸。手臂作为躯干和推动杆的连接物，仅起支撑作用。

想象

右下图会使人联想到跳水运动员的身体在空中的屈体姿势。这种想象提示有助于募集正确肌肉完成动作，并保持整个练习的动态感。同时它也能为出现类似姿势的其他练习奠定坚实基础。

吸气。仰卧，头部置于头靠上，面朝推拉杆（如果床无自带头靠，可在床头放置带有垫子的板凳作为替代）。弯曲膝盖，并将脚趾踩在推拉杆上，使髋部位于双脚的正下方，同时足部保持跖屈。双手保持略宽于脚部的距离，并握住推拉杆。尽量使骶骨下沉。

呼气。整个脊柱向上卷动，使身体形成屈体姿势，同时伸直膝盖，并保持跖屈。

□ 收缩腹部肌肉以屈曲躯干。

□ 脊柱分节上下卷动过程中保持跖屈。

□ 足背屈时双腿保持伸直。

□ 肩部保持放松，肩胛保持稳定。

吸气。足背屈，然后跖屈，同时保持屈体姿势，并保持肩部
放松。

呼气。弯曲膝盖并向下卷动，回到起始位置。

重点
- 腹部肌肉
- 腘绳肌

目的
- 强化脊柱分节运动
- 加强腘绳肌和下背部肌肉的柔韧性

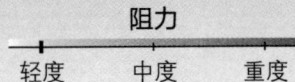

阻力

轻度　　中度　　重度

塔式

　　塔式可帮助强化脊椎分节运动，并增加腘绳肌与背部的柔韧性，过程令人愉悦享受。但由于脊柱会承受一定负荷，进行练习时必须谨慎。手臂伸直推住床杆，这有助于减轻脊柱——特别是颈部区域的过度压力。此外，需要同时激活背伸肌群与腹部肌肉以支撑躯干，特别是在向上卷动至肩部位置的阶段。这有助于避免躯干向背部和颈部下沉而导致对脊柱造成过大压力。要使腘绳肌和小腿肌肉的伸展最大化，特别是在最后阶段足部保持背屈的时候。当身体向下卷动时强调背伸肌群的离心收缩，动作结束时骶骨下沉置于床上。

呼气。仰卧，手臂伸过头顶，双手握住床杆。将脚尖踩在推拉杆上，足背屈，双腿伸直并且相互平行。

吸气。跖屈。

呼气。脊柱分节向上卷动至肩带位置。

想象

想象身体像手风琴一样打开、折叠再重新打开。虽然身体姿势与手风琴的外观有明显区别，但运动时的动态感是相同的。

☐ 激活腹部肌肉。屈曲脊柱，保证脊柱分节运动。

☐ 身体向上卷动至肩部位置时，髋伸肌群和背伸肌群保持工作。

☐ 在顶部位置适度弯曲膝盖，同时保证膝盖不朝脊柱和肩部下沉。

吸气。屈膝后伸直双腿，保持髋伸肌群工作。

呼气。脊柱向下卷动，使身体回到起始位置，在最后阶段时，骶骨下沉。

重点
- 腹部肌肉
- 背伸肌群

目的
- 加强腹部肌肉的控制
- 加强背伸肌群的控制
- 加强肩伸肌群的控制
- 加强腘绳肌的柔韧性

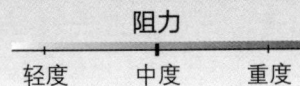

阻力

轻度　　中度　　重度

前倾坐姿－推拉

　　这项练习很好地展示了躯干从屈曲过渡到伸展，再从伸展回到屈曲的过程。练习中包括肩部伸展和脊柱屈曲，这是许多普拉提练习中常见的肌肉募集模式。除了锻炼脊柱屈曲肌群，向上推动推拉杆时，腘绳肌可在脊柱伸展的同时得到拉伸。从各个方面讲，它都是一项很好的全身综合练习。

吸气。 身体坐直，面朝推拉杆，将双脚抵在床杆上。双手握住推拉杆，手臂伸直并打开与肩同宽。

呼气。 躯干屈曲，将推拉杆向下压，然后再向前推，使身体位于腿部上方。

吸气。 伸展脊柱，背部伸直成斜线。

想象

　　躯干的前后动作以及推拉杆的使用让人联想起划船的动作。

☐ 手臂始终保持伸直。

☐ 将躯干与手臂的动作区分开。

☐ 脚后跟始终抵在凯迪拉克床的床杆上。

呼气。将躯干拉回至脊柱屈曲姿势。

吸气。保持躯干屈曲，将推拉杆在控制之下拉回并向上推，然后伸展脊柱回到起始的直坐姿势。

重点
- 腹部肌肉
- 背伸肌群

目的
- 强化脊椎分节运动
- 增强肩部柔韧性
- 增强躯干的稳定性

阻力

轻度   中度   重度

猫背伸展

这是一项令人十分愉悦的练习。在身体处于直立跪姿与对身体要求很高的前倾姿势时，猫背伸展可强化脊柱的中立排列。这项练习对躯干的稳定性以及肩部的稳定与柔韧性均有要求。肩部拉伸的姿势很具有挑战性，需在能够舒适地保持肩部和躯干稳定性的前提下控制拉伸程度。注意不要过度伸展背部，也不要对腰椎和肩部造成压力。

在脊柱向上和向下分节卷动的同时，使身体尽量靠近铅垂线。

想象

这项练习的名称就可以说明一切——猫背伸展！想象一只猫展示完美的脊柱运动和优美的拉伸姿势。当然，在你试图像猫一样加大动作范围之前，要先建

吸气。面朝推拉杆保持跪姿。双手握住推拉杆，与肩同宽。屈臂，手肘向两侧延伸。

继续吸气，手臂下压，将肘部伸直。

呼气。脊柱分节向下卷动。

248

立起良好的控制，这种想象方式则会对你实现这一目标有所帮助。

☐ 全程始终保持腹部支撑。

☐ 在肩部拉伸阶段避免肋骨前凸。

☐ 对肩部进行拉伸时保持肩胛稳定。

☐ 在动作的起始和前倾的肩部拉伸阶段脊柱保持中立位。

变式练习

当脊柱处于中立位且躯干平行于地面时，如果你感觉安全和稳定，可将躯干朝床面下压，以进一步拉伸肩部至肩关节屈曲姿势。

吸气。躯干向前伸展至脊柱中立位，躯干平行于地面。延长脊柱，保持其中立位，并使肩部保持稳定。

呼气。脊柱屈曲，分节卷回至直立跪姿，屈肘，手臂回到起始位置。

重点

- 背阔肌

目的

- 强化肩伸肌群和肘伸肌群
- 加强躯干的稳定性

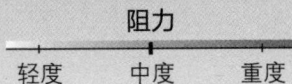

阻力

轻度　　中度　　重度

站姿胸部扩张

在经典普拉提练习中站姿进行的练习较少，因此应充分运用站姿练习，并融入综合练习当中。站姿练习极具价值，可谓是普拉提中的精华。站姿手臂练习也是如此，具有独特而深远的益处。站姿不仅能加强手臂和肩膀的力量、柔韧性和控制力，还需要核心力量与良好的姿态与排列。为了强化训练效果，增加挑战并强化身体平衡，可在不稳定的表面例如平衡板或旋转盘上进行练习，或使用单腿站立。

请注意，身体与凯迪拉克床之间的距离很关键：站得越远，弹簧张力越大；反之站得越近，张力就越小。要根据情况进行相应调整。

想象

在普拉提床上做这项练习时是采用坐姿、跪姿或仰卧姿势进行的。在椅子上做这项练习是采用坐姿进行的，而在组合架上做这项练习，则是采用站姿进行的。尽管同一想象提示可用于不同器械，但因为每种器械都具备不同的优点，亦会产生不同的想象方式。如想象自己是一座雕像（联想米开朗基罗的大卫像，虽然它有一些排列方面的问题），仅盂肱关节这一个部位进行运动。去感受结构的牢固性以及微妙而具有控制的肩部运动。

☐ 将手臂向下伸，就像使指尖触碰地面一样。

☐ 使肩胛的运动最小化。

☐ 运用躯干稳定肌，保持正确的排列。

☐ 肩部伸展时，加强上背部背伸肌群的工作。

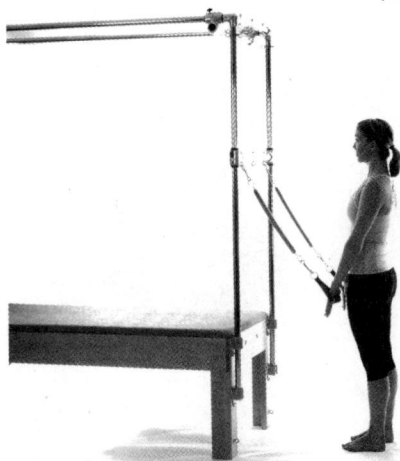

吸气。站在距离床约60厘米的位置，面朝高架床，使滑动杆略高于肩部。手拉带子，掌心向后，轻微拉伸弹簧。

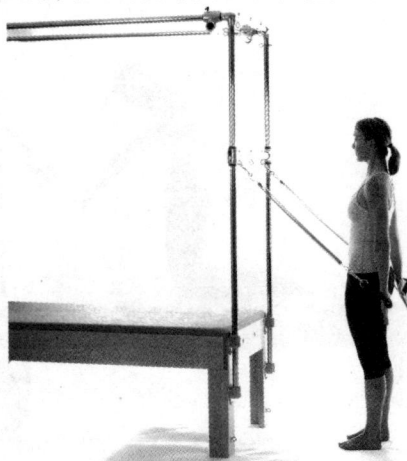

呼气。伸展肩部，将手臂向后拉，同时保持身体的正确排列。

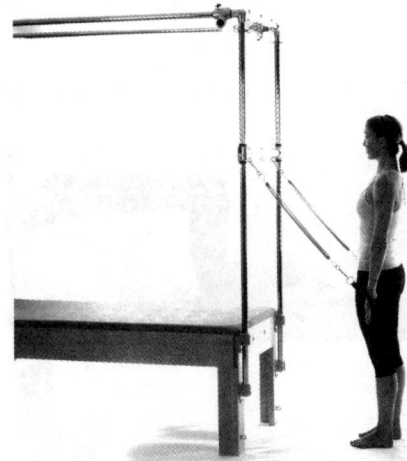

吸气。肩屈，保持弹簧的拉力，并缓慢地将手臂收回至起始位置。

站姿抱树式

这项练习与普拉提床和臂椅上的抱树式类似，躯干的稳定性是关键。而身体保持站姿时，稳定性的训练融入了平衡性这一要素，让站姿抱树式更具吸引力，集功能性与挑战性于一身，是可以帮助练习者找到身体中心的最好的动作之一。

与上一个动作一样，你站得离床越远，阻力就越大；要根据情况进行相应调整。

身体前倾可以抵消弹簧的拉力，但不能依靠弹簧来进行支撑。运用内部支撑系统，特别是腹部肌肉，对于保持理想的身体排列是至关重要的——这是成功完成本项练习以及整个站姿手臂练习系列的关键。

想象

想象一只大鸟张开翅膀的画面。手臂像翅膀一样张开到可能的最大幅度，优雅地张开闭合。将自己想象成一只翱翔的老鹰，身体稳定。这是一种极好的想象方式。

☐ 保持背部宽阔，肩胛骨稳定。

☐ 轻微向前倾斜，保持理想的姿势和排列。

☐ 保持双臂伸长，肘部柔软，手指伸直。

重点
- 胸大肌

目的
- 强化肩水平内收肌群，并提高其柔韧性
- 加强躯干和肩胛的稳定性

阻力

轻度	中度	重度

吸气。站在距床约30厘米的位置，背对床体，使滑动杆略高于肩部。身体保持轻微前倾，腹部肌肉保持收缩。将手臂向两侧延伸，双手控制住带子（手部张开或握拳）。轻轻屈肘，掌心朝前，弹簧保持一定程度的张力。

呼气。双臂向中间收拢，直到相互平行，手臂与肩膀和谐对位。

吸气。回到起始位置，保持弹簧张力。在肩部水平内收肌群离心收缩的同时，肩胛保持稳定，使胸部前侧拉伸最大化。

251

重点
- 肩伸肌群
- 肩部水平内收肌群

目的
- 强化肩胛稳定性
- 强化肩膀部位
- 加强肩部的柔韧性
- 加强躯干的稳定性

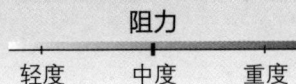

阻力

轻度 —— 中度 —— 重度

站姿手臂划圈

　　这项练习强调肩关节的控制和活动度。它是上一个动作抱树式的延伸，均需要在同样独特而平衡的站姿完成。但在这项练习中，肩部进行水平内收下后，双臂环绕至头顶并回到"T"字形位置。第9章当中的普拉提臂椅划圈练习与本项练习较为相似，可作为预备式。但凯迪拉克床需要练习者在无外力辅助情况下具备支撑身体的能力。这是普拉提练习循序渐进的本质所在：随着稳定性和内部支撑的要求变高，动作变得更具挑战性。

想象

　　想象手臂穿过厚重的凝胶，这种厚重感不需要太多，只需手臂划圈全程提供均匀的阻力即可。

变式练习

　　可反向转圈，改变肌肉工作模式。从"T"字形开始，将手臂抬起至头顶，双臂保持平行落回身体前侧。在身体前方相互平行地下移。当手臂位于正前方时，旋转手臂，使掌心相对，然后手臂打开划圈重回"T"字形。

☐ 动作开始时掌心朝前，当手臂位于身体正前方时旋转肩膀使掌心面向地板，做好向头顶上方举臂的准备。

☐ 划圈的幅度保持在眼睛余光范围内。

☐ 当手臂抬高到肩部位置以上时，避免肩胛骨上抬。

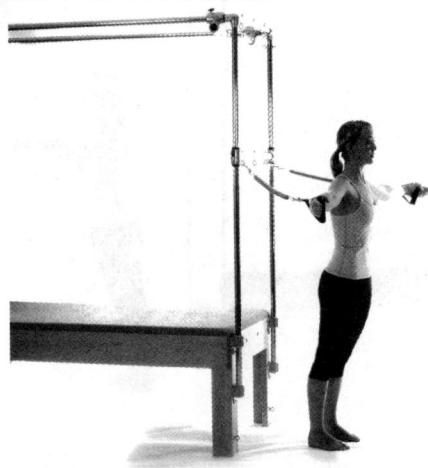

吸气。 站在离床约30厘米的位置，背对床体，滑动杆略高于肩部。身体轻微前倾，腹部肌肉收缩。将手臂向两侧延伸，双手展开或握拳握住带子。轻轻屈肘，掌心朝前，弹簧保持张力。

呼气。 双臂向中间收拢至相互平行，并与肩膀和谐对位。掌心相对。

吸气。 旋转手臂，使掌心朝向地板，后将手臂举过头顶。保持肩胛骨稳定，将手臂向外侧环绕到"T"字形位置，掌心朝前（开始时的位置）。

站姿臂拳式

这项练习可强化手臂与核心力量，对躯干稳定性要求很高。因为每次"出拳"时，身体都容易产生旋转的倾向。

想象

正如名字一样，这项练习如同打拳。想象前方有一个精确的点与肩部对齐，每一拳都打到这个点上。

☐ 着重于手臂的动作，躯干和肩带保持稳定。

☐ 全程手指始终朝向运动方向（如果保持握拳，拳头全程朝前方）。

☐ 手臂沿水平线移动。

变式练习

当身体达到较高程度的稳定时，可在"出拳"时增加躯干的旋转动作。这种旋转动作大大增加了"出拳"的力度，因为整个动作是通过躯干有力地旋转产生的，而不是通过手臂发力。

重点
- 肱三头肌
- 胸大肌

目的
- 强化肘伸肌群和肩部水平内收肌群
- 增强核心力量

阻力

轻度　　中度　　重度

吸气。站在离床约30厘米的位置，背对床体，滑动杆略高于肩部。身体保持轻微前倾，将双手放在肩部正前方。将肘部向两侧伸出，双手拉住带子，掌心朝下，手指指向前方。弹簧保持一定张力。

呼气。一只手臂向前伸直，然后弯曲这条手臂的同时伸直另一条手臂；双手在它们各自的运动路线的中途交汇。

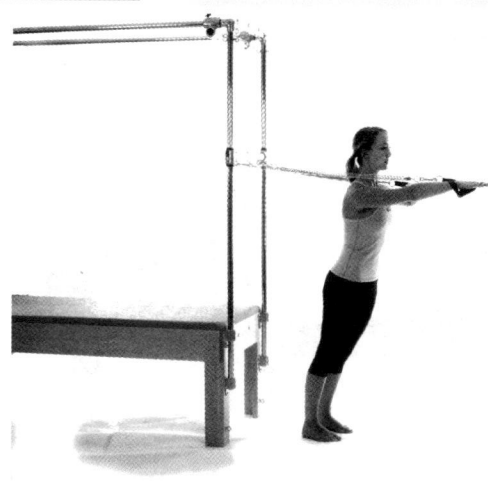

吸气。重复上述循环动作，每次呼吸做2 ~ 4次。

253

重点
- 肱二头肌

目的
- 强化肘屈肌群
- 拉伸肩部和胸部的前侧

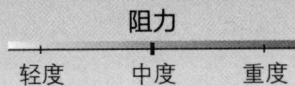

阻力

轻度　　中度　　重度

站姿肱二头肌练习

尽管本质上是标准的肱二头肌练习，这项练习当中手臂和躯干的位置还可带来其他益处。如果你在前面凯迪拉克床站姿手臂系列中强化了肩部水平内收肌群，那么在做这项练习时会明显感觉到胸部的横向拉伸。此外，二头肌的长头保持在完全伸展的位置，从而加强了二头肌的柔韧性，以独特方式强化二头肌的力量。

想象

可以将身体想象成一艘古船的船头雕像。手臂的每次弯曲都使胸部打开更多。在无肋骨前凸，且未过度伸展背部情况下保持挺胸向前的感觉。

☐ 保持肩伸幅度一致。

☐ 全程上臂保持不动，肩胛保持稳定。

☐ 两肘之间相互平行。

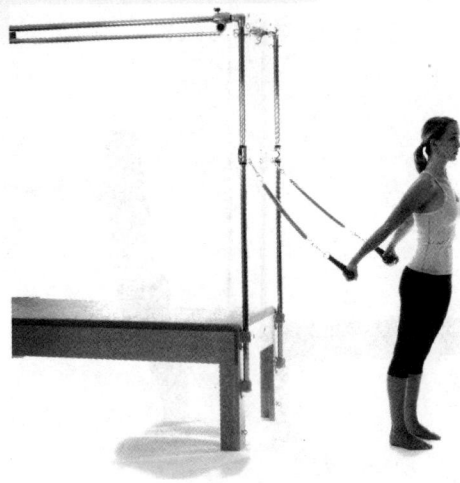

吸气。站在离床约 1.2 米的位置，背对床体，使滑动杆略高于肩部。身体保持轻微前倾。手臂置于身体后方，相互平行并伸直。双手握住带子，使肩部保持中立位。

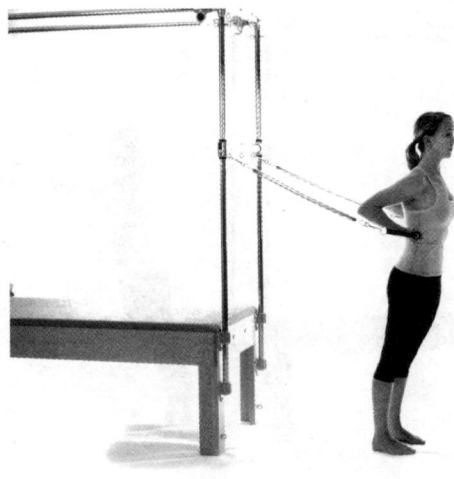

呼气。屈肘，保持上臂稳定。双肘与动作开始一样处于同一高度，并指向后方。

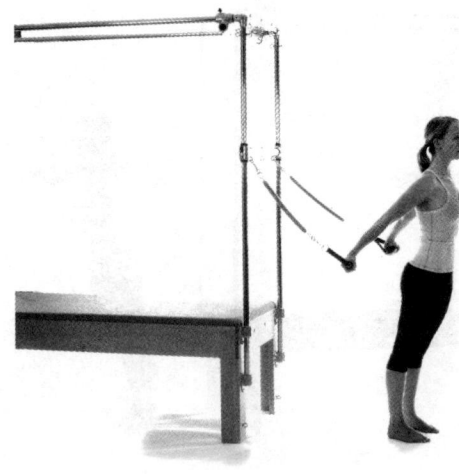

吸气。伸直双臂，回到起始位置。

蹲坐

蹲坐练习不仅挑战腿部力量，对上半身的要求更高。躯干要全程保持直立并确保身体中立排列，这使本项练习更具功能性的同时降低风险。常规的下蹲练习可能会给下背部带来过大的负荷。肱二头肌的等长收缩与腿部下蹲动作的结合可以增加肱二头肌、腿部、核心，特别是背伸肌群的力量。

这项练习需要肱二头肌大量做功，且站姿完成，所以被归为站姿手臂练习系列。但事实上这项练习可以锻炼到身体的许多部位，将其归为腿部练习、髋部练习或全身综合练习板块都不为过。它对于所有课程设计方案来说，都是一项极好的补充。

想象

为了保证躯干的良好排列，想象背靠墙上，身体贴在平滑的墙面上下移动。为了确保腿部正确排列以适应躯干的平滑运动，想象双腿分别置于两块垂直的玻璃板中间并上下滑动。

☐ 躯干挺直，脊椎保持中立位。

☐ 上臂保持稳定，相互平行的同时与地面亦保持平行。

☐ 保持腿部的正确运动轨迹。当屈膝和伸直时，膝盖不超过脚尖。

重点

- 肱二头肌
- 股四头肌

目的

- 加强肘屈肌群和膝伸肌群
- 加强膝盖控制
- 改善身体排列，并加强躯干的稳定性

阻力

轻度　　中度　　重度

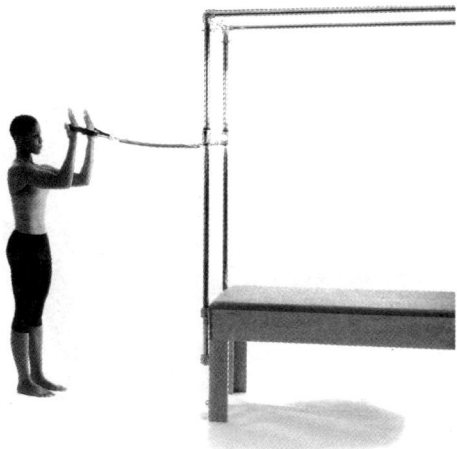

呼气。 面对床体站好，双腿平行。双臂伸直置于身前，与肩同高。双手控制住带子，保持轻微的弹簧张力，并将肘屈成90度。

吸气。 弯曲膝盖，使身体呈蹲坐姿势，手臂保持稳定，躯干挺直。

呼气。 伸直膝盖，继续保持稳定的手臂位置，并返回到起始姿势。做5~10次蹲坐，在最后一次重复之后，将手臂伸直。

重点
- 腹斜肌

目的
- 拉伸腹斜肌和下、中背部的肌肉
- 加强腹斜肌的控制

阻力

轻度　中度　重度

蝶式

这项复杂的练习有一个美丽的名字。它结合了侧屈与旋转，又运用了阻力与平衡元素。它的运动模式包含两个不同的阶段：侧屈，然后旋转。这种模式会出现在几项高级普拉提练习（包括垫上练习扭动）和许多体育活动（包括高尔夫球、排球和棒球）当中。

第一阶段的动作为纯粹的躯干侧屈，不包含手臂动作。手臂只需对抗弹簧向后的拉力而保持准确的"T"字形。之后为躯干的旋转。旋到最大角度时即手臂画圈到反向"T"字形，面对凯迪拉克床。最后反向运动，回到起始位置。

呼气。在离床约 30 厘米的位置背对站好，使滑动杆略高于肩部。身体前倾，手握拉力带，双臂保持"T"字形姿势。掌心朝前，弹簧保持轻微张力。

吸气。躯干向一侧做侧屈。

呼气。上半身旋转并屈曲，转向凯迪拉克床，上方手臂向下压（弹簧越过头部），另一只手臂下划并抬起，双臂再次形成"T"字形，此时"T"字形是面向床。手臂继续将弹簧拉到侧面和背面。

想象

　　这项练习的感觉就像是弹簧被卷起，然后再缓慢松开，类似于普拉提床美人鱼式的动态感。这两项较具难度的练习之间存在密切相关；找到它们之间的联系能有助于掌握这两项练习。当然，另一种想象方式即是它的名称：蝴蝶。

　　手臂在整个运动过程中向两侧伸展，感觉像是一对翅膀。

☐ 在调整骨盆位置以适应躯干旋转之前，使骨盆尽可能朝向前方。

☐ 弹簧始终保持一致的张力。

☐ 全程尽量打开手臂。

吸气。反方向回到侧屈姿势。

呼气。回到起始位置。

重点
- 腹内外斜肌

目的
- 强化侧屈肌群（上侧）
- 拉伸侧屈肌群（下侧）

阻力

轻度　　中度　　重度

侧抬

　　这并非经典的普拉提练习，而是由传统的动作演变而来的。它具备非常美妙的流畅度，强化躯干的侧屈肌群的同时十分具有观赏性，令人愉悦。

　　虽然理想状态是使身体保持一条直线，但实际可能需要将腿放在中心线稍靠前的位置以激活腹内外斜肌，也可有助于避免出现背伸肌群，特别是腰方肌抑制腹部肌肉工作的现象。通过骨盆上侧略微后倾也可达到相同效果。

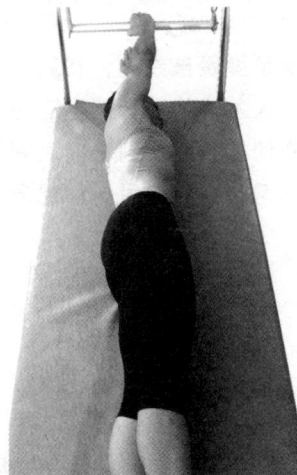

身体尽可能接近一条直线，保证肌肉的平衡使用。

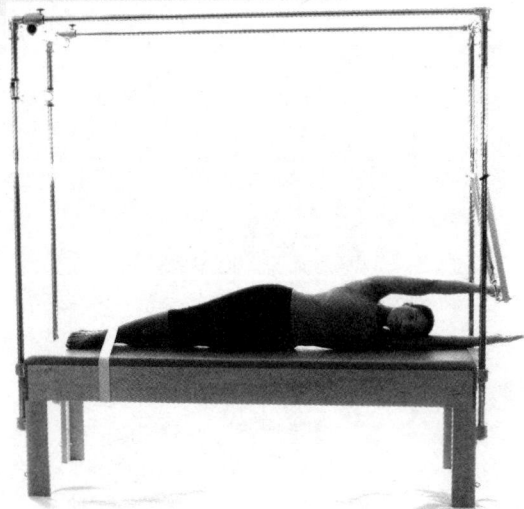

呼气。侧躺，双腿伸直，上侧腿位于下侧腿的前方。将脚放在床带的下方。下侧手臂举过头顶伸直，头靠在肩膀上。上侧的手臂也保持伸直，握住推拉杆。

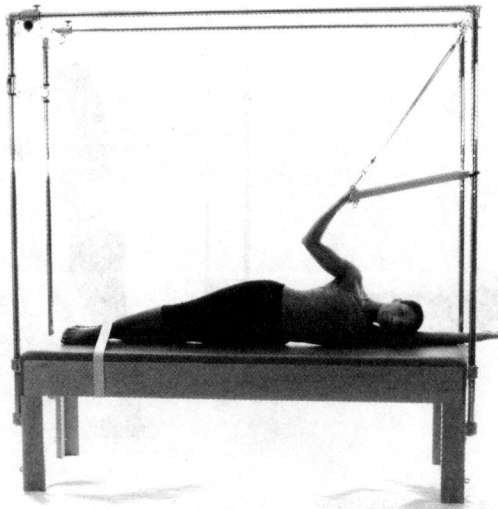

吸气。弯曲上侧的手臂，将推拉杆向床的框架内侧牵拉。

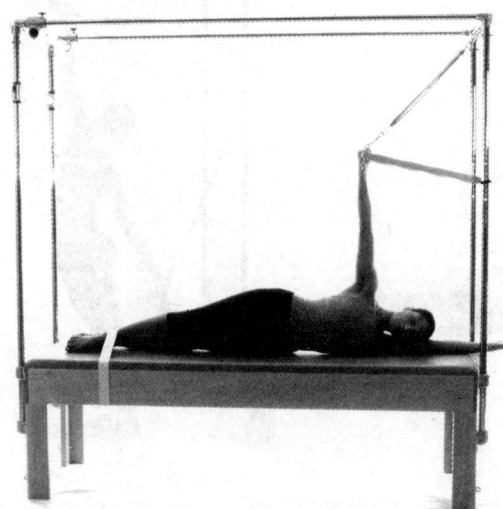

继续吸气，将上侧手臂向上伸直。

练习者倾向于利用握住推拉杆的手臂将身体上拉。为了避免这种情况出现，保持上侧手臂伸直，专注于从腰部开始抬起躯干。后将下侧手臂抬升到推拉杆的位置，并触碰推拉杆（或尽可能接近它）。这样可以对身体下侧进行良好的拉伸，并有效地锻炼上侧的侧屈肌群。下侧的侧屈肌群需要全程工作以帮助在身体中部形成支撑带，并提供稳定性。

想象

这个动作常使人联想到舞蹈编排，好像跳跃后身体在空中向上飞出去的感觉。

☐ 当躯干抬起侧屈时，握住推拉杆的手臂保持伸直。

☐ 全程保持运用腹部肌肉。

☐ 在冠状面进行运动，如同夹在两扇玻璃之间。

呼气。将躯干抬起至侧屈，下侧的手臂浮起，使之触碰推拉杆。

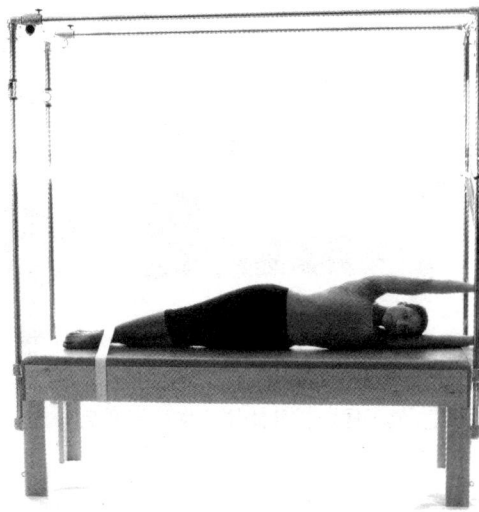

吸气。身体下落。

呼气。弯曲上侧手臂，然后将其伸直并举过头顶。回到起始位置。

重点
- 腹内外斜肌

目的
- 加强腹部控制
- 提高腹内外斜肌柔韧性
- 拉伸肩部内收肌群

阻力

轻度　　中度　　重度

侧伸

这项练习可以带来无与伦比的感受。它着重于拉伸躯干侧面和手臂后侧。为使拉伸最大化，全程保持腿部与骨盆的稳定。本练习的姿势十分独特，骨盆腰椎区域需保持屈曲以稳定骨盆，而上半身一侧侧屈，另一侧侧伸，展示出练习者对脊柱每个椎体乃至全身的控制。

想象

这项练习是一个向外侧和后侧扫动的动作，想象身体像一把大型折扇一样打开和关闭。还可以把身体和手臂的一侧想象成一个橡胶带，它由附着在手臂上的外力进行拉伸；当手臂上的力被移除时，身体和手臂则弹回中心位置。

☐ 手臂向后伸时，骨盆腰椎保持稳定。

☐ 将脚跟压在床杆上，特别是伸出侧的脚跟。

☐ 手臂向后伸时掌心朝向天花板。

吸气。面朝推拉杆坐直。双脚抵在床杆上，手握推拉杆，与肩同宽。保持手臂伸直。

呼气。躯干屈曲，身体拉住推拉杆向后倚靠，双脚抵住床杆。

吸气。在保持腰部屈曲的同时，松开一只手，并将其向外侧尽量地向后延伸，掌心向上，以达到拉伸最大化。

呼气。回到之前的姿势，将手放回到推拉杆上并加深脊柱弯曲。

吸气。伸展脊柱坐直，回到起始姿势。

俯卧伸展 I

俯卧伸展 I 是凯迪拉克床背部伸展系列练习的基础动作，教授练习者在脊柱伸展时如何均匀分配压力而非集中在某处的基础原则。这是通过运用腹部肌肉与脊柱伸展肌来实现的，有助于避免下背部承受过多压力。此外，本练习还可以强化肩胛稳定与脊柱伸展之间的协调性。注意，全程需激活发挥支撑作用的肌肉组织，即使在重复动作的间隙也是如此。

想象

想象弓箭手的弓被拉开，然后再放松。这是一种很好的想象方式，可以帮助身体形成有力的拱形。始终不要完全释放能量；肌肉组织要全程保持张力，随时准备做功。

☐ 练习开始前将肩胛骨沿背部下沉。

☐ 全程运用腹部肌肉。

☐ 持续下压推拉杆，手臂伸直。

重点
- 背伸肌群

目的
- 强化背伸肌群
- 加强肩带和腹部肌肉的控制

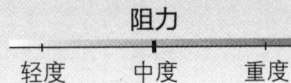

阻力

轻度　　中度　　重度

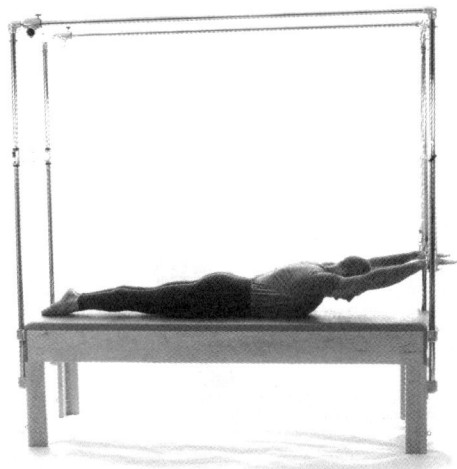

呼气。 俯卧，手臂伸直并越过头顶（前伸），将手臂放在推拉杆上。

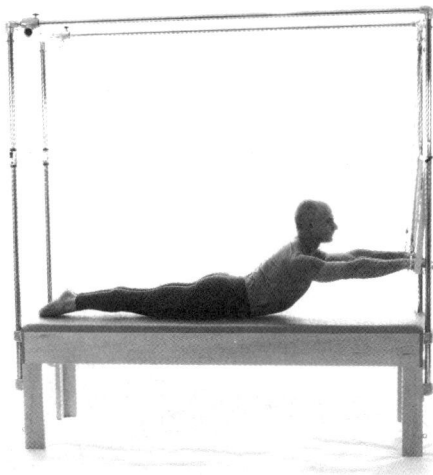

吸气。 抬起躯干，伸展脊柱，将手臂轻轻地压在推拉杆上。

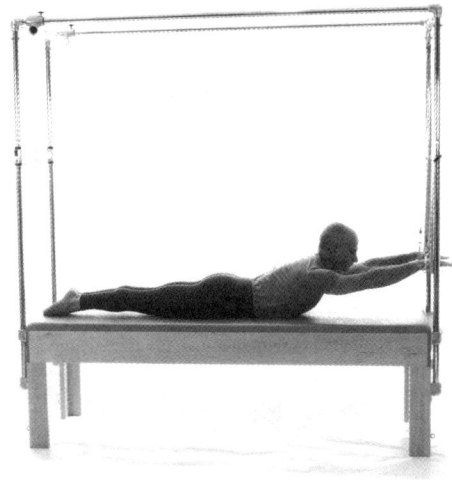

呼气。 降低躯干至起始位置。

重点

- 背伸肌群

目的

- 强化背伸肌群
- 加强肩部和腹部肌肉的控制
- 提高肩部的柔韧性

阻力

轻度　中度　重度

俯卧伸展 II

很少有练习可以像俯卧伸展 II 一样将脊柱伸展和肩带力量与柔韧性训练如此精致优美地结合在一起。尽管肩部拉伸与背部伸展是相关联的，它们应当被视为两个独立的动作。在伸展背部之前，要尽可能地拉

伸肩部。当躯干达到完全伸展时，要运用背伸肌群，而非依赖手臂或推拉杆来保持躯干的高度。

当反方向进行运动时，将推拉杆下压并将躯干降低至起始位置之前，再一次最大化地拉伸肩膀。

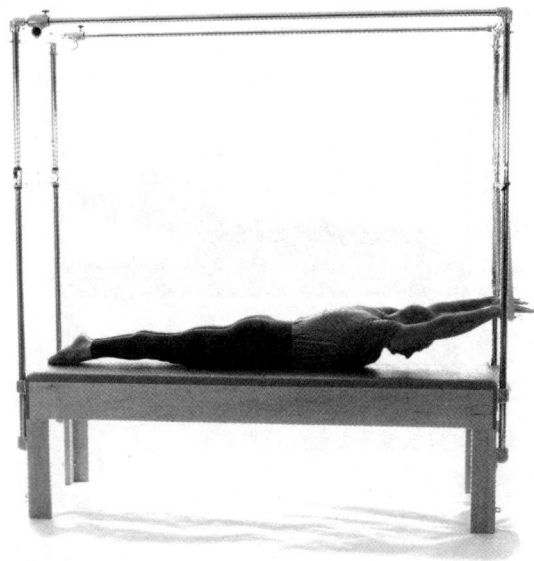

呼气。俯卧，手臂伸直并越过头顶（前伸），并将双手放在推拉杆上。

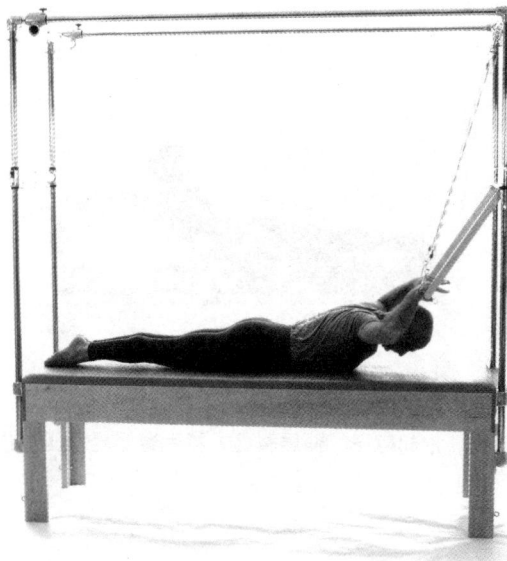

吸气。肘屈到两侧，使手臂位于头部后方。开始向上伸直手臂。

呼气。当手臂不能继续移动时，抬起躯干，继续伸直手臂，直到肘部和背部完全伸展。

262

想象

可以运用俯卧 I 当中拉弓和射箭的想象方式。但由于本项练习中身体会抬得更高，因此形成的弓形幅度更大。在充分伸展背部之后，开始降低躯干时，应有一种身体从肩膀处悬吊的感觉。

☐ 在躯干抬起做伸展之前使肩部拉伸最大化。

☐ 在第二阶段，先尽可能降低躯干以拉伸肩膀，后再将手臂拉回。

☐ 全程运用腹部肌肉。

吸气。降低躯干，保持双臂伸直和向上延伸。

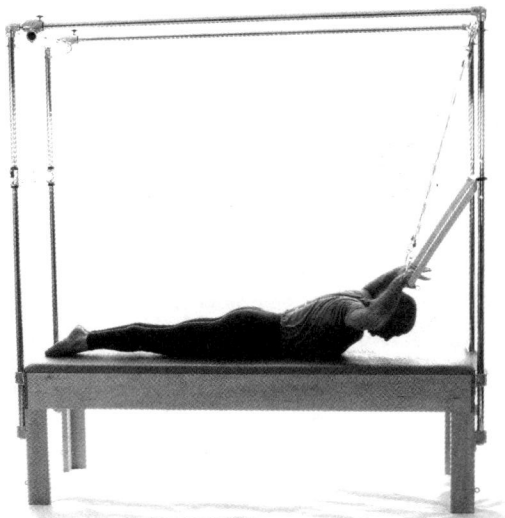

呼气。屈肘，降低躯干，将推拉杆下压，然后将手臂伸直并越过头顶（前伸），回到起始位置。

重点

- 背伸肌群

目的

- 强化背伸肌群
- 拉伸胸部肌肉
- 加强髋伸肌群的控制

阻力

轻度　　中度　　重度

后悬挂

这是项令人印象深刻且十分有趣的练习。虽然被归类为高级练习之一，但其实许多人都能够顺利完成。它包含了几个基本概念，例如脊椎分节运动、背部伸展时力的分布、肩胛骨稳定、腹部支撑以及背部伸展与髋部伸展之间的关系。

通常这项练习的重点集中于中背部，即肩胛骨之间与肩胛骨正下方。当保持平板姿势时，身体保持平直且平行于地面。保持骨盆腰椎的稳定，使胸椎伸展最大化。当胸椎完全伸展时，增加腰椎伸展，最后再进行髋部伸展。

手臂仅作为连接身体到横杆之间的杠杆。但肩部却起着至关重要的作用。良好的肩部功能是成功完成这项练习的关键。

头部与脊柱保持对齐。避免在悬挂姿势下过度伸展颈椎使头部过于靠后。这样会造成颈部紧张。相反，应该保持头部延伸感，颈部形成缓和的弧形。

吸气。手臂伸直，握住床的横杆。将两脚放在秋千架上，足背屈并外旋，以勾住弹簧（出于安全）。身体悬挂时尽可能使脊柱保持中立位置。

呼气。脊柱分节上卷至平板位置，身体保持中立排列，与床平行。

想象

在这项练习当中，想象身体的能量线会非常有帮助。在身体悬挂的起始姿势，想象有一条能量线穿过腿部，而另一条则穿过躯干。这两条能量线在骨盆处汇聚，形成一个"V"字形。在向后悬挂姿势，想象有一根长长的能量线从脚部延伸到骨盆，然后通过躯干和头部，轻轻弯曲成弧形，与身体的弓形保持一致。

☐ 在悬挂的起始姿势，使尾椎骨靠近床面。

☐ 在开始动作之前，保持肩胛骨的稳定。

☐ 收缩腹部肌肉，使脊柱深度弯曲，然后开始运动。

☐ 在腰部和髋部伸展之前，使中、上背部伸展最大化。

☐ 在最终姿势时，使头顶朝向床面。

吸气。进一步延伸脊柱，最大化地拉伸胸部。延伸腰部和髋部，从肩膀处进行旋转，双臂保持伸直。

呼气。回到平板姿势，然后使脊柱向下进行铰链运动，使身体回到开始时的"V"字形姿势。

265

7

稳踏椅

我对稳踏椅怀有特殊的感情。总是惊叹于它的天才设计——一个自带四个弹簧不起眼的箱子为身体练习提供了无限可能。在商业广告出现的初期，约瑟夫·普拉提先生骄傲地向世人展示了它的用途。虽存在争议，稳踏椅仍被认为是第一件家用健身器材。然而即使在今天，也极少有健身器材能够与稳踏椅的功能媲美：它可以针对身体的每个部位，在不同的训练阶段提供数百种练习方式。有趣的是传统的稳踏椅还可以作为一种家具来使用。

稳踏椅使用起来并不轻松。它以其独特的方式突出了练习者身体的不平衡和弱点，这多少有些残酷。但与此同时，它又为练习者提供了无限的可能性以解决这些问题。稳踏椅非常适用于增强体能，并提升运动表现，在许多方面比其他运动器材，甚至其他普拉提器械的功能更强。例如，当在稳踏椅上进行足部练习时，身体处于直立坐姿，与普拉提床或凯迪拉克床相比，身体需要更多稳定性。而身体保持直立与日常运动模式更接近，从而使练习更具功能性。

然而由于设计问题，稳踏椅上进行的练习通常幅度较小。因此，做足部练习时使用垫子或小盒子来抬高身体可能对练习者更加有利，同时也增大了关节的活动范围。此外，稳踏椅提供的四肢屈曲练习远远少于伸展练习。只要了解这些可能存在的缺点，稳踏椅简直就是必备的锻炼器材。

我有幸从凯瑟琳·斯坦福·格兰特那里了解到稳踏椅的妙用。虽然在见到凯瑟琳之前我就已经使用过它，但是这名资深老师让我真正认识到了稳踏椅的独特性。凯瑟琳是普拉提先生早期的学生之一，也是得到普拉提先生亲授教师资格认证的两名学员之一。开始时稳踏椅并不受追捧，是凯瑟琳为稳踏椅的重获新生做出了极大贡献。20世纪90年代初稳踏椅已广受世人瞩目，目前它可能是普拉提工作室和健身房中最受欢迎的器械之一，并常被用于大型团体课程。

回忆起当年见到凯瑟琳时的场景，历历在目。天真的我主动要求在稳踏椅上做几个动作。那时我已经有些稳踏椅练习经验，而且已经练习普拉提12年。凯瑟琳尽管身材矮小，却帮助我改善了身体存在的代偿模式、保护机制、紧张和不平衡，这对我来说犹如重生。我这才意识到自己之前忽略了多么重要的东西。从前，我依靠强大的身体机能和运动技巧可以做出很漂亮的动作，然而这只是动作的表面。稳踏椅上的练习经历让我明白了内部运动的意义，并为我的教学指明了新的方向。我必须回到起点，重新学习并探索每一项练习。

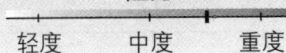

双脚平行－脚跟与双脚平行－脚趾

稳踏椅上进行足部练习时，足部姿势与普拉提床和凯迪拉克床上的相关训练一致，不同之处在于躯干和腿部的姿势。在稳踏椅上，躯干处于直立坐姿，腿部朝地板向下推动。有趣的是，在三种器械上进行足部练习时，腿部会朝着三个不同的方向运动，即水平方向（普拉提床）、向上（凯迪拉克床）和向下（稳踏椅）。每个方向的运动都具有其独一无二的优点，不同的肌肉运动模式相结合能够产生更好的效果。

在稳踏椅上所做的腿部运动更像泵水动作，活动度相对较小，而在普拉提床和凯迪拉克床上膝盖可完全伸展。在稳踏椅上做足部练习时通常会感受到更多股四头肌的工作，动作完成后常会出现一种令人愉悦的颤抖的感觉，姑且称之为"稳踏椅腿"吧。

想象

在凯迪拉克床上做这项练习感觉就像是将腿部作

双脚平行－脚跟前视图   双脚平行－脚趾前视图

为支柱，支撑着天花板；在普拉提床上的感觉就像是沿水平线推动墙面。而在稳踏椅上做这项练习时，感觉脚踩在地板上，每次伸展腿部身体都会长高，直到有一种在椅子上方悬浮的感觉。

☐ 全程伸直躯干并保持稳定。

☐ 在脚跟位置时，利用脚跟向下推动。

☐ 在脚趾位置保持跖屈。

重点

- 股四头肌
- 腘绳肌

目的

- 强化膝伸肌群
- 加强髋伸肌群的控制
- 加强躯干和骨盆的稳定性

阻力

轻度 ——————— 中度 ——————— 重度

吸气。直坐在稳踏椅的前部，指尖置于椅子后侧，肘屈并后伸。将脚跟或脚趾置于脚踏上，双腿平行。练习开始时大腿平行或稍高于地面。

呼气。双腿下压，使脚踏向下直到将要触碰底座为止。

吸气。抬起双腿，使脚踏向上至起始位置。

269

重点

- 股四头肌
- 腘绳肌

目的

- 强化膝伸肌群
- 加强髋伸肌群的控制
- 加强躯干和骨盆的稳定性

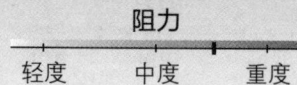

阻力

轻度	中度	重度

双脚"V"字形－脚趾

与之前练习一样，只需双脚平行时将后脚跟并拢即可形成"V"字形。全程需积极并拢脚跟，从而激活髋外旋肌群与内收肌群。在这项练习中，由于大腿的外侧压在椅子上，活动范围会进一步减小。保持跖屈，以保证全程阻力一致，否则会因为脚后跟下落从而释放弹簧张力。保持所有的脚趾都踩在脚踏上。

想象

想象青蛙跳跃对这项练习非常有帮助，而身体直坐的姿势会使想象的感觉更加真实。

☐ 身体坐直并保持稳定。

☐ 肘部轻微弯曲并朝向后方。

☐ 全程保持跖屈。

双脚"V"字形，脚跟并拢的前视图

吸气。在稳踏椅前部坐直，手臂置于身体两侧，手指伸向地板。将脚趾置于脚踏上，脚跟并拢呈"V"字形。练习开始时大腿平行或略高于地面。

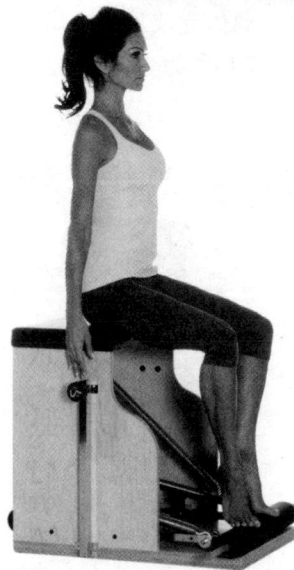

呼气。双腿下压，使脚踏向下直到将要触碰底座为止。

吸气。抬升腿部，使脚踏向上至起始位置。

双脚"V"字形张开式－脚跟和双脚"V"字形张开式－脚趾

与普拉提床和凯迪拉克床相比，稳踏椅的脚踏杆较窄，因此宽"V"字形也偏窄，但它对髋外旋肌群与内收肌群的锻炼效果是一样的。

想象

想象一条能量线的存在。感觉双腿牢牢压在地上，同时躯干从头顶向上延伸。如果将双臂举过头顶，会产生肩部能够支撑起整个世界的感觉。

☐ 身体坐直并保持稳定。

☐ 肘部轻微弯曲并朝向后方。

双脚"V"字形张开式－
脚跟前视图

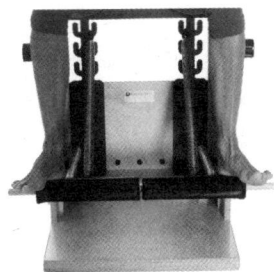

双脚"V"字形张开式－
脚趾前视图

☐ 足部全程保持跖屈。

重点
- 股四头肌
- 腘绳肌

目的
- 强化膝伸肌群
- 加强髋伸肌群的控制
- 加强躯干和骨盆的稳定性

阻力

轻度　　中度　　重度

吸气。 在稳踏椅前部坐直，指尖置于椅子后侧，肘屈并向后伸。将脚跟或脚趾置于脚踏两端，两腿分开，髋外旋程度与V形姿势一致。练习开始时大腿平行或略高于地面。

呼气。 双腿下压，使脚踏向下直到将要触碰底座为止。

吸气。 抬起腿部，使脚踏向上至起始位置。

271

重点

- 跖屈肌群（小腿）

目的

- 强化小腿力量
- 拉伸小腿和髋屈肌群

阻力

轻度　　中度　　重度

提踵

　　这个姿势诠释了多方位全身综合练习的概念。锻炼的目标是发生动作一侧的小腿，同时挑战躯干稳定性，并拉伸另一侧的髋屈肌群和小腿，甚至激活肩部稳定肌群。这项练习不仅强调正确的足部排列，骨盆和躯干的排列也至关重要。

想象

　　这项练习中身体保持斜线的姿势容易让人联想到跳台滑雪运动员沿斜坡飞行的情形。此外，完全独立的足部运动就像是在踩踏汽车油门一样。

- ☐ 骨盆保持水平。
- ☐ 保持腿平行而非外旋，站立腿的脚跟压在地板上。
- ☐ 充分利用踝关节的活动度，从完全跖屈变换到完全背屈。

吸气。 面朝稳踏椅站立，躯干稳定呈一条斜线，双手牢牢扶住椅子前侧的两端。将一只脚的脚趾置于脚踏上，将脚踏部分下压。将膝盖下方牢牢顶在椅子的前缘。站立腿伸直，置于离稳踏椅较远的位置，脚跟压在地板上，与躯干一起形成一条斜线。

呼气。 跖屈，压低脚踏。

吸气。 足背屈，使脚踏上抬。

单腿脚跟和脚趾式

这项练习具备在其他器械上进行的单腿练习的所有优点和好处。保持直立坐姿对身体稳定性更具挑战，身体的各项潜在弱点、不平衡和代偿都会变得明显。稳踏椅可以在加强和改善腿部功能的同时强化躯干稳定性，在这方面很少有其他健身器械能够超越它。

想象

这项练习让人想起发动老式摩托车的动作（当然可能年轻人无法体会这种感觉），同时使身体的其他部分保持稳定。

□ 两块坐骨承受相同的重量。

□ 躯干保持稳定，避免其在腿部下压时发生旋转。

变式练习

如果你很难使单腿平行于地面，那么可以将这条腿的膝关节稍加弯曲。如果做起来依然困难，并且无法使身体保持稳定或将腿部维持在空中，那么可以在腿部下方放置一个直径大约为65厘米的健身球。

重点
- 股四头肌
- 腘绳肌

目的
- 强化膝伸肌群
- 加强髋伸肌群的控制
- 加强躯干和骨盆的稳定性

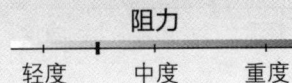

阻力

轻度　中度　重度

□ 保持支撑腿的绝对稳定。

单腿脚跟练习的下压位置。通常，先做脚跟练习，再做脚趾练习。

吸气。 在稳踏椅前部坐直，指尖置于椅子后侧，肘屈并向后伸。将一条腿的脚跟或脚趾踩在脚踏上。另一条腿向前伸直与地面平行。练习开始时大腿平行或略高于地面。

呼气。 双腿下压，使脚踏向下直到将要触碰底座为止。

吸气。 抬起腿部，使脚踏向上至起始位置。

273

重点

- 腹部肌肉

目的

- 加强腹部控制
- 加强肩胛的稳定性
- 增加腰部柔韧性

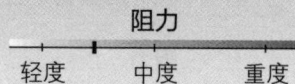

阻力

| 轻度 | 中度 | 重度 |

站姿屈体

站姿屈体类似于垫上动作向下卷动，不同之处在于弹簧的支撑有助于减轻身体在向下卷动时，特别是在腿部伸直情况下，对脊柱造成潜在的压力。这项练习的初级版本为后面的腹部练习奠定了基础——之后动作的难度和挑战性会逐渐增加，并且都在类似的屈体姿势进行。屈体姿势需要躯干进行深度屈曲，并需要充分的肩部稳定性。

想象

屈体练习的所有版本及其变体式（在各种器械上包含多项练习）都需要屈曲脊柱，像是将身体折叠成两部分，将大腿和骨盆贴近躯干和头部。想象跳水运动员在空中做出有力的屈体姿势是非常好的提示。

☐ 腰椎屈曲最大化。

☐ 肩胛骨保持稳定。

☐ 膝盖伸直，双腿与地面垂直。

呼气。 面向并靠近稳踏椅站直，双腿平行。向下卷动身体，将手置于脚踏上，肩膀在双手上方。

吸气。 身体向下压，将脚踏压向地板。

呼气。 向上卷动，加深脊柱弯曲，并使脚踏上抬。弹簧保持轻微的张力，然后再次向下压。重复 5 ~ 10 次。

最后一次呼气时，身体向上卷动至起始位置。

猫背伸展

与稳踏椅站姿屈体、全屈体一样，作为腹部练习系列之一，猫背伸展也强调脊椎的深度屈曲。但除此之外，这项练习还包含脊柱伸展，并体现了脊柱屈曲与伸展之间微妙的相互作用。在脊柱伸展阶段，头朝地面，肩部屈曲180度，尽可能使头部与躯干和手臂形成一条直线。同时，尽量使髋部位于膝盖上方，大腿保持垂直，以确保动作发生在脊柱位置，而并非整个身体前后摇动。随着脚踏上抬，保持躯干的深度屈曲姿势。

想象

这项练习的名称就可以说明一切——身体姿势、微妙的脊柱分节运动、柔韧性和控制力，没有比伸懒腰的猫更好的想象方式了。

☐ 全程保持髋部与膝盖对齐。

☐ 保持头部与脊柱排列。

☐ 在脊柱伸展过程中，保持头部朝向脚踏方向。

重点
- 腹部肌肉
- 背伸肌群

目的
- 加强腹肌和背伸肌群的控制
- 拉伸下背部
- 加强肩胛的稳定性

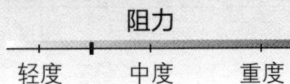

阻力

| 轻度 | 中度 | 重度 |

呼气。 跪在稳踏椅前侧，面向脚踏，身体挺直，髋部位于膝盖的正上方。向下卷动，将手放在脚踏上，肩部位于手部上方。

吸气。 身体向下卷动将脚踏压向地面，伸展脊柱并使头部位于双臂之间。

呼气。 向上卷起，使躯干弯曲至脊柱深度屈曲，髋部保持在膝盖上方，同时脚踏抬起。重复5~10次。

最后一次呼气时，身体向上卷动至笔直跪姿，然后将双臂举过头顶，在身体两侧划圈，之后回到起始位置。

275

全屈体

重点
- 腹部肌肉
- 前锯肌

目的
- 加强腹部控制
- 加强肩胛的稳定性
- 强化肩带

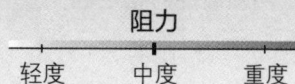

阻力

轻度　中度　重度

很少有练习可以像全屈体一样能够体现出超高的肌肉协调和整合能力。即使对于身体最强壮的人来说，几乎所有的练习也都是有意义的，关键是要去理解其深刻含义。仅在一旁观看是无法了解动作强度的，亲身体会则是另外一回事。全屈体可以引导练习者找到腹部深层肌肉运动这一重要的感觉，这是大多数练习所不能企及的。这项练习必须采用较轻的弹簧；否则会过度依赖弹簧助力而非腹部肌肉。除此之外，如同做手倒立一样，手臂需要大量做功。全屈体练习充分体现了体操对普拉提练习的影响。

想象

想象身体上浮至悬停的感觉——这种感觉仅在身心状态良好并相互协调时才会出现。

☐ 腰部屈曲最大化。

☐ 保持肩部位于手部上方，保持头部与脊柱，头顶朝向椅子方向。

☐ 保持跖屈。

吸气。 面朝稳踏椅站立于脚踏上，双手置于椅子后侧的两端。使肩膀与手部对齐。肩胛骨保持稳定，弯曲躯干，形成稳固的屈体姿势。

呼气。 进一步屈曲脊柱，使脚踏最大限度地上提。

吸气。 下压脚踏（但不接触地面），保持屈体姿势。

后压式坐姿

这个练习中需要双腿稳定不动，视躯干作为一个牢固的复合整体。因为动作发生在髋关节处，所以控制髋屈肌群是十分重要的。但训练的重点应当是腹部肌肉和背伸肌群同步收缩以保持躯干稳定，整个动作需要极高的精准度与很强的肌肉活动协调性。对于高级腹部练习（如不同器械上各个版本的"V"字形悬体）来说，这是一项很好的预备动作——尽管有些人可能发觉这项练习对身体要求更高。手臂的置放位置使肩部和胸部在躯干下压的同时可以得到很好的拉伸，许多练习者可从中受益。

想象

在做这个动作时常使人联想到吊桥——运动开始时吊桥放平，然后从中点处进行铰链运动；将桥的一个部分整体抬起，其余部分（腿部）保持不动。

变式练习

如果你觉得这项练习的难度过大，并无法保持躯干稳定或无法使腿部与地面平行，则可在腿部下方放置一个直径大约为 65 厘米的健身球。这样可以减轻腿部和髋关节的负荷，并更容易运用腹部肌肉和背伸肌群来保持躯干排列。

☐ 保持双腿稳定并平行于地面。

☐ 全程保持腹部肌肉与背伸肌群的同步收缩。

☐ 保持头部与脊柱的排列。

☐ 保持肩部稳定并外旋。

稳踏椅
全身综合练习
高级

重点
- 腹部肌肉
- 背伸肌群

目的
- 强化腹部肌肉和背伸肌群
- 拉伸肩部和胸部
- 加强髋屈肌群的控制

阻力

轻度	中度	重度

呼气。面朝前方坐于稳踏椅上，双手置于脚踏上，指尖朝后。肩膀与双手对齐。双腿向前伸直，使之平行于地面，躯干保持中立位，呈一条斜线。

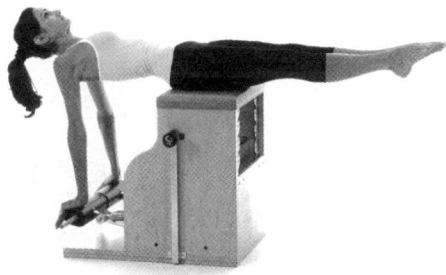

吸气。将脚踏下压，躯干下沉呈仰卧姿势与地面平行，

呼气。抬起躯干，使脚踏回到起始位置。

重点

- 肱三头肌
- 肱二头肌

目的

- 加强肘伸肌群和肩屈肌群
- 加强躯干的稳定性
- 强调肩部下沉

阻力

轻度　　　中度　　　重度

坐姿-肱三头肌练习

坐姿肱三头肌练习会教会人们所谓"下沉"这一基础概念。除了躯干排列与稳定以外，肩胛的稳定性也至关重要。这项练习结合了肩部屈曲（着重肱二头肌的长头）和肘部伸展（着重肱三头肌）。

我通常的做法是引导练习者在开始时耸肩，肩膀朝耳朵的位置提起，然后下沉，以激活肩胛下压肌群，特别是斜方肌下束。注意要保持手臂伸直（在肌肉动作方面，典型的耸肩是运用斜方肌上束积极上提肩部。而本项练习正好相反）。在躯干和肩胛能够保持稳定之后，肱三头肌练习方可正式开始。

想象

想象躯干抬离地面，而不只是伸直手臂。背伸肌群的参与和想象肩胛骨沿着背部向下滑动的画面是成功完成本项练习的关键。

☐ 保持手肘相互平行并后伸。

☐ 肩胛骨保持稳定。

☐ 躯干挺直并保持稳定。

吸气。直坐在高度为 15 ~ 30 厘米的小箱子上，背对稳踏椅，双腿并拢，屈膝，双脚固定在地板上。双手放在脚踏上，手指朝向身体，肘屈并向后伸。

呼气。手肘伸直，将脚踏下压。

吸气。屈肘，脚踏上抬。

俯卧－肱三头肌练习

这是一项可以教授练习者如何正确精准完成俯卧撑的练习。必须注意两个部位。一是骨盆腰椎部位。与经典俯卧撑相比，本练习中稳踏椅对腰椎部位提供支撑，身体不易塌陷。二是肩胛部位，容易出现内收、上提或翼状肩胛。做俯卧撑时人们往往会忽略肩胛骨的正确位置，这是非常错误的。实际上，躯干和肩胛必须保持稳定，动作仅发生在手臂，只需轻微调整肩胛位置。

个人建议开始时保持双臂平行，在脚踏上抬时，手肘靠近身体两侧，相当于利用肱三头肌做俯卧撑。

想象

尽管全程只有脚踏在上抬下压，但是应视身体为一个稳定的单元，整体上下运动。

☐ 保持身体稳定并平行于地板。

重点
- 肱三头肌

目的
- 强化肘伸肌群
- 加强躯干和肩胛稳定性

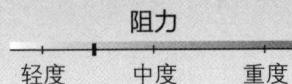

阻力

轻度　　中度　　重度

变式练习

可以在脚踏上抬时，将手肘向外侧打开。在这种情况下，它更像是由胸部带动的俯卧撑。

☐ 避免肩部内收和上提。

呼气。 俯卧在稳踏椅上，双腿伸直并拢，将手部放在脚踏上。双手位于肩膀的正下方，双臂伸直。整个身体平行于地面。

吸气。 屈肘向身体两侧靠拢，使脚踏抬高。

呼气。 伸直手肘，下压脚踏。

重点
- 肱三头肌
- 肱二头肌

目的
- 强化肘伸肌群和肩屈肌群
- 加强躯干和肩部稳定性

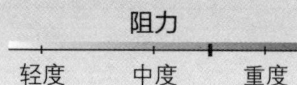

阻力

轻度　　　中度　　　重度

后向伸展

这项练习常让人想起健身房中常见的肱三头肌下压动作。背朝椅子做手臂下压加大了动作强度，需要强大的肌肉力量、身体控制、身体意识和肌肉整合。与稳踏椅坐姿肱三头肌练习（针对这项练习的一项很好的预备练习）一样，良好的躯干排列、身体稳定以及良好的肩胛稳定性都很重要。这项练习包含了肩部屈曲动作（着重于三角肌前束、肱二头肌的长头）和肘部的伸展（着重肱三头肌）。练习应从肩屈肌群开始，然后是肘伸肌群。

身体必须保持与地面垂直，且与脚踏对齐，并位于铅垂线上。如果将身体后倾并使肩部位于手柄上方，动作难度会大幅降低，但会失去一些重要意义。正确完成这项练习不仅可以极好地强化上半身的力量，同时还能改善躯干和肩胛的稳定性，并加强背伸肌群的控制。练习正式开始前，要先使肩胛下沉。手柄高度的设置取决于肩部的柔韧性。理想状态是手肘屈曲后上臂与地面可以平行。遗憾的是有些稳踏椅并未配备手柄，无法完成此项练习。

想象

在理想情况下做这项练习应当毫不费力，仿佛力量是从脚踏下方产生而并非手臂，身体应有悬浮的感觉。

- ☐ 保持手肘朝后且相互平行。
- ☐ 肩胛骨保持稳定。
- ☐ 保持躯干挺直稳定。

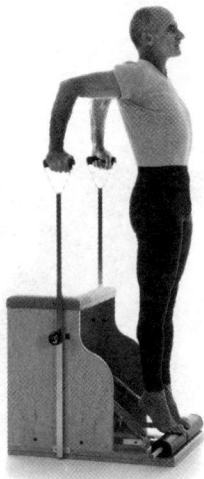

吸气。 背对稳踏椅在脚踏上站直，双手置于手柄上，手肘向后。

呼气。 肩膀屈曲并将手肘完全伸直，在下推手柄的同时抬高身体和脚踏。

吸气。 屈肘，将身体和脚踏落回到起始位置（不完全接触地板）。

腿部弯举

这是一项针对腘绳肌的非常有效的练习。全程身体可以保持稳定而舒适的姿态，背部不会存在过度伸展的风险（有些俯卧腘绳肌练习很容易造成背部紧张）。此外，练习者在稳踏椅上可以做单侧练习，当肌力存在明显的不平衡时，这会非常有帮助。

这项练习活动范围有限；它运用膝屈肌带动膝关节从 120 ~ 70 度屈曲。由于仅需完成膝屈动作，所以全程只会运用脚踏的上部；而脚踏下部如被下压至基座位置就需要髋伸展，这并非本练习的目的，因此不加采用。

想象

将脚后跟拉向坐骨时，想象有一根橡皮筋连接在脚后跟和相对的坐骨之间，以确保动作方向准确。当膝关节屈曲达到最大限度时（开始髋伸展之前），膝盖伸直，让脚踏缓慢上抬至起始位置，想象全程与橡皮筋的张力做对抗。

重点
- 腘绳肌

目的
- 加强膝屈肌的力量
- 加强骨盆腰椎的稳定性

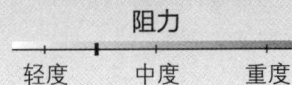

阻力

轻度　　中度　　重度

将后跟踩在脚踏上，双腿平行，屈膝

☐ 保持骨盆中立位。

☐ 仅做膝关节屈曲。

☐ 保持双脚稳定。

吸气。仰卧于地板上。脚跟置于脚踏上，双脚处于中立位置，两腿平行，屈膝约呈 120 度。

呼气。弯曲膝盖，将脚踏向身体方向下压约一半的距离。

吸气。脚踏上抬，回到起始位置。

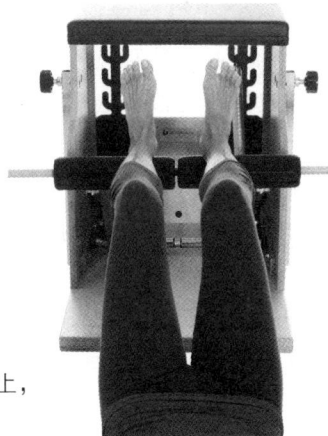

重点
- 腘绳肌
- 股四头肌

目的
- 加强髋伸肌群的控制
- 加强膝伸肌群的控制
- 加强平衡性

阻力

轻度　　　中度　　　重度

站姿腿部推举

这是一项提升腿部功能性运动的练习，同时改善身体平衡并强化膝和髋关节伸展相应的肌肉募集模式。单腿支撑、骨盆与躯干保持正确排列与单腿下压的动作组合强化了髋分离的能力，这正是功能练习的价值所在。

身体的排列是激活正确肌肉和确保运动成效的关键。为了挑战髋伸肌群，站立腿必须与稳踏椅保持足够远的距离，且动作必须从髋伸肌群而不是膝伸肌群开始。要避免离椅子过近与身体前倾的倾向——这样会改变运动模式，使重点转移到股四头肌，大大地降低动作挑战性。

想象

想象你在攀爬垂直的楼梯，同时身体保持完全挺直。要有在走太空步的感觉，但是要进行垂直而非水平方向运动。

☐ 从腘绳肌开始启动练习。

☐ 置于脚踏上的脚全程保持跖屈。

☐ 保持直立姿势，避免身体前倾。

吸气。在距离稳踏椅 30 ～ 60 厘米的地方站直。将一只脚置于脚踏上，并保持跖屈。手部在身体两侧保持 "T" 字形姿势。

呼气。髋伸，将脚踏下压。

吸气。将腿部抬起，控制脚踏回到起始位置。

前弓步蹲

前弓步蹲也是我最喜欢的练习之一。我已经利用这项练习帮助许多运动员改善了他们的跑步、跳跃、弹跳和整体表现。不论你的腿部多么强壮，如果不具备某些基本要素，你永远不可能成功完成这项练习，包括正确的肌肉激活模式、骨盆腰椎稳定、平衡、全身整合能力，以及髋伸肌群、髋外展肌群和膝伸肌群之间的最佳强度比。

肌肉激活的顺序是极为关键的，当身体向上移动使踏板上抬时，髋伸肌群开始工作。当后腿向上抬离踏杆时，启动髋外展肌群。最后当膝盖完全伸直时，激活股四头肌。保持良好的垂直排列是重中之重。应避免从一开始时就启动四头肌从而使身体前移。只要掌握了基本原则，便可以针对特殊人群与需求进行动作调整与改良。

想象

身体需保持悬浮感，想象从开始时就有一股力量自脚踏下方向上推你的身体，或空中一根绳子将你向上吊起。

☐ 按顺序激活肌肉：髋伸肌群，髋外展肌群，然后是膝伸肌群。

☐ 全程骨盆保持在稳定水平位置（特别是当脚从脚踏上抬起时）。

☐ 沿垂直线运动，避免身体前倾。

重点
- 腘绳肌
- 髋外展肌群
- 股四头肌

目的
- 强化髋伸肌群、髋外展肌群和膝伸肌群
- 加强骨盆腰椎稳定性
- 提高身体意识和排列控制

阻力

轻度　　　中度　　　重度

吸气。面朝稳踏椅站立，手扶椅子两侧进行支撑。将一只脚置于脚踏上，跖屈，然后下压脚踏。将另一只脚置于稳踏椅上，保持膝盖与脚踝的排列。身体站直，髋关节位于脚踏正上方，将双手放在脑后或身体两侧。

呼气。脚向下踩椅面，髋伸，随着脚踏上抬将腿部缓慢伸直。

继续伸直腿部，直到后脚抬离脚踏，完成膝盖伸展。

吸气。弯曲膝盖，将后脚重新置于脚踏上，并下压至前侧大腿平行于地板的位置（可在脚踏下方放垫子以防止脚踏过低，避免膝屈的角度小于90度。练习者如果较矮，则容易出现这种情况）。单腿重复5次，然后换另一侧进行。

283

重点
- 腹斜肌

目的
- 加强侧屈肌群的控制（特别是腹内外斜肌）
- 拉伸侧屈肌群

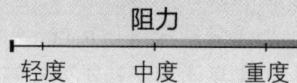

阻力

轻度	中度	重度

侧压

这是一项教授精准侧屈与良好排列的练习，为之后其他器械上更具挑战性的动作奠定基础。增加弹簧张力，可降低练习的难度；减少弹簧张力，动作则更具挑战性。从老师的角度来看，学生的身体位置很理想——方便给予提示与纠正动作。

想象

想象这是一项二维运动，身体夹在两块平行的玻璃板中间。这种想象方式可以防止身体前倾或后倾。

☐ 身体抬到最高处时与伸直的腿部和躯干呈一条斜线。

☐ 双腿和骨盆保持稳定，一只脚牢牢踩住地板。

☐ 从腰部区域开始动作。

变式练习

为增加负荷并加强躯干侧面肌肉和腋下的拉伸，可将上侧的手臂举过头顶，同时肩部向内旋转，手掌朝向天花板。

呼气。 侧坐在稳踏椅上，一条腿屈膝置于椅子侧端，另一条腿伸直，并与身体对齐成一条斜线，脚尖轻触地面。将下侧的手置于脚踏上，另一只手放在脑后。

吸气。 躯干侧屈，压低脚踏。

呼气。 抬起躯干，使脚踏升高回到起始位置。

基础天鹅式

与上一个练习一样，基础天鹅式也可通过少量增加弹簧张力来降低难度，或通过减小弹簧张力来增加难度。这种特点对解决背部问题意义重大，因为你可以对肌肉激活程度和躯干的运动范围视具体情况而进行调节。弹簧可以使身体以近乎被动方式在预定范围内活动，从而重塑神经肌肉模式。随着身体情况改善，可以逐步减少弹簧张力增加动作挑战性。

这项练习旨在帮助练习者了解脊柱伸展时腹部肌肉的重要作用以及如何在脊柱伸展时合理分担负荷，这具有十分重要的意义。通常情况下，腹部肌肉一旦被激活，躯干会有屈曲的倾向，这将直接导致躯干向上抬起时伸展主要出现在腰部区域，从而使腰椎负荷过量。这完全违背了训练的目的。正确的腹部活动应该为脊柱提供支撑，并与背伸肌群共同作用，使整个躯干形成一条长且分布均匀的弧线。

重点
- 背伸肌群

目的
- 强化背伸肌群
- 加强肩胛稳定性
- 加强腹部控制

阻力

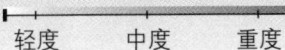

轻度　　　中度　　　重度

> **变式练习**
>
> 为降低难度，可以将脚放在健身球上，身体仍然保持在水平面保持排列，但足部得到支撑。如果仍旧无法完成动作，可以将脚放在地面上，弯曲膝盖，使大腿压在稳踏椅的后侧。

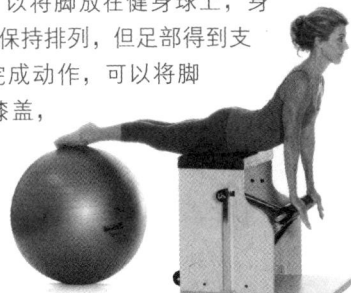

使躯干伸展。这种想象方式有助于使力分布于整个背部，并使躯干形成缓和的弧形，而不会造成腰椎的过度伸展。

☐ 全程保持腹部肌肉的收缩。

☐ 保持双腿平行于地面。

想象

想象脊椎的反向运动，从头部开始沿着脊柱向下

呼气。 俯卧在稳踏椅上，双腿伸直且并拢，同时平行于地面。双手置于脚踏上，使之位于肩部的正下方，手臂伸直。脚踏可能会轻微抬离底座。

吸气。 伸展背部，使脚踏抬起。

呼气。 降低至起始位置。

☐ 当身体抬起时，双手推住脚踏，伸展肩部。

8

普拉提桶

拥有独特外观的普拉提桶为练习者带来的体验也是独一无二的。与其他所有的普拉提器械一样，普拉提桶亦蕴含无限潜力。除了可以为各种不同水平的练习者提供主动和被动的背部伸展以外，它还可以使身体得到全方位训练。

普拉提桶主要分为两类：一种是高桶，也称为梯桶，它高出地面几英尺（1英尺约0.3米），并配备相同高度的梯子；另一种是置于地板上的小型桶，也称为脊柱矫正器。

此外还有更轻更便携的普拉提桶，可将它放在其他普拉提器械（如凯迪拉克床和普拉提床）上，并与这些器械结合使用，使练习更具创造性和多样性。

我更喜欢"阿瓦隆桶"——它的形状更适合不同体型的练习者，而且还配有弹簧。适当增加阻力可以使练习内容更丰富，身体获益更多。本章的练习既包括传统普拉提桶的使用，也包含阿瓦隆桶的变式介绍。

正如我在本书中所强调的，脊柱伸展对于强化背部力量和建立良好的姿态至关重要；然而，它却常常被人们忽略。普拉提桶是用于强化背伸肌群的特殊工具，同时也让练习者可以处在脊柱伸展位置被动放松身体，进行躯干屈曲肌群的拉伸。当在脊柱矫正器上进行体前屈腹部练习时，下背部可在中立位得到支撑。这对于无法做腰椎屈曲的练习者来说十分重要。

做侧屈练习时，普拉提桶也起到支撑躯干的作用，帮助强化肌肉力量与身体灵活度。除此之外，普拉提桶上还可以进行特殊的髋部和手臂练习、全身综合练习以及拉伸练习等。这些都是在其他器械上无法实现的。

传统的普拉提桶所运用的并非是弹簧阻力，而是重力。在决定动作的难易程度时，这一点必须考虑在内。我在桶上练习时常常加上脚踝或手部负重，从而增加力量训练的挑战程度或是增加灵活度练习的拉伸强度。如前所述，有些普拉提桶已经与弹簧相结合，为练习提供阻力。

我强烈建议在结束练习时，花几分钟时间来进行放松。仰卧在梯桶上，必要时用垫子来支撑头部。它能使你的身体拉长，使整个身体舒展开来。

本章介绍的练习并非按照训练顺序排列。通常，人们不会只在普拉提桶上完成一节课，而是要利用不同器械呈现一堂内容丰富的多模块综合课程。将练习分为不同的模块可以方便选择；例如拉伸练习分为一个模块、侧屈练习分为一个模块、背部伸展练习分为一个模块等。

很多学生常常不知道应当先选择梯桶还是脊椎矫正器等其他的桶。我认为先使用哪种都是可以的，因为无论哪一种普拉提桶，都为不同客户准备了相应程度的练习。

腘绳肌伸展

这是一项舒适且相对简单的腘绳肌拉伸练习。尽管在不同的器械上均可拉伸腘绳肌,但梯桶可以帮助身体保持最佳排列,从而使腘绳肌得到有效的拉伸。

想象

想象身体像铰链一样运动,躯干是上半部分,骨盆与下肢构成下半部分。站立的腿部和骨盆贴在梯子上,并保持稳定。将另一条腿放在梯桶上作为稳定结构的一部分。此时,躯干和骨盆作为一个整体向拉伸的腿部靠拢,然后再打开。

☐ 拉伸过程中一直运用背伸肌群,骨盆略前倾。

☐ 足背屈以强化拉伸。

☐ 最后身体抬起时,进一步伸展躯干。

吸气。 面朝梯桶,一条腿伸直并靠在梯子上。将另一条腿放在梯桶顶部,并尽量使其伸直(避免膝关节过度伸展)。手扶梯子,双臂平行,肩部外旋,且肘部向后。

呼气。 身体靠近拉伸腿,尽量保持背部平直。手臂伸直,下压梯子,同时将躯干进一步向腿部靠近。使脚部背屈以强化拉伸。保持这个姿势,持续 3 ~ 5 次呼吸。

吸气。 躯干抬起并回到起始位置。

重点

- 臀部肌肉

目的

- 锻炼臀部肌肉

臀肌拉伸

臀部肌群很容易紧张，且内部肌力常处于不平衡状态——臀中肌通常较弱，而臀大肌往往最强。任何不平衡的状况都应在综合训练计划引起重视。除了力量训练之外，有效的拉伸也是必不可少的。梯桶可以使身体在保持良好排列情况下实现拉伸最大化，动作往往让人倍感舒适。不过需要注意，这个姿势可能会对拉伸腿的膝关节造成很大的压力，特别是在髋关节紧张需要膝关节进行代偿的情况下。做这项练习时务必要谨慎，不要超过自身身体结构的限制。拉伸过程中不要忘记呼吸！

想象

与所有其他拉伸练习一样，必须保持除拉伸区域之外身体其他部位的稳定。想象被拉伸的部位像橡皮筋一样变软，并随着每一次呼吸不断被拉长。

☐ 拉伸过程中一直保持背伸肌群激活状态，骨盆略前倾。

☐ 靠近梯桶以强化拉伸。

☐ 最后身体抬起时，进一步伸展躯干。

吸气。 面朝梯桶，一条腿伸直并靠在梯子上。将另一条腿侧放在桶上，弯曲膝盖，髋部向外旋转。双手扶在梯子的顶部，手臂相互平行，肩部外旋，肘部向后。

呼气。 身体靠近拉伸腿，尽量保持背部平直。手臂伸直，下压梯子，同时将躯干进一步向腿部靠近，以强化拉伸效果。保持这个姿势，持续 3 ~ 5 次呼吸。

吸气。 躯干抬起并回到起始位置。

内收肌群伸展

这个练习与在扶手杠上进行的芭蕾伸展类似。当你将拉伸腿的髋关节外旋时，拉伸效果最好，这是舞蹈运动员们都熟知的道理。髋关节的旋转有助于保持骨盆水平而不会向拉伸侧上提。如果你对这个姿势不熟悉，请特别注意保持骨盆的正确排列，以免对关节——特别是髋关节和膝关节施加过度的压力。这项练习同时也会拉伸躯干上侧的侧屈肌群以及同侧的肩内收肌群。

想象

在做这项练习时，我喜欢使用许愿骨的想象方式，所拉伸的腿部与躯干形成许愿骨的两个分支。拉伸侧的脚和手应向同一方向尽量延伸，且拉伸到最大限度时，腿部和手臂应接近于平行。想象躯干上侧的髂嵴与下肋骨之间的区域打开并扩张。同时，拉伸侧腋窝下方的区域也保持打开，使手臂向头顶方向近一步延伸。在任何伸展练习当中都必须保持正确的呼吸模式，特别是在拉伸躯干肌肉时。想象呼吸到达上肺部，感受躯干的扩张，并控制肋骨适度张开。

重点
- 内收肌群

目的
- 拉伸髋内收肌群、腘绳肌、肩部内收肌群和躯干侧屈肌群

☐ 骨盆保持水平。

☐ 拉伸侧足背屈以加强拉伸。

☐ 避免躯干上侧的肋骨过度张开。

☐ 在最后阶段身体抬起时保持躯干延伸感。

吸气。单腿侧站，保持腿部伸直并与梯子平行。将另一条腿置于梯桶上，保持髋外旋，且腿部尽量伸直（膝关节不要过度伸展）。

呼气。将拉伸腿对侧的手臂伸展于该腿上方（左臂伸展于右腿上方，或右臂伸展于左腿上方），躯干侧屈。另一侧侧手臂（即伸展侧下方的手臂）握住梯子，同时将外侧手臂伸过头顶。保持这个姿势，持续3~5次呼吸。

吸气。抬起躯干并回到起始位置。

重点

- 腹斜肌

目的

- 强化躯干侧屈肌群
- 拉伸躯干侧屈肌群
- 加强躯干稳定性

侧压

这个练习与普拉提床：侧压十分相似，包含许多相同的原则，但使用梯桶还有两个额外的好处：一是练习者在梯桶上需要更好的身体平衡度，进而需要更深层地激活核心肌肉以提供稳定性；二是梯桶的形状可以使练习者做侧屈时保持侧面完美的排列，帮助其做侧面拉伸。

想象

开始时想象有一条直的能量线穿过从头到脚穿过身体，强调延长感。之后的侧屈与身体曲线和弹性有关。想象身体贴在梯桶上，如同一块柔软的布料。或者想象一根绿色的、嫩枝被折弯，然后缓慢地将其释放使之回到原有的直线型。为了提示躯干保持正确排列，想象身体在两块玻璃之间，所有动作只发生在冠状面。

☐ 保持手肘打开，手指交叉于脑后。

呼气。将骨盆一侧贴在梯桶上，将下侧的脚放在第一级横杆上。用上侧的脚勾住顶端横杆，用其脚跟压住下面横杆，保持髋外旋，屈膝。下侧腿与整个躯干形成一条斜直线，双手置于脑后。

吸气。将躯干落在桶上，头部与脊柱保持排列。

变式练习

准备式：一只脚抵住底部的横杆，另一只脚置于其后侧以使身体更稳定。躯干保持同样的一条斜线，之后将躯干落于梯桶上，再抬起。这项练习与侧屈练习侧压基本相同，但躯干有了更多支撑，更加稳定。此外，由于力臂较短，因此变式难度偏低。

☐ 开始动作前先激活内部支撑系统以稳定躯干。

☐ 上方的腿保持稳定，避免拉动勾在梯子上的脚。

☐ 在最后阶段身体抬起时，延长躯干使之形成一个大的弧形。

呼气。抬起躯干并回到起始位置。

背部伸展

在所有的背部伸展练习中必须全程运用腹部肌肉，这样可以保护背部，有助于募集正确的肌肉，使身体保持排列，并将负荷均匀地分布在整个背部。在设置梯桶时，要注意桶和梯子之间的距离：距离较近，则身体支点较低，力臂也会较长——在这种情况下，练习主要集中在下背部；如果要训练目标是中或上背部，则要将桶与梯子之间的距离设置较远，并将双脚置于梯子较低的位置——身体的支点将会升高，且力臂变短。基本上桶越靠近梯子，背伸肌群的负荷就越大，因为力臂会变长。反之则反。

想象

我喜欢想象反向的脊椎关节运动，将头部抬起，然后继续向下伸展脊柱，从中背部脊椎到腰椎再到骶骨逐渐进行伸展。专注于伸展，而不是高度，从头顶开始延伸。

重点
- 背伸肌群

目的
- 强化背伸肌群
- 加强躯干稳定性

变式练习

这个练习可以在阿瓦隆椅和梯子上进行。两者的最大区别在于，在梯桶上做练习时，双腿是处于稳固的基础之上的。过程中很可能双腿会做更多的功从而产生代偿。在阿瓦隆上做练习时，身体处于动态平衡；双腿由弹簧进行支撑，由于助力十分有限，所以更有助于激活内部支撑系统。这项练习会有效强化背伸肌群和髋伸肌群。

☐ 保持运用腹部肌肉，耻骨联合向前挤压。

☐ 头部与脊柱保持排列。

☐ 伸展躯干，直至腿部和躯干形成一条直线。

☐ 在最后阶段身体降低之前，延长躯干。

呼气。 俯卧，躯干贴在梯桶上。将脚尖置于第一横杆上，双脚呈"V"字形，脚后跟并拢，抵住第二横杆下方。双手置于脑后。

吸气。 抬起躯干，并伸展背部。

呼气。 降低躯干回到起始位置。

重点

- 背伸肌群

目的

- 强化背伸肌群
- 拉伸髋屈肌群
- 加强髋伸肌群的控制

天鹅式

天鹅式是普拉提练习中最具美感的动作之一，同时让人倍感舒适。作为高级背部伸展练习，对练习者力量、柔韧性和控制力均有高要求。这项练习成功的关键是充分利用膝、髋和肩部以及脊柱每一个椎体的活动度使全身进行有机整合。许多人只关注背部，特别是下背部。这样会对下背部产生剪力使身体发生折叠，而并非从膝盖经躯干再到指尖形成完美弧线。

在做这项练习时，腹部肌肉的使用十分关键，它能保护背部，使身体形成所需形态。天鹅式可以帮助许多体操运动员和舞者实现力量、柔韧性和控制之间的平衡（通常他们仅仅倚靠身体灵活度完成背部伸展）。注意，桶应相对靠近梯子，从而大腿可以压靠在桶上。此外，在伸展的最后阶段，重力会迫使你的身体进一步伸展，因此这项练习不仅难度大，而且具备潜在的风险。全程保持腹部的支撑是至关重要的。

想象

当完全伸展时，弧形的意象对于正确的运动模式和肌肉激活顺序是非常重要的。在许多背部伸展练习当中，我喜欢使用弓箭手的弓被拉伸到紧绷位置，并准备释放巨大力量的想象提示。

呼气。俯卧，躯干垂在梯桶上，大腿紧贴梯桶。将脚尖放在第一个横杆上，双脚呈"V"字形姿势，脚后跟并拢，抵住第二横杆下方。双手置于脑后。

吸气。抬起躯干，并伸展背部，使躯干与腿部形成一条斜线。

呼气。将手臂伸直举过头顶，与耳朵保持对齐，从手指到脚趾形成一条长长的直线。

□ 保持运用腹部肌肉，耻骨联合向前挤压。

□ 弯曲膝盖，躯干呈弓形，髋部保持伸展。

□ 从髋部到躯干使背部保持均匀伸展，增加肩部屈曲动作以使整个身体形状完整。

□ 头部与脊柱保持排列。

吸气。身体朝天花板抬升，画一个大大的弧形，并准备最大限度地伸展身体。

继续吸气，弯曲膝盖，使大腿进一步压在梯桶上。将髋部伸展至最大限度，并将躯干和手臂朝后拉，使它们平行于地面或尽可能接近于平行。

呼气。抬起身体，双手伸向天花板，然后回到长斜线姿势。

吸气。将双手置于头部后方。

呼气。降低身体，回到起始位置。

重点
- 腹部肌肉
- 肩伸肌群和肩屈肌群

目的
- 加强腹部控制
- 拉伸腹部和肩部肌肉

梯桶伸展式

这项练习很好地诠释了脊柱深度屈曲和脊柱伸展之间的相互作用，同时对肩部进行有效拉伸。当身体处于"C"字形时，背部（特别是下背部）的拉伸达到最大化；当处于仰卧位时，肩部的拉伸应达到最大化。

人们的身体有两个部位容易紧张——下背部和肩部，如今的生活方式让问题更加严重。这项练习可谓一举两得。仰卧时脊柱保持中立位，双腿伸直，手臂伸直过头并呈一条斜线。这是拉伸肩部的理想姿势。但是，为了使肩部活动范围增大，肋骨可能会外翻，从而导致脊柱过度前凸并可能对下背部造成压力，反而减少对肩部的拉伸。所以仰卧时，必须激活内部支撑系统以使身体保持稳定并保持延伸感，帮助身体从仰卧位变换到坐姿。反之也是如此。

想象

在这项练习当中，要想象两个确定的形状：第一个是凹形——身体保持坐姿时躯干的弯曲姿势；第二个是直线形——身体处仰卧时。想象一根绿色的树枝被拉成弧形，且有一根绳子绑在树枝的两端（像弓一

变式练习

在身体建立起良好的形态和控制之后，将身体从直线过渡到伸展姿势。将头部后侧靠在桶上，避免颈部紧张，然后继续将肩膀后伸。抬起头部和手臂，使身体重新形成一条直线，然后回到起始姿势。这项练习是在阿瓦隆桶上进行的，其具有比传统普拉提桶更缓和的曲线，使上背部和头部在身体完全伸展时得到支撑。此外，在阿瓦隆桶上能够使用弹簧，以更好地激活肌肉并加强力量。此外，在身体的进一步伸展阶段，弹簧能够帮助肩部得到很好的拉伸。

样），然后再展开到直线姿势。这种想象方式可以体现这项练习的完美动态。

☐ 处于坐姿时，保持最大化的"C"字形曲线。

☐ 在仰卧位时，与身体保持一条直线。

☐ 始终保持头部与脊柱对齐。

吸气。坐在凹陷处，躯干保持"C"字形（脊柱深度屈曲）。双手握住一根大约90厘米长的木棍，手臂伸直到身体前方与肩同高的位置，双手与肩同宽。弯曲膝盖，双腿并拢，双脚固定在地面上。

呼气。向后卷动，双腿伸直。

继续吸气。伸展躯干，将手臂举过头顶，使双腿、躯干和手臂形成一条直线。

吸气。进一步拉伸肩部。

呼气。将躯干拉回至"C"字形曲线的姿势，弯曲双腿，并将手臂前伸至起始位置。

过头拉伸

这项练习与上一个练习类似，但肩部和胸部可以得到更多拉伸。只是上一个练习仰卧时身体处于中立位，而在这项练习中，躯干会在中立位基础上进一步伸展，所以全程必须保持激活腹部肌肉，以免对下背部产生过度的压力。腹部肌肉能够支撑和保护脊柱，特别是在过度伸展姿势时，它起着至关重要的作用。在脊柱矫正器上做练习时，多数情况下身体都会得到强有力的支撑。

这项练习挑战肩部柔韧性，因此，任何肩部活动受限的练习者都应该小心谨慎。练习的重点之一是动作顺序：从核心部位开始，然后脊柱向下卷动，再到手臂。接着，手臂划圈并再次"拉起"脊柱向上卷动至身体呈"C"字形曲线坐姿。动作结束时，脊柱从屈曲变换到直坐姿势。

重点
- 腹部肌肉
- 肩伸肌群和肩屈肌群

目的
- 加强肩部活动性
- 拉伸胸部
- 加强腹部肌肉控制

变式练习

在身体建立起良好的形态和控制之后，当动作完成时，不是将双臂伸到肩膀高度，而是将其举过头顶。这样可以同时有效地锻炼到肩屈肌群和背伸肌群。

想象

这项练习的动态感是非常重要的，感觉有连续的滚动波穿过身体，贯穿整个练习：伸展、过度伸展和屈曲。

☐ 手臂划圈之前，身体向下卷动至脊柱矫正器上。

☐ 保持头部与脊柱的排列，颈部放松。

☐ 手臂划圈时依次抬起头部与脊柱。

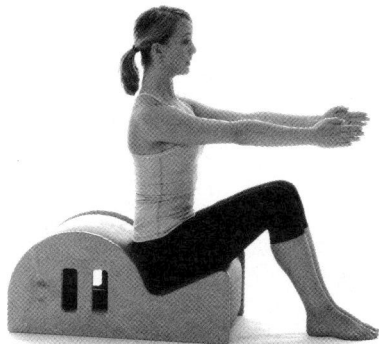

吸气。坐在矫正器的凹陷处，躯干保持平直，双臂伸直到身体前方与肩同高的位置，掌心相对，弯曲膝盖，双腿并拢，双脚固定在地面上。

呼气。身体向下卷动，压在梯桶上。

吸气。手臂划圈，使之举过头顶。

呼气。身体向上卷动至"C"字形，使肩部位于髋部上方，脊柱保持屈曲。伸展脊柱至起始位置。

297

重点
- 腹部肌肉

目的
- 加强并拉伸腹部肌肉
- 拉伸胸部

卷腹抬起

这个练习与垫上的卷腹抬起类似，但存在两个基本区别。第一，活动范围更大——从脊柱过度伸展到脊柱屈曲（垫上练习则是从脊柱中立位到脊柱屈曲）。由于腹部肌肉很少在超过脊柱中立位的情况下进行强化或拉伸练习，所以本练习具有非凡的意义。

第二，当躯干抬起时，腰椎在中立位置（或接近中立位置）得到支撑，而在其他器械上类似的腹部练习当中，腰椎会随着躯干向前屈曲而变平。这种支撑有时是非常重要的，比如对于有腰椎间盘问题的人来说，需要强化核心但又要避免腰椎屈曲。选择脊柱矫正器进行练习，背部得到支撑保持中立，这样可以保护脊柱，并减轻腰椎间盘的压力。这项练习还可以有效地拉伸胸部，帮助矫正或预防圆肩综合征、脊柱后凸和类似的问题，这满足了大多数人的需求。

想象

想象腰部区域保持绝对稳定，如同雕像的一部

变式练习

阿瓦隆梯桶的形状能为处在拉伸状态的躯干提供极好的支撑。弹簧能够提供额外的阻力，并帮助强化腹部肌肉。

分，整个运动是从胸骨正下方轴心点处开始的。此外，想象一根皮筋将耻骨联合处与胸骨连接在一起。身体伸展时，皮筋张力增大。躯干屈曲时，皮筋缩短，帮助腹部肌肉一起工作。想象躯干抬起动作是从骨盆深层开始启动的。

☐ 双手支撑头部（如有需要，在伸展脊柱时将头部靠在垫子上）。

☐ 保持肘部打开。

☐ 全程腰椎紧贴脊柱矫正器。

吸气。仰卧在矫正器上，将骨盆固定在凹陷处。双手交叉放在脑后，并使胸椎伸展。弯曲膝盖，双腿并拢，双脚固定在地面上。

呼气。将头部和胸部抬起至脊柱屈曲姿势。
吸气。在这个姿势保持停顿。

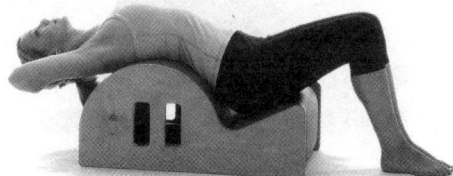

呼气。将头部和胸部落低到起始位置。

展髋

对于练习者，特别是腘绳肌紧张的人来说，脊柱矫正器是练习髋内收肌群的绝佳选择。由于骨盆被抬高，腘绳肌的拉伸程度远远要比身体处于仰卧位时少，将双腿抬起时髋屈肌群做功减少。因此练习者可以集中注意力于躯干稳定与髋内收肌群的练习。

想象

无论使用阻力与否，都要想象双腿挤压一个巨大弹簧或者在浓稠的凝胶中运动，以使腿部打开或并拢时建立起内部阻力。

☐ 在保持骨盆排列与身体控制基础上，尽量将双腿打开。

☐ 每次开合动作完成后，双腿垂直于地面保持停顿。

重点
● 髋内收肌群

目的
● 加强髋屈肌群的柔韧性
● 加强髋屈肌群的控制
● 加强骨盆腰椎的稳定性

变式练习

实现身体控制之后，可增加脚踝的负重以强化拉伸效果并强化腿部力量。或者使用阿瓦隆桶，通过弹簧机制提供阻力。但阻力的运用可能会对下背部带来压力，所以请务必小心谨慎。

☐ 全程保持髋外旋。

呼气。仰卧，背部与骨盆紧贴矫正器，双腿保持与地面垂直，髋外旋，肩带置于地面（如有需要，在肩胛带和头部下方放置垫子，使身体相对于矫正器向上抬高）。

吸气。双腿外展打开到宽 "V" 字形姿势。

呼气。双腿内收，回到起始位置。重复 10 次。

299

重点

- 腘绳肌
- 髋屈肌群

目的

- 加强腘绳肌和髋屈肌群的柔韧性
- 加强腘绳肌和髋屈肌群的控制
- 加强骨盆腰椎的稳定性

剪刀式

剪刀式可使腘绳肌和髋屈肌群得到良好伸展，并强化对其以及髋关节周边肌肉的控制。在这项练习中，脊柱处于超伸位置，髋屈肌群以长力臂（即腿部）作用于下背部。全程保持骨盆稳定并运用腹部肌肉至关重要。如果没有腹部支撑，就会存在下背部压力过大的风险。

想象

这项练习的名称就可以说明一切：想象长剪刀开合的动作。整个动作应像剪刀一样，锋利、直接而准确。

☐ 在每次开合动作完成后，双腿垂直于地面保持停顿。

变式练习

使用弹簧时，请务必保持髋外旋，从而使髋关节活动范围增大，且弹簧不要影响到腿部的运动。

☐ 使腿部形成 "V" 字形，前后打开幅度相同。

☐ 保持躯干和骨盆紧贴矫正器。

吸气。仰卧，背部与骨盆紧贴矫正器，双腿保持与地面垂直，髋外旋，肩带贴于地面（如有需要，在肩带和头部下方放置垫子，使身体相对于矫正器向上抬高）。

呼气。双腿前后打开进行剪刀式动作。摆动两次。

吸气。交换双腿时要先回至垂直位。每条腿重复10次，动作完成后双腿回到垂直位置。

直升机式

协调性是直升机式的关键——当双腿沿相反方向移动时，每条腿的速度与活动范围都必须相同。这项练习结合了前面的剪刀式和髋外展式，所以要先掌握它们才可以进行直升机式。

想象

练习的名称即是一种很好的想象方式——想象直升机停在地面，螺旋桨正在进行旋转准备起飞。

☐ 每次划圈之后双腿都要经过垂直位。

☐ 双腿要画出完美的圆圈。

☐ 保持骨盆稳定。

变式练习

实现身体控制之后，可增加脚踝的负重以强化拉伸效果并强化腿部力量。可使用阿瓦隆桶来做这项练习，它的弹簧可以提供阻力，并且具有类似其他普拉提器械的感觉。

重点

- 髋屈肌群
- 腘绳肌
- 髋内收肌群

目的

- 加强髋关节的灵活度
- 强化髋部肌肉
- 加强骨盆腰椎稳定性

呼气。仰卧，背部与骨盆紧贴矫正器，双腿保持与地面垂直，髋外旋，肩带贴于地面（如有需要，在肩带和头部下方放置垫子，使身体相对于矫正器向上抬高）。

吸气。双腿前后打开进行剪刀式动作。

呼气。两条腿按相反方向进行划圈（前腿向后划圈，后腿向前划圈）。回到起始姿势。同一方向重复5次，然后反方向做这个动作。

301

重点
- 髋屈肌群
- 腘绳肌

目的
- 拉伸腘绳肌和髋屈肌群
- 强化髋屈肌群的控制

自行车式

与直升机式一样，这项练习对身体协调性也极具挑战。双腿同时移动，一条腿弯曲，另一条腿伸直，尽量保持大的活动范围与延长感。自行车式包含了剪刀式的动作，练习过程中通过剪刀式的位置是很重要的，它会确保双腿大幅度划圈，并拉伸髋屈肌群和腘绳肌。

脊柱矫正器上的剪刀式是本项练习非常好的准备动作。两项练习有很多共同点：两腿相互平行而非外旋，同时两腿运动的路线都应靠近中心线，从而最大限度地拉伸髋屈肌群和腘绳肌。这项练习对于垫上的自行车式来说也是一项很好的准备动作：区别在于这项练习是由矫正器支撑身体，而并非身体抬高用手臂支撑骨盆；相同之处在于运动模式都可以反方向来进行。

变式练习

实现身体控制之后，可增加脚踝的负重以强化拉伸效果并强化腿部力量。但这项练习不适合运用弹簧，因为弹簧会阻碍平滑、流畅的运动。注意，当反方向运动时，脚不会接触矫正器。

想象

想象你正在骑一辆带有大车轮和大踏板的自行车。整个动作应当是圆形而非线形，每条腿都划出大圆。

☐ 后腿弯曲拉回时，用脚碰触矫正器。

☐ 全程保持骨盆腰椎稳定。

☐ 双腿保持平行；屈膝时避免膝盖展开。

吸气。仰卧，背部与骨盆紧贴矫正器，双腿保持与地面垂直，髋外旋，肩带贴地面（如有需要，在肩带和头部下方放置垫子，使身体相对于矫正器向上抬高）。

呼气。后腿弯曲，脚碰触矫正器。同时前腿伸展，指向天花板。

继续呼气，向胸部拉伸弯曲的后腿，同时另一条腿经垂直位置继续伸展。

吸气。将当前位于前方的腿伸直，双腿打开至剪刀式姿势。重复5次后，反方向做这个动作。

侧压

脊柱矫正器对实现良好的排列和募集侧屈肌群非常有帮助。它为身体提供支撑，并将身体朝预定的方向引导，强化侧屈肌群力量并改善其灵活度。这为类似的更具挑战性的侧屈练习奠定了基础，包括普拉提床与梯桶上的侧压练习。虽然练习者可以选择侧卧于矫正器上作为起始姿势，但个人建议从身体处于笔直斜线的姿势开始，就像普拉提床和梯桶版本的练习一样。

全程头部要与脊椎保持排列，且颈部不参与动作——练习者往往倾向于将头抬起，这显然不是练习的目标。在这项综合练习中，脊柱周围的肌肉需支撑身体形成一道细长的弧形。

想象

想象高杆草被微风吹弯的样子；然后微风平息，高杆草回到原来的位置。个人建议在做这项练习时保

重点
- 髋屈肌群
- 腘绳肌
- 髋内收肌群

目的
- 加强髋关节的灵活度
- 强化髋部肌肉
- 加强骨盆腰椎稳定性

变式练习

实现身体控制之后，可增加脚踝的负重以强化拉伸效果并强化腿部力量。可使用阿瓦隆桶来做这项练习，它的弹簧可以提供阻力，并且具有类似其他普拉提器械的感觉。

持轻松、柔和的感觉。

□ 身体抬高，与躯干和上侧腿形成笔直的斜线。

□ 在动作开始前激活核心肌肉以保持身体稳定。

□ 朝天花板抬起躯干，不可侧向歪斜。

呼气。侧卧于矫正器上。下侧腿部的髋和膝关节保持 90 度弯曲，置于梯桶的凹陷处。将上侧的腿部伸直，脚固定在地板上。双手交叉置于脑后。

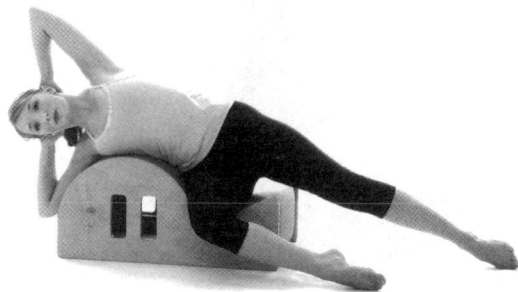

吸气。躯干落低至矫正器上。

呼气。抬起躯干使其与上侧的腿部形成一条斜线，回到起始姿势。重复 5 ~ 10 次后，侧卧于矫正器上，将上方手臂向头顶方向伸直，伸展侧屈肌群。

重点
- 腹部肌肉
- 髋屈肌群

目的
- 加强腹部肌肉的控制
- 强化脊柱分节运动
- 加强髋屈肌群的控制
- 拉伸髋屈肌群、腘绳肌 和背伸肌群

反向卷腹

对于那些在垫上难以完成反向卷腹练习的人来说（由于腘绳肌或下背部紧张、腹部肌肉较弱或其他原因所造成的），使用脊柱矫正器是再好不过了。骨盆抬高有助于缓解对腘绳肌和下背部的拉力。在充满挑战的反向卷起阶段，重力还可以对腹部肌肉加以辅助。

掌握这项练习后，回到垫上做反向卷腹就会容易多了。将腿拉回起始位置时请务必小心，因为下背部承受压力可能过大，特别是当练习者缺乏腹部支撑和髋屈肌群紧张的时候。下背部过度伸展是常见错误。

因此全程必须保持核心肌肉激活以避免这种情况出现。在骨盆腰椎能够很好保持稳定后，将腿部落低（甚至使腿部和骨盆形呈一条直线）能够为髋屈肌群提供良好的拉伸。

注意，这项练习包含深度脊柱屈曲，还可能对颈椎造成压力。对于某些身体情况特殊的练习者来说可能是禁忌。如有疑问，请咨询医疗专业人士。理想的情况是对颈椎施加极小的压力或不施加压力；大部分的重量应集中在肩带上。矫正器对背部的支撑有助于

呼气。仰卧，背部与骨盆紧贴矫正器，肩带贴于地面，腿部伸直并保持在大约与地面呈60度的斜线上，如果你具备较强的骨盆腰椎稳定度，则可以将腿部压得更低（如有需要，在肩带和头部下方放置垫子，使身体相对于矫正器向上抬高）。

吸气。将腿部抬升到垂直位置。

呼气。身体进行反向卷动，使腿部越过头顶。保持停顿，同时双腿平行于地面。

重量分布，同时也有助于控制脊柱屈曲的程度。

想象

想象椎体被轻轻地抬离矫正器，然后像珍珠项链一样放回到原有位置。这种想象方式有助于实现所需的脊椎分节运动。

☐ 全程保持腹部支撑。

☐ 将背部贴于矫正器上。

变式练习

实现良好的控制后，可以增加脚踝的负重以加强拉伸并强化力量。你可以使用阿瓦隆桶来做这项练习，它的弹簧可以提供阻力，并且具有其他普拉提器械类似的感觉。与所有练习一样，在使用到任何类型的阻力时，请小心谨慎，因为它增加了对下背部施加潜在压力的风险。注意，起始姿势需要极大的腹部和髋屈肌群控制，特别是使腿部和躯干形成一条直线的情况。

吸气。足背屈，双腿分开与肩同宽，将双脚下压接触地面（或尽可能地靠近地面）。

呼气。脊柱向下卷动，将每一节椎体依次贴在矫正器上，直到骨盆保持固定。继续伸展腿部至起始位置。

重点
- 背伸肌群
- 髋伸肌群

目的
- 强化背伸肌群
- 加强髋伸肌群的控制

天鹅式

　　几乎可以在所有普拉提器械上练习天鹅式。脊柱矫正器则是教授练习者身体位置、排列、肌肉募集等的最佳选择，此外还可以部分缓解背部的潜在压力，有助于身体形成完美的弓形。躯干和腿部得到支撑对背伸肌群和髋伸肌群有利。当然，全程腹部肌肉要始终保持工作——这对于动作支持、实现完美身形、背部保护等至关重要。

想象

　　想象弓箭手的弓有助于想象出身体位置和动态感，并传达力需要均匀分布于背部这一重要理念。

呼气。 俯卧于矫正器上，膝盖轻微弯曲，髋外旋，双脚保持小 "V" 字形，脚趾踩在地面上，十指交叉置于脑后。

吸气。 抬起头部和躯干，伸展背部。

呼气。 双臂前伸略宽于肩部并向上抬，同时双腿伸直并与躯干一起上抬，跖屈。

□ 抬起躯干前使肩胛骨沿背部向下滑动。

□ 全程运用腹部肌肉。

□ 双腿上抬髋伸时，双腿保持内收。

变式练习

使用阿瓦隆桶可以使手臂得到支撑，从而强化脊柱伸展，且不会对下背部施加过度的压力。激活背伸肌群，而手臂仅作为这个动作的支撑。

吸气。将双手放回至脑后。

呼气。降低至起始位置。

重点

- 腹部肌肉
- 髋屈肌群

目的

- 加强腹部肌肉与髋屈肌群的控制
- 为所有普拉提器械上的"V"字形悬体练习做准备

"V"字形悬体预备

这项练习可以为许多在其他普拉提器械上所进行的"V"字形悬体动作奠定基础，其中包括脊柱矫正器上的"V"字形悬体。它还是屈体动作的准备式，特别是在稳踏椅上所进行的屈体动作。与所有的"V"字形悬体练习一样，这项练习虽被归类为腹部练习，但它能够锻炼到整个身体，因此也可归为全身综合练习。

"V"字形悬体练习中有三个重点训练的区域，即腹肌、背伸肌群和髋屈肌群。矫正器为身体提供独特而稳定的支撑：当身体保持斜线伸直状态时，它为腿部和上背部提供支撑，使骨盆可以落入凹陷处。

观察在不同的普拉提器械上所进行的不同练习之间的联系是十分有趣的。犹如一本家族谱，它们彼此之间有着或近或远的关联。了解它们之间复杂的关系有助于循序渐进地增加课程难度。对于与我合作多年的运动员，特别是潜水员和体操运动员来说，"V"字形悬体预备式极具价值。

变式练习

使用阿瓦隆桶可以使手臂得到支撑，从而强化脊柱伸展，且不会对下背部施加过度的压力。激活背伸肌群，而手臂仅作为这个动作的支撑。

想象

想象身体打开，然后像闸刀一样关闭；整个动作具有尖锐、准确和受控的感觉。

- ☐ 使头部与脊柱保持排列。

- ☐ 抬腿之前先激活腹部肌肉。

- ☐ 在屈体姿势时，眼睛平视前方。

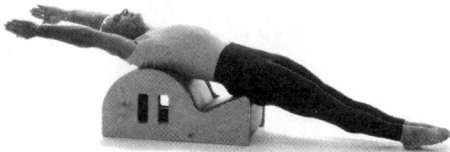

吸气。仰卧，背部靠在矫正器上，尾椎骨位于边缘。双臂伸过头顶，使脚趾趾尖到手指指尖形成一条直直的斜线。

呼气。双臂和躯干上抬，同时双腿抬向天花板与地面垂直，形成深度屈体的姿势。

吸气。将躯干和腿部落回起始位置。

9

组合架

组合架是约瑟夫·普拉提先生所发明的原始器械之一，虽然普及程度不及凯迪拉克床和普拉提床，但它拥有其他器械无法比拟的功能。组合架的练习均以站姿完成，非常适合强化身体排列与平衡。此外，它针对手臂和肩部提供了从初级到高级的整套练习动作。

本书编排了一系列在组合架上进行的练习以强化肩部高度以下的肩膀部位。在这个高度进行练习能极好地锻炼肩胛稳定性，并缓解肩周疾病，例如肩夹肌综合征等。事实证明这些练习能有效地帮助肩部恢复健康。

一些组合架是可以根据个人需要来调节阻力的。当使用不可调节的组合架时，可以通过下蹲或坐在凳子上来增加阻力（身体相对于弹簧位置越低，阻力就越大）。坐在凳子上还可以增加稳定性，在某些特殊情况下是有好处的。

组合架包括壁挂式和独立式。无论哪种均可进行本章所列举的练习。我喜欢将组合架固定在墙上（除非它的基座非常大并且非常稳定），这样会更加安全，并能为练习和增加阻力方面提供更多的可能性，因此能够更好地强化肌肉力量。

扫码听资深普拉提导师
为你解答新手常见问题

伸展

这项练习着重于肩部伸展（肩高及以下部位）——在这个特定范围内的运动有助于强化肩伸肌群的控制和力量（如果阻力足够）。整个练习包括肩伸肌群的向心收缩和离心收缩。普拉提练习中包含很多躯干屈曲同时做肩伸的动作，例如垫上的百次拍击和普拉提床上的协调性练习。本项练习可以为成功完成这些动作奠定坚实基础。此外，它还是躯干伸展同时做肩伸展动作的准备性练习，这在很多练习中很常见，如普拉提床牵引拉力带I。

组合架的手臂练习与在普拉提床上的仰卧手臂练习类似，但运用组合架时身体保持直立，这使动作更具功能性，并能够进一步挑战姿态肌群。

变式练习

如果难以保持站立姿势，可坐在凳子或普拉提球上。

想象

想象双手压在一个大球上，或者想象处在深水处只能用手臂来向上推动身体的感觉。

☐ 肩胛保持稳定。

☐ 双臂伸直。

☐ 双臂相互平行，并沿直线进行移动。

重点

- 背阔肌

目的

- 强化肩伸肌群
- 加强肩胛稳定性
- 改善躯干的排列

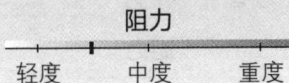

阻力

轻度　　　中度　　　重度

吸气。背靠竖杆站立，双脚与底座保持30~60厘米的距离。弯曲膝盖，两腿相互平行。握住手柄，双臂伸直向前与肩同高，掌心朝下。

呼气。肩部伸展，手臂至身体两侧。

吸气。肩部屈曲，手臂回到起始位置。

311

重点
- 背阔肌
- 胸肌

目的
- 加强肩内收肌群
- 加强肩胛稳定性
- 改善躯干排列

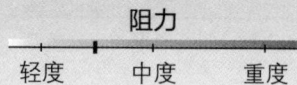

阻力

轻度　　中度　　重度

内收

这项练习着重于肩部内收（肩高及以下部位）。许多普拉提练习当中包括肩部内收，且往往伴随躯干屈曲（如腹部练习）或背部伸展（如普拉提床牵引拉力带 II）。

肩部内收主要由背阔肌和胸大肌合作完成。

想象

将手臂想象成老鹰的翅膀上下拍打——这是令人十分愉悦的感觉。

☐ 肩胛保持稳定。

☐ 双臂伸直，掌心朝向地面。

☐ 脊柱保持自然中立位。

吸气。背靠竖杆站立，双脚与底座保持 30 ~ 60 厘米的距离。弯曲膝盖，两腿相互平行。握住手柄，双臂向两侧伸展，形成"T"字形姿势，掌心朝下。

呼气。肩部内收，手臂至身体两侧。

吸气。肩部外展，手臂回到起始位置。

肱三头肌

这是一项强化肱三头肌的练习。要使训练效果最大化，必须使上臂保持稳定并贴近身体两侧，且动作只产生于手肘。当手腕弯曲时（练习时会有这种倾向），会对关节造成过度的压力，并减少弹簧张力。因此，下臂和手腕必须作为一个固定的整体。

想象

想象身体随着肘部的每一次伸展悬浮起来。肩胛稳定，躯干延长。下臂像是连接在肘部的机械杠杆，且肘关节像是良好润滑的铰链。

☐ 肩胛保持稳定。

☐ 上臂贴近身体两侧。

☐ 下臂进行独立运动。

重点
- 肱三头肌

目的
- 强化肘伸肌群
- 加强肩胛稳定性
- 改善躯干排列

阻力

轻度　　中度　　重度

吸气。背靠竖杆站立，双脚与底座保持30～60厘米的距离。弯曲膝盖，两腿相互平行。握住手柄（可握拳也可手指伸直），双臂固定在身体两侧，屈肘90度。

呼气。伸展手肘，手臂伸直。

吸气。屈肘，手臂弯曲超过起始位置以加大运动范围。

313

初级

重点
- 背阔肌
- 胸肌

目的
- 强化肩内收肌群和肩伸肌群
- 加强肩关节的活动度
- 改善躯干排列

阻力

轻度　　中度　　重度

手臂划圈

　　手臂划圈练习结合了肩内收与屈曲动作。当手臂至大腿两侧时，肩部旋转，双手从朝向身体转变为朝向后方，稍作停留后手臂再次抬起。控制肩胛骨与肱骨运动节奏是这项练习的关键——这对于建立健康的肩部力学是非常重要的。肩胛骨可以稍微向内和向外旋转以适应肱骨的运动，但要避免肩胛上提。

　　手臂划圈对于强化协调能力和肌肉控制是非常有益的。在普拉提当中，人们通过等长、向心和离心模式锻炼肌肉，这是非常符合运动科学的。

吸气。背靠竖杆站立，双脚与底座保持 30 ～ 60 厘米的距离。弯曲膝盖，两腿平行。握住手柄，双臂向两侧伸展呈 "T" 字形，掌心朝下。

呼气。肩部内收，手臂至身体两侧。

此时，旋转肩部使掌心向后。

想象

想象自己在搅拌一大锅黏稠的粥。全程动作保持连贯（除了肩膀旋转以变换手掌朝向时轻微的停顿）。

☐ 肩胛保持稳定。

☐ 使肩胛骨随着肱骨的运动而滑动和旋转。

☐ 脊柱保持自然中立位。

吸气。肩部屈曲，手臂向前抬起与肩同高。

肩部水平外展到"T"字形。

普拉提臂椅

个人认为所有的普拉提工作室都应配备普拉提臂椅，但不知什么原因使得它的使用率并不高。许多普拉提老师甚至不知道它的存在。其实普拉提臂椅非常舒适，操作简单，非常方便老师在教授手臂练习时给予指导与提示。我相信它蕴含着巨大潜力，只是尚待开发。

普拉提臂椅有几种类型，可以为练习者带来不同的益处。我设计的阿瓦隆椅便是其中之一。这是一个多功能的设备，能以各种姿势、在任意运动范围和所有运动平面上锻炼全身，目前在全球的普拉提工作室、诊所和家庭当中都不乏它的身影。

顾名思义，传统的普拉提臂椅主要锻炼的是手臂和肩带，对教授练习者肩部力学以及手臂练习中躯干稳定的概念十分有帮助。它为躯干提供支撑，这在普拉提练习的早期阶段是非常有价值的，特别是上半身练习。

与稳踏椅一样，这种设备的简易结构十分吸引人。普拉提臂椅相对较小，又不引人注目，但它却为全身训练提供了多种多样的方式。

胸部扩张

普拉提臂椅提供了极佳的身体姿势来完成这项练习，特别是对于那些由于腘绳肌紧张而无法在普拉提床上保持双腿伸直向前的同时使身体坐直的练习者来说（参考普拉提床坐姿胸部扩张）。在做这项练习时，想要激活正确的肌肉并从中受益，躯干必须处于最佳位置。当身体排列正确时，你会惊讶地发现原来只需极少阻力就可以有效地锻炼到肩伸肌群。

本项练习中最明显的代偿或替代模式是肩部上提、躯干和手肘屈曲——这种现象在阻力过大、缺乏身体意识或控制力时经常出现。普拉提臂椅可以帮助避免代偿出现，为肩部和手臂建立正确运动模式奠定基础。

想象

坐姿可以强化中轴延伸的感觉——指尖指向地板，头顶朝向天花板。我建议将胸部轻微挺起，以更好激活中背部伸展肌群。当我还是一名学习玛莎·葛兰姆技巧的年轻舞者时，有一个很好的老师，她教会

变式练习

在阿瓦隆椅上做胸部扩张时，可以将身体调整到最佳位置。请注意，盒子可以略向后移以增加阻力，并且可将双脚放在座椅上，两腿伸直。这个动作可以为普拉提床：坐姿胸部扩张做准备。

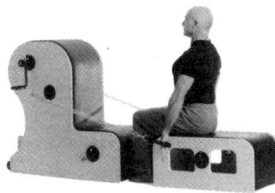

我想象鱼钩穿过胸骨，且钓鱼线将我向上拉的感觉。这种想象方式听上去有疼痛，但对我却非常有效；当我需要保持更加挺直的姿势时，就想象这种情形。

☐ 保持相对较小的运动范围（躯干前大约20度，躯干后5~10度）。

☐ 躯干保持理想的平直对齐。

☐ 指尖朝地板延伸，保持肘部平直。

重点
- 背阔肌
- 肱三头肌

目的
- 强化肩伸肌群和肘伸肌群
- 加强躯干稳定性

阻力

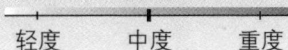

轻度　　中度　　重度

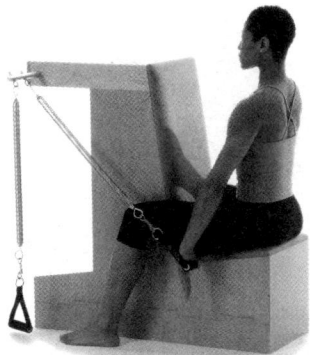

吸气。 跨坐在普拉提臂椅上，面对靠背，双脚固定在地上。握住手柄，手臂在身体两侧伸直，掌心向后。

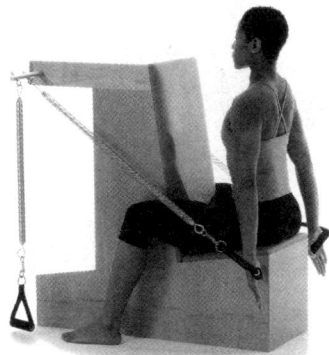

呼气。 肩伸，手臂向后拉。

吸气。 肩屈，手臂向前回到起始位置，保持弹簧的张力。

重点
- 胸大肌

目的
- 锻炼肩水平内收肌群，并强化其柔韧性
- 加强躯干稳定性

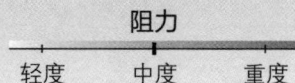

阻力

轻度　　中度　　重度

抱树式

在做这项练习时，背部支撑是非常重要的。当练习者能够在坐姿保持身体排列时，阿瓦隆椅不仅可以帮助维持身体姿势，还为肩带提供稳定支撑使其保持理想姿态。与上一项练习一样，保持手臂延长、手指向外延伸的感觉是关键——这能使肩部做功最大化，并保持弹簧阻力。

想象

虽然我喜欢拥抱，抱树也未尝不可，但这种想象方式往往会造成手臂过于弯曲。这就会导致运动范围减小、阻力减少，从而降低锻炼成效。你应当有双臂微屈，张开双臂迎接好友的感觉。当双臂相对时，想象它们之间挤压着一个大气球。此外，坐在阿瓦隆椅上时，想象自己坐在宝座上的感觉。

☐ 保持背部宽阔，肩胛骨稳定。

变式练习

原始的普拉提臂椅是稍向后倾斜的，所以练习者身体排列也会随之略微后倾。再加上弹簧相对于手臂的角度变大，这共同影响着所募集到的肌肉以及肌肉募集的方式。不过，在对一些练习者来说，原始普拉提臂椅上的抱树式练习可能更加舒适。

☐ 当手臂打开时，避免肋骨前移。

☐ 保持手臂延长，手肘放松。

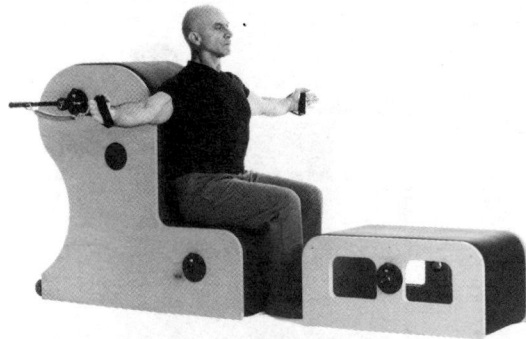

背靠椅子保持坐姿，将双腿并拢或分开与髋同宽。手臂保持"T"字形，肘部轻微弯曲（能够激活二头肌即可），掌心朝前。

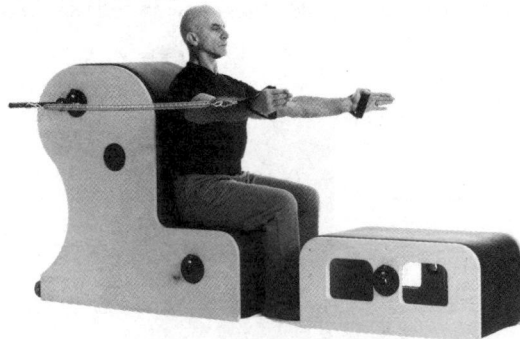

呼气。 肩部水平内收，手臂向中间靠拢直至相互平行。

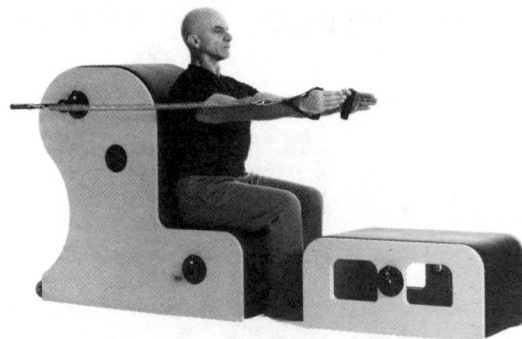

吸气。 肩部水平外展，手臂打开，回到起始姿势，保持弹簧的张力。

手臂划圈

这是一项强化肩部控制和柔韧性的绝佳练习。虽然看起来练习过程中肩部可能会承受应力，特别是当手臂抬高时（如果存在任何功能性障碍，例如肩部撞击综合征，则会令人担忧），但事实并非如此。双臂不会如同举哑铃一样将重量举过头顶；而是对抗弹簧向后的拉力，因此主要运用肩水平内收肌群和肩伸肌群。我的两个肩膀都做过肩袖肌群手术。在康复期间，这项练习和书中介绍的其他臂椅练习极大地帮助了我的手臂恢复运动范围，且并没有对肩部造成压力。

肩部功能障碍可能是普拉提老师遇到过的最常见的问题。我反复针对肩部力学给予提示：释放压力，避免耸肩，或保持肩胛稳定。

想象

想象手臂由负重的滑轮向上带动。肩胛即是重物。当

重点
- 背阔肌
- 胸肌

目的
- 加强肩关节的活动度
- 加强肩部控制
- 加强躯干稳定性

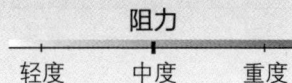

阻力

轻度　　中度　　重度

变式练习

阿瓦隆椅的形状除了为躯干提供了良好支撑，还有助于肩膀进行额外的伸展。腿可以直接放在盒子上，以增加挑战性。

重物沿着背部向下拉时，手臂上抬。重物和手臂之间的比例应是精细平衡的；随着手臂划圈，重物就像小摆锤一样来回摆动，配合手臂的动作。保持手臂的失重感觉。

☐ 保持背部宽阔，肩胛骨稳定。

☐ 保持运用腹部肌肉。

☐ 避免肋骨前凸。

吸气。背靠椅子保持坐姿，将双腿并拢或分开与髋部同宽。使手臂保持"T"字形，肘部轻微弯曲（能够激活到二头肌即可），掌心朝前。

呼气。肩部水平内收，手臂向中间靠拢直至相互平行。

吸气。旋转肩部，使掌心朝下。然后抬起手臂，将其环绕到"T"字形（起始位置）。重复5～10次后，反方向做这个动作。如有必要：从"T"字形开始，肩部外展，双臂举过头顶；肩部伸展并将手臂下压至与肩同高；旋转肩部，使掌心相对，然后肩部外展，手臂回到"T"字形。

321

重点

- 肱三头肌

目的

- 强化肘伸肌群
- 加强肩水平内收肌群的控制

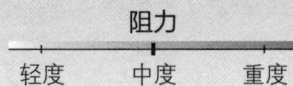

阻力

轻度　　中度　　重度

敬礼式

这项练习与普拉提床敬礼式十分相似。它与本系列的其他练习一样，都是为更具挑战性的普拉提床练习做准备。全程需保持弹簧张力，手臂向斜上方做直线运动。保持手肘指向两侧。

想象

想象手臂沿着略高于水平线的斜坡滑动。水平线与斜坡之间的角度不要超过 30 度，使可能出现的肩部上提的倾向最小化。专注于手臂无限延长感觉——作为一名舞者，我清楚地了解伸直的手臂结束于指尖且看起来较短，而直线却是无限延长的。我总是尽量追求保持身体与四肢线条的无限延伸感。

☐ 保持背部宽阔，肩胛骨稳定。

变式练习

如着重锻炼肱三头肌，请降低肘部，使双臂相互平行。这样会将重心从三角肌和胸肌移动到肱三头肌。在阿瓦隆椅上，可利用弹簧机制改变阻力的大小与角度。

☐ 全程保持手指前伸。

☐ 避免肩部内旋。

吸气。 背靠椅子保持坐姿，将双腿并拢或分开与髋同宽。双手与眉毛同高，与太阳穴相对，掌心向下，手指朝前。

呼气。 伸展手肘，手臂沿着从肩膀处起始的斜线伸直。

吸气。 屈曲手肘，手臂弯曲，保持手指指向运动方向。保持弹簧的张力，回到起始位置。

肱二头肌练习

我希望有这样一项针对肱二头肌的练习——它既要求有良好的躯干稳定性（激活背伸肌群），又不会受到腘绳肌紧张的影响。于是这项练习就被列为经典臂椅练习之一。与普拉提床的肱二头肌练习相比，使用臂椅时身体位置可承受更大阻力，因此可以更好地增加肌肉力量。

想象

感觉手臂和躯干之间有复杂的平衡动作，当躯干作为一个整体向后时，手臂上的阻力则增加到使人感觉躯干像悬挂在手臂上，充满失重感。

☐ 背伸肌群保持激活状态。

☐ 双臂保持相互平行，手肘保持稳定。

☐ 避免肩胛骨上提。

重点
- 肱二头肌

目的
- 强化肘伸肌群
- 加强躯干稳定性

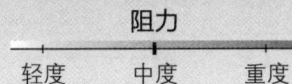

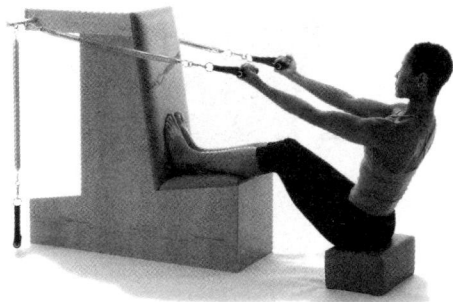

阻力

轻度　　中度　　重度

变式练习

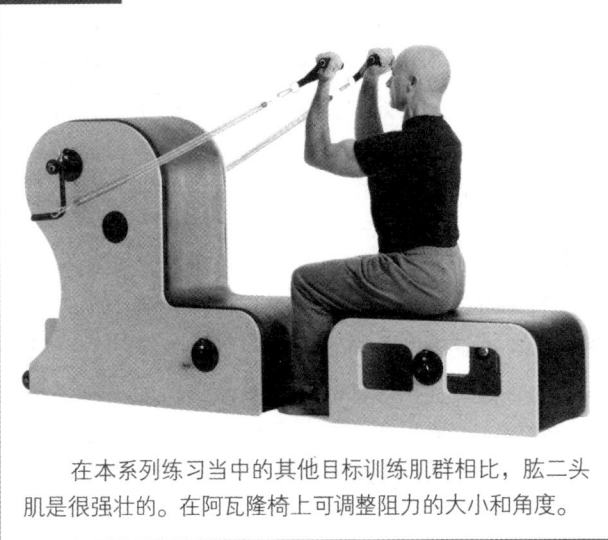

在本系列练习当中的其他目标训练肌群相比，肱二头肌是很强壮的。在阿瓦隆椅上可调整阻力的大小和角度。

吸气。坐在一个 15～20 厘米高的小盒子或垫子上，如果较高可直接坐在地上，面朝臂椅，将脚抵在靠背上。握住手柄，手臂前伸与肩同高，保持平行，掌心朝上。

呼气。肘屈，手臂弯曲。

吸气。伸肘，伸直手臂，回到起始位置。

重点

- 三角肌后束
- 菱形肌

目的

- 强化肩部水平内收肌群和肩胛内收肌群

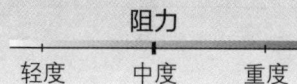

阻力

轻度　　中度　　重度

菱形肌练习

臂椅菱形肌练习与普拉提床坐姿菱形肌练习不尽相同：前者强调肩部内旋而后者强调外旋。但二者也拥有很多共同点——躯干的位置和稳定性是成功完成练习的关键。个人建议先单独进行肩部水平外展，随后再增加肩胛内收和外展。这样能使肩胛骨的滑动单独进行，而并非将其与手臂的运动相结合。

想象

手臂的动作与划船动作相似，但为整个动作提供稳定基础的躯干要保持稳定。尽管在实际的划船动作中躯干是会动的，想象划船的情形仍有助于实现所需的动作。

☐ 背伸肌群保持激活状态。

变式练习

在阿瓦隆椅上做这项难度高的练习可以使练习者保持舒适的坐姿，这种坐姿也有利于导师进行观察，并提供相应的指导。

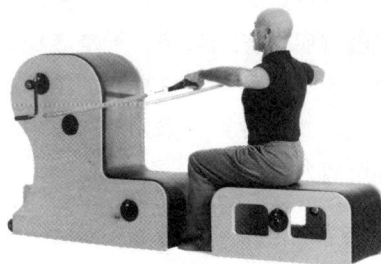

☐ 双臂在水平面移动。

☐ 手肘向两侧伸出与收回，保持手肘高度。

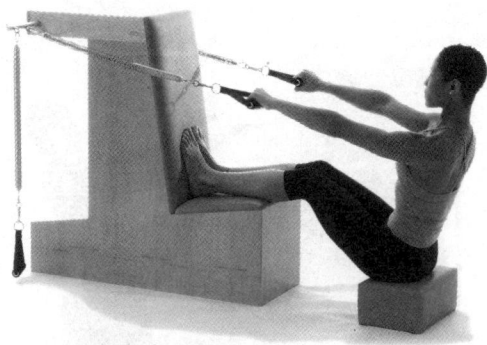

吸气。坐在小盒子上，面朝臂椅，将双脚抵在靠背上，屈膝，双腿并拢。握住手柄，手臂前伸与肩同高，保持平行，掌心朝上。

呼气。肘屈，屈臂。将肘部向侧后方伸出到不能继续移动为止，注意肩胛不可内收（当你能够达到良好的动作形态并可激活正确肌肉时，增加肩胛内收和外展的动作）。

吸气。伸肘，使手臂伸直，回到起始位置。

11

普拉提圈

外形简单的普拉提圈是一个很好的旅行伴侣和辅助训练工具，不仅能够用来进行各种各样的练习，同时也为练习增加了挑战性和趣味性。

普拉提圈可用于保持身体的正确排列位置，例如，双手握圈平举于胸前或举过头顶。其次，它还能用于促进特定肌群的持续工作，例如，双腿夹圈以激活大腿内收肌群。此外，它可用来进阶训练动作。

普拉提圈能达到一些固定健身器材的功能，甚至更多。比如有一种流行的大腿内侧训练器械，只能用来进行大腿内收肌群训练。但使用普拉提圈不仅能起到同样的作用，而且还能用来锻炼外展肌、腘绳肌、腹肌、背伸肌群和手臂等。普拉提圈的价值不断被人发掘。

普拉提圈有不同的类型和材质。如果你经常出行可以选择较轻便的类型。而在工作室中使用，最好选择耐用的材料，哪怕会重一些。

使用普拉提圈时，应该是按压且动作幅度较小，更像是等长收缩运动。

扫码听资深普拉提导师
为你解答新手常见问题

屈臂

能够锻炼胸肌。手臂形成的椭圆形保持不变，手腕须保持稳定。每次挤压时，都要将注意力集中在胸肌。

想象

每次挤压时胸肌的反弹。（这个想象有些抽象，但男女性都适用。）

☐ 保持理想的身体排列。

☐ 专注于肩胛骨的稳定。

☐ 挤压幅度小。

变式练习

变体式：双臂伸直，进一步锻炼肩的水平内收肌群。

坐在一个大球上（或跪姿、站姿）。吸气，握普拉提圈于胸骨正前方，肘部微屈。

呼气。手臂水平内收，挤压普拉提圈。

吸气。保持普拉提圈的张力并持续小幅度地挤压，慢慢回到起始姿势。

327

重点
- 胸肌

目的
- 强化胸肌

双臂过头

难点：保持肩胛的稳定，避免肩部和颈部的紧张。对大多数人而言，加入手臂动作会更难。

想象

练习时，有一个光环的存在。

☐ 在整个练习过程中，保持理想的身体排列。

☐ 专注于肩胛骨的稳定。

☐ 手臂抬起到可控的最大范围，避免耸肩。

跪姿或站姿，双臂握住普拉提圈。吸气，将其举过头顶。

呼气。向内挤压普拉提圈。

吸气。保持普拉提圈的张力并持续小幅度地挤压，慢慢回到起始姿势。

单臂侧压

这是肩关节的动作，须保持肩胛骨稳定、肘关节微屈。在做按压动作之前，先激活肩部内收肌群，特别是背阔肌，并在整个过程中保持其激活的状态。

想象

手臂拍打腿部，但中间隔着一块非常厚的凝胶。

☐ 在整个练习过程中，要保持理想的身体排列。

☐ 保持肩胛骨的稳定。

☐ 避免颈部和肩部的过度紧张。

重点
- 背阔肌
- 胸肌

目的
- 强化肩部内收肌群

跪姿或站姿。吸气，将普拉提圈抵在大腿外侧，位于髋关节下方。肘关节微屈，肩关节微内旋。

呼气。肩关节内收，手朝大腿按压。

吸气。保持普拉提圈的张力并持续小幅度地挤压，慢慢回到起始姿势。

329

重点
- 肱二头肌

目的
- 强化肘屈肌

单侧肱二头肌

这是一个锻炼肱二头肌的简单方法。几年前添加了这个动作，希望能更全面地锻炼手臂和上半身。持续慢压普拉提圈数秒后，再还原。

想象

这个动作总让我回想起非洲，我长大的地方。我会观察人们，特别是女人，她们头顶重物，姿势完美，步态优雅，好像完全不受头上负重的影响。在我看来，体现了完美的身体排列和平衡。

☐ 朝下按压普拉提圈。

☐ 用手掌按压，而不是手指。

☐ 普拉提圈放在舒适的肩部位置。

呼气。进一步屈肘，手朝下按压普拉提圈。

吸气。保持普拉提圈的张力，再次按压后慢慢回到起始姿势。

跪姿或站姿。吸气，手与肩分别于普拉提圈的两端。屈肘向外延长。

坐姿膝位

这是一个有效的髋内收练习。但应强调躯干、头部、骨盆和脚的排列。

髋内收肌群由在不同位置的几块单独肌肉组成。改变普拉提圈的位置则会轻微改变髋内收肌群的运动。

想象

无论坐姿还是俯卧或仰卧下的髋内收练习，都应在保持身体其他部位正确排列的状态下，感觉髋关节自如地活动。

想象股骨头像勺子在软凝胶或浓粥中搅拌。

☐ 普拉提圈于两腿间，确保不会滑出。

☐ 双腿均衡发力。

重点
- 大腿内收肌群

目的
- 强化大腿内收肌群

变式练习

普拉提圈放置在膝盖下方和脚踝上方。这样可以强化踝关节周围的肌肉以及髋内收肌群。应感觉双腿相向滑动，同时脚在地板上滑动。

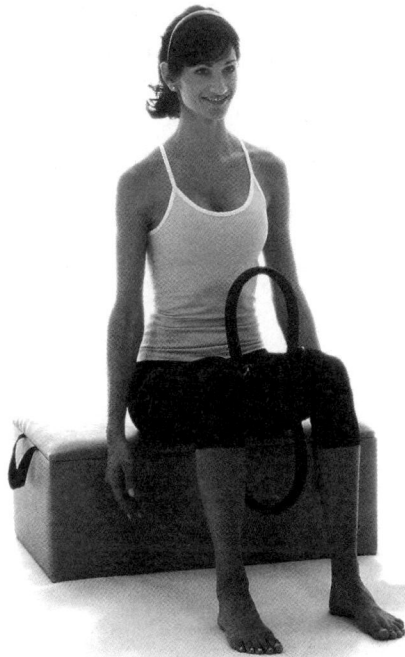

呼气。 髋内收。

吸气。 保持普拉提圈的张力并持续小幅度地挤压，慢慢回到起始姿势。

坐姿。髋屈和膝屈 90 度。吸气，普拉提圈放在两腿中间，膝盖上方的位置。髋内收肌群收缩，挤压普拉提圈。

重点

- 大腿内收肌群

目的

- 强化大腿内收肌群
- 加强骨盆腰椎稳定性

仰卧膝位

这个动作能强化大腿内收肌群，同时需要良好的腹肌力量和骨盆腰椎控制能力。它也能很好地锻炼骨盆底肌。腹肌力量不足，可用变体式。

想象

尾骨像一条翘起的尾巴，将坐骨拉在一起。在腹部挖空的同时，双腿挤压，这样有助于激活骨盆底肌、深层腹肌，并强化大腿内收肌群。但应避免骨盆后倾。

☐ 保持良好的骨盆腰椎控制和脊柱排列。

☐ 髋和膝的角度保持一致。

变式练习

如果腹肌力量受限，骨盆略后倾，下背部平躺在地板上。如果下背部过度离开地板（腰椎前凸），加大上段脊椎前屈同时加强腹肌收缩。

十指交叉于头后。若下背部压力过大，双脚放在地板上。

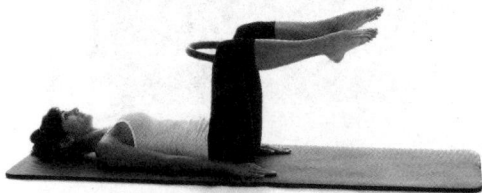

仰卧，脊柱保持自然中立位，髋和膝屈曲 90 度（桌面姿势）。吸气，普拉提圈放在双腿之间、膝盖上方的位置。

呼气。保持桌面姿势，髋内收。

吸气。保持普拉提圈的张力并持续小幅度地挤压，慢慢回到起始姿势。

仰卧踝位

与之前的练习一样，这个动作能强化大腿内收肌群，需要良好的腹肌力量和骨盆腰椎控制能力；同样，也是锻炼骨盆底肌的有效方法。伸直腿部，力臂变长，加大腹肌和髋屈肌的挑战性。腹肌力量不足，请用变体式。

想象

当双腿内收时，将尾骨想象成一条长尾巴。可以帮助更好地调动骨盆底肌、腹肌和大腿内收肌群。

☐ 保持良好的骨盆腰椎控制和脊柱排列。

☐ 腿部与地面的角度不变。

☐ 颈和肩部保持放松。

变式练习

十指交叉于头后。如果下背拱起，加大上段脊椎前屈同时加强腹肌收缩，腿尽量抬高至 90 度。

加上髋外旋可以加大深层肌肉的收缩同时提供更好的脊柱支撑。微屈膝关节以降低动作难度。

仰卧，脊柱保持自然中立位，双腿伸直与地面呈 60 ~ 90 度（取决于腹肌力量和骨盆腰椎的稳定度；腿越低，难度越大）。吸气，普拉提圈于两腿之间、膝盖上方的位置。

呼气。髋内收。

吸气。保持普拉提圈的张力并持续小幅度地挤压，慢慢回到起始姿势。

重点
- 大腿内收肌群
- 髋伸肌群

目的
- 强化大腿内收肌群和髋伸肌群
- 加强骨盆腰椎的稳定性

俯卧屈膝

这个动作能够强化大腿内收肌群和髋伸肌群的力量。整个动作过程中保持膝屈，大腿抬离垫面使髋伸肌群效率最大化。避免骨盆前倾和下背部压力过大，髋屈肌过紧（特别是股直肌）或腹肌力量不足都会容易出现这种情况。这时，要适当将骨盆后倾以加强深层腹肌的工作。若有需要，可在腹部下放一个小垫子以避免骨盆前倾。

想象

身体像是被拉紧的弓。随着每次挤压普拉提圈，腿部抬高，整个身体弧度加大，弓被拉得更紧。

☐ 先伸髋再挤压普拉提圈，始终保持髋伸。

☐ 保持膝屈 90 度。

☐ 挤压普拉提圈时，尽量避免髋外旋。

俯卧，双手放在额头下方，膝屈 90 度，大腿抬离垫面。吸气，普拉提圈放在两踝正上方的位置。

呼气。髋内收，挤压普拉提圈。

吸气。保持普拉提圈的张力并持续小幅度地挤压，慢慢回到起始姿势。

俯卧膝伸

这个动作也能强化大腿内收肌群和髋伸肌群的力量。整个动作过程中，保持大腿抬离垫面，同时避免骨盆前倾。腿部伸直，力臂变长，增大了髋伸肌群和背伸肌群的挑战性，也增加了下背部的压力。因此需要很好的身体控制能力。

想象

身体像拉起的弓。随着每次挤压普拉提圈，弓被拉得更长。

□ 先伸髋再挤压普拉提圈，始终保持髋伸。

□ 在整个过程中，保持腹肌的工作。

□ 保持肩颈的放松。

重点
- 大腿内收肌群
- 髋伸肌群

目的
- 强化大腿内收肌群和髋伸肌群
- 加强骨盆腰椎的稳定性

仰卧，双手放在额头下方，双腿伸直，大腿抬离垫面。吸气，普拉提圈放于脚踝正上方的位置。

呼气。髋内收，挤压普拉提圈。

吸气。保持普拉提圈的张力并持续小幅度地挤压，慢慢回到起始姿势。

重点
- 腘绳肌

目的
- 强化髋伸肌群
- 加强骨盆腰椎稳定性

腘绳肌练习

几年前，我的一个学生想到了这个动作。后来该动作经过改良，加入了髋伸。

这个动作有一个缺点是，膝关节的活动范围很小。如果目标是在小范围内运动或等长收缩，就不成问题。训练过程中保持骨盆略后倾，若有需要可在腹部下方加上垫子。

想象

身体像拉起的弓。弯举腿部时，弓的弧度加大。伸直一侧的腿紧压垫面以提供更多的身体稳定性。

☐ 始终保持屈膝侧的髋部伸展。

☐ 保持双腿并拢，避免髋外旋。

☐ 始终保持腹肌的工作。

俯卧，双手放在额头下方。一腿伸直，另一腿屈膝略抬离垫面。吸气，普拉提圈放在屈膝侧的臀部下方与脚跟之间。

呼气。屈膝，脚跟压向骨盆。

吸气。保持普拉提圈的张力，并持续小幅度地挤压。慢慢回到起始姿势。

天鹅式

这个动作主要锻炼上背部和中背部。下背部肌肉的过度活跃，会抑制中背部和上背部的肌肉运动。

下背部过紧者，始终保持双腿在地面上。

肩屈肌在此主要用于保持手臂与躯干间的排列。理想情况下，手臂应位于耳侧或位于耳朵正下方。确保头部与脊柱的排列，视线略朝前下方。

想象

这是一个很好的背伸练习。使用光环的想象方式，即使在这项练习中普拉提圈并不处于光环位置。

这种想象方式有助于保持头和手臂的和谐对位。

变式练习

普拉提圈保持与地面相平行，以降低动作的难度。

☐ 整个练习过程中，保持髋内收。

☐ 着重于长度，而不是高度。

☐ 手臂、头部和躯干作为一个整体。

重点
- 背伸肌群

目的
- 强化背伸肌群
- 加强肩部屈肌的控制

吸气。俯卧，手臂伸直并举过头顶。两手手掌扶住普拉提圈。

呼气。抬起上半身和腿部，向内挤压普拉提圈。

吸气。保持普拉提圈的张力慢慢回到起始姿势。

337

12

训练计划

本章提供的几种训练方案将有助于你熟悉动作，并学习如何有效对第3章中所述的综合板块进行排序。因人而异，不需要完全遵照我建议的顺序。板块系统能够提供有效的练习结构和更多的选择。例如，进行手臂练习时，从大量的手臂系列动作中进行挑选，形成一套综合的训练方案。腹部练习、侧屈、背部伸展等其他板块也同样如此，针对不同的板块可挑选出单独的动作或一系列动作。反复练习（本章所包含的及你个人编排的）以养成习惯并融入肌肉记忆中，是非常有好处的。板块系统能够帮助巩固动作模式，让运动成为习惯。

有序的练习

动作学会后，需整理成一个全面的训练方案。垫上练习特别讲究连贯性，从动作开始的第一个呼吸到结束，整体都要连贯。

如第4章所述，垫上板块由"连贯顺序"组合而成。这种连贯性体现在单个动作、顺序和成套动作中。虽然在器械上很难有相同程度的连贯性，但应保持深度专注，感受动作的流畅性和连续性。流畅性除了帮助建立感觉良好的身体感觉、让动作看起来更美观以外，还具备生理上的益处：强化心血管效应、提高体温，并加强肌耐力。除此之外，它还有精神上的益处：保持专注力和释放压力。综合上述的益处，我称之为"运动中的冥想"。

创造过渡性动作是一个有趣的过程。这些动作无论是来自垫上还是器械上，不应影响练习的顺序，应

扫码听资深普拉提导师
为你解答新手常见问题

该作为整个训练计划中的一部分。练习顺序是根据生理学原理而定，需要符合运动平面、肌群和安全的进阶，这是前提。

无论课程时间的长短、课程难度的高低如何，也无论是垫上还是器械上的课，都适用于以下的课程编排原则。请记住，为了保证训练计划的有效性和持续性，练习必须循序渐进。有效的提示、辅助工具（如弹力带）的使用、动作修正、调整阻力，以及引入更难的变体式（肌肉重点相同）都可以帮助实现这一目标。

- 课程中动作要求，从低逐步到高。

- 在课程前部分进行大肌群的练习。

- 课程前部分安排风险低的练习。

- 运动范围、阻力、复杂性和速度，应逐步进阶。

- 一节课中尽可能多地调动不同的肌群。

- 训练肌肉的不同功能：稳定性和活动性。

- 包含所有类型的肌肉收缩：等长收缩、向心收缩和离心收缩。

- 包含所有的运动范围：屈曲、旋转、侧屈、伸展和以上几种的结合。

- 根据主要参与的关节及其运动（如髋关节的屈、伸、外展、内收、旋转）平衡地锻炼。

- 根据个人需求重点锻炼特定部位，同时保持总体平衡。

- 进行了充分的准备后，做更多有挑战性的练习。

- 适当增加着重于平衡和本体感受的练习。

- 练习时，身心和谐。

个性化练习顺序

普拉提训练方法最有价值的一点在于它的适应性，可以满足练习者的不同需求。它是个体的解决方案，无论是针对活动度受限人群还是精英运动员。普拉提适用于年轻人、老年人、健康的人、不健康的人、舞者、运动员、伤者和复健者，无论男性和女性都能从中受益。我认为其他任何体系都无法提供这样的多样性，而且还能最大限度地挑战每个人的能力。此外，平静、信任和非竞争的环境是大多数普拉提工作室的典型特征。正如我在本书开头中所说的，虽然普拉提适合所有人，但并不是每个人都喜欢这种类型或与之相关的练习。

大量的动作，不同的器械选择，都有助于编排个性化的训练计划。引入新动作时应当谨慎考虑。增加挑战性固然有意义，但若不得当，就可能会适得其反。你必须评估动作级别是否合适、是否会对受伤区域产生不利的影响、是否有助于实现预期目标，以及你（或

你的学生）是否有足够的经验和技术去练习这些动作。

如果你是一个正在编排训练计划的老师，建议你尽可能多地了解与你合作的练习者。比起需要做什么，更重要的是不能做什么，特别是在某些情况下，可能会造成损伤甚至不可挽回的伤害，例如孕妇、患有背部疾病的人或骨质疏松患者，这些只是个别例子。要非常熟悉训练方案，了解人体运动科学，清楚对方的身体状况，然后加入一些创造性，但永远不要忽视运动的本质。如果有不确定性，一定要小心谨慎，适当寻求进一步的专业咨询（医学上或其他）。始终以安全为前提。只要按照预期的去完成，普拉提可以帮任何人获得健康。

根据特定群体调整计划

"特定群体"是指具有特定需求的群体，包含两个主要群体：需要减少锻炼强度的人和需要增加锻炼强度的人。第一类包括老年人、伤者和康复患者，这类群体通常需要对动作进行修正，并使用辅助工具，例如不同的垫子、弹力带和弹簧。第二类群体包括可能需要增加锻炼强度的人，例如运动员、舞者和体操运动员，这类群体则需要增加肌肉的负荷，并采用更为复杂的训练方法。

旅途中携带的基础工具

如果我告诉你一些我曾经练习过普拉提的地方，你一定会觉得十分有趣！在旅途中我总会携带一些基础工具，通常是普拉提垫和小辅助工具，如弹力带和普拉提圈（虽然机场对普拉提圈的检查越来越严格）。普拉提的美丽之处在于，只要遵循本章所述的原则，就能随时随地地编出一套动作。记住，一致性是关键。在旅途中练习

普拉提，如果走神，那么就会大大降低练习的效果。此外，有规律的练习能让人保持良好的生活状态。

这两类群体通常要特别定制训练计划。有些人则在不同程度上同时适合这两类。

即使是同一类群体，他们的锻炼目标也可能大不相同。例如，运动员需要专项针对性的训练以提高其神经肌肉系统，并提升其运动表现。他们也可能只为了提高平衡性，以加强整个训练计划。换句话说，他们需要交叉训练。普拉提就结合了这两个不同的训练形式。

本章不含特定群体的训练计划及其动作修正、变体式。但可将本书中提供的训练计划作为基础，根据你自身或学生的需求进行调整。

安全性的考量

无论是垫上练习还是器械练习，安全都是至关重要的。除了遵循所有一般安全因素：热身、准备运动、监测心率和体温、课程结束时整理放松外，还需要知道在所有普拉提器械上的安全运动。尽管普拉提器械被公认为非常安全，但仍有潜在的危险。

普拉提器械助于练习的同时，也存有一定的危险性，包含弹簧、绳圈和各种附件。每个动作都需要激活身体的稳定肌，以支撑身体。如果稳定性不够，有可能会造成动作不准确，更糟糕的是可能造成事故或损伤。

从内在专注开始

现在你已熟悉普拉提练习的哲理和动作，并准备实际练习了。每节课程开始前，我喜欢先放松或保持内在专注。如果课程开始前身体已有紧张感，那么在练习时，紧张感就会加剧。因此，不能带来平静和恢复活力的效果，也不能实现练习的目标。

器械上的课程通常都以向下卷动开始和结束，这个动作注重身体的排列，可作为内在专注、准备动作和整理放松动作。重复3到5次向下卷动后，我建议做一些垫上热身动作再进入器械。垫上课程通常在开始和结束时都会进行站姿、坐姿或仰卧位的内在专注练习。

以下是垫上练习课程开始之前的建议。

1. 仰卧，手臂放在身体两侧，脊柱轻贴在垫上。屈膝，双脚舒适地放在地板上。双腿平行，分开与髋同宽。
2. 放松足部、背部和颈部。
3. 启动大腿内收肌群，以防腿部过度分开。
4. 想象骨盆是漂浮着，没有任何压力。
5. 想象脊柱的被拉长，放松背部肌肉。
6. 手指朝脚跟延伸，肩胛骨微微下滑。
7. 颈部拉长，感觉头顶向身体的反方向延伸。
8. 放松面部肌肉。
9. 这时，专注于呼吸，感觉胸部在垫上横向扩张。
10. 让意识达到最末端的肌纤维。
11. 启动内部支撑系统。

现在可以开始练习了！

垫上练习顺序

在本节中，我提供了三个不同级别的垫上训练计划：初级、中级和高级。每个训练计划都以前一个为基础。练习时，要包含本书中已述的原则。记住，普拉提注重质量，而不是数量。完整地练习，并尽量将每一个动作做精准。用约瑟夫·普拉提的话来说："认真研究每一个动作。直到完全掌握之后（在不参考书本的情况下），再尝试其他的动作。"

16 项练习，用时约 25 分钟

骨盆卷动，第 49 页

仰卧脊椎转动，第 50 页

胸部抬起，第 51 页

胸部抬起加旋转，第 52 页

长躯席卷，第 58 页

单腿划圈，第 54 页

球式卷动，第 72 页

单腿伸展，第 62 页

脊柱拉伸，第 71 页

旋体拉锯，第 102 页

坐姿脊柱旋转，第 101 页

空中瓶塞，第 104 页

侧抬腿，第 96 页

背部伸展，第 111 页

猫背伸展，第 112 页

休息放松式，第 118 页

32 项练习，用时约 45 分钟

骨盆卷动，第 49 页

抬腿，第 53 页

仰卧脊椎转动，第 50 页

胸部抬起，第 51 页

胸部抬起加旋转，第 52 页

一百次，第 56 页

长躯席卷，第 58 页

单腿划圈，第 54 页

球式卷动，第 72 页

双腿伸展，第 64 页

单腿伸展，第 62 页

十字交叉，第 106 页

肩桥预备，第 85 页

超越卷动，第 76 页

倒立平衡，第 75 页

脊柱拉伸，第 71 页

箭式滚动，第 74 页

旋体拉锯，第 102 页

坐姿脊柱旋转，第 101 页

空中瓶塞，第 104 页

侧抬腿，第 96 页

侧踢，第 97 页

单腿上踢，第 113 页

双腿上踢，第 114 页

泳式，第 115 页

休息放松式，第 118 页

猫背伸展，第 112 页

前置支撑，第 91 页

仰面斜撑，第 89 页

体侧屈，第 98 页

"V" 字形悬体预备式，第 68 页

海狮式滚动，第 73 页

44 项练习，用时约 60 分钟

骨盆卷动，第 49 页

抬腿，第 53 页

仰卧脊椎转动，第 50 页

胸部抬起，第 51 页

胸部抬起加旋转，第 52 页

一百次，第 56 页

长躯席卷，第 58 页

单腿划圈，第 54 页

球式卷动，第 72 页

双腿伸展，第 64 页

单腿伸展，第 62 页

十字交叉，第 106 页

腿后伸展，第 66 页

肩基举桥，第 86 页

超越卷动，第 76 页

倒立平衡，第 75 页

引颈前伸，第 60 页

脊柱拉伸，第 71 页

箭式滚动，第 74 页

旋体拉锯，第 102 页

坐姿脊柱旋转，第 101 页

侧抬腿，第 96 页

侧踢，第 97 页

单腿上踢，第 113 页

双腿上踢，第 114 页

空中剪刀，第 87 页

自行车式，第 88 页

空中折刀，第 78 页

髋部划圈预备式，第 105 页

泳式，第 115 页

天鹅下潜，第 117 页

休息放松式，第 118 页

猫背伸展，第 112 页

单腿前拉，第 94 页

普拉提式俯卧撑，第 92 页

单腿后拉，第 90 页

跪式侧踢，第 100 页

体侧屈，第 98 页

脊椎扭转，第 108 页

"V"字形悬体预备式，第 68 页

"V"字形悬体，第 69 页

回力棒，第 80 页

螃蟹式，第 82 页

海狮式滚动，第 73 页

器械练习顺序

　　首先也是最重要的一点是安全地使用器械。其次，器械上的课程应像垫上课程一样具备全面性。一些练习者只在器械上做少量的动作，且通常集中在身体局部。记住，器械只是工具，训练必须要遵循普拉提的原则。我一直强调，宁愿与懂普拉提训练法的教练在传统健身设备上锻炼，也不愿与不结合普拉提原则的教练在普拉提器械上锻炼。原因很简单：在第一种情况下会实现更好的结果。板块系统确保每节练习都是普拉提课程，而不只是在普拉提器械上做几个动作。

　　按照不同级别我提供了三种训练计划，以作为基础框架。此外还提供了几种备选方案，用来说明每个板块中的动作如何互换。有无数种可能性，只要遵守本书中的指导和原则，就能获得成效。

初级器械训练计划

30 项练习，用时约 60 分钟

可选

向下卷动，第 26 页

准备练习

骨盆卷动（普拉提垫），
第 49 页

仰卧脊椎转动（普拉提垫），
第 50 页

胸部抬起（普拉提垫），
第 51 页

胸部抬起加旋转（普拉提垫），第 52 页

足部练习

双脚平行 – 脚跟（普拉提床），
第 122 页

双脚平行 – 脚趾（普拉提床），
第 123 页

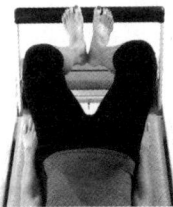

双脚 "V" 字形 – 脚趾（普拉提床），第 124 页

双脚 "V" 字形张开式 – 脚跟（普拉提床），第 125 页

双脚 "V" 字形张开式 – 脚趾（普拉提床），第 126 页

足部练习

提踵（普拉提床），第 127 页

蹀步式（普拉提床），
第 128 页

单腿脚跟式（普拉提床），
第 130 页

单腿脚趾式（普拉提床），
第 131 页

腹部练习

百次拍击预备式（普拉提床），
第 134 页

髋部练习

蛙式（普拉提床），第 149 页

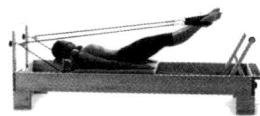

髋划圈 – 下（普拉提床），
第 150 页

髋划圈 – 上（普拉提床），
第 151 页

分腿（普拉提床），第 152 页

脊椎运动

下身抬起（普拉提床），
第 156 页

拉伸练习

站姿弓步（普拉提床），
第 165 页

全身综合练习 I

单脚滑行车（普拉提床），
第 169 页

手臂练习

仰卧肩伸（普拉提床）
第 182 页，或伸展（组合架）
第 311 页

仰卧肩内收（普拉提床）第
183 页，或内收（组合架）第
312 页

仰卧手臂划圈（普拉提床）
第 184 页，或手臂划圈（组合
架）第 314 页

手臂练习

仰卧肱三头肌练习（普拉提
床）第 185 页，或肱三头肌
（组合架）第 313 页

腿部练习

坐姿膝位（普拉提圈），
第 331 页

俯卧屈膝（普拉提圈），
第 334 页

侧屈和旋转

侧压（稳踏椅）第 284 页，
或侧压（脊柱矫正器）
第 303 页

背部伸展

基础天鹅式（稳踏椅）第 285
页，或天鹅式（脊柱矫正器）
第 306 页

可选

向下卷动，第 26 页

中级器械训练计划

31 项练习，用时约 60 分钟

可选

向下卷动，第 26 页

准备练习

向上卷动（凯迪拉克床），第 232 页

小幅度上卷（凯迪拉克床），第 233 页

小幅度上卷－腹斜肌（凯迪拉克床），第 236 页

向上卷动（凯迪拉克床），第 234 页

准备练习

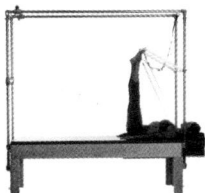

双脚平行－脚跟与双脚平行－脚趾（凯迪拉克床），第 225 页

足部练习

双脚 "V" 字形－脚趾（凯迪拉克床），第 226 页

双脚 "V" 字形张开式－脚跟和双脚 "V" 字形张开式－脚趾（凯迪拉克床），第 227 页

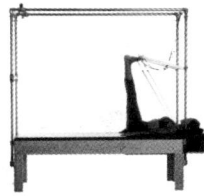

提踵（凯迪拉克床），第 228 页

踱步式（凯迪拉克床），第 229 页

足部练习

单腿脚跟式（凯迪拉克床），第 230 页

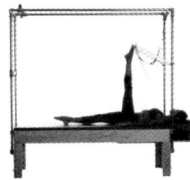

单腿脚趾式（凯迪拉克床），第 231 页

髋部练习

百次拍击（普拉提床），第 135 页

髋划圈－下（普拉提床），第 150 页

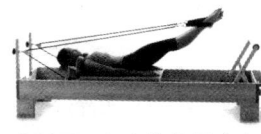

髋划圈－上（普拉提床），第 151 页

髋部练习

蛙式进阶（普拉提床），第 153 页

倒序蛙式进阶（普拉提床），第 154 页

脊椎运动

短脊柱（普拉提床），第 160 页

拉伸练习

跪姿弓步（普拉提床），第 166 页

全身综合练习 I

膝伸－圆背（普拉提床），第 170 页

全身综合练习 I

膝伸－平背（普拉提床），
第 171 页

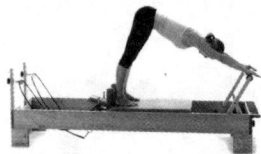

大象（普拉提床），第 176 页

向上伸展（普拉提床），
第 177 页

手臂练习

坐式扩胸（普拉提床），
第 186 页

坐姿肱二头肌练习（普拉提床），第 187 页

手臂练习

坐式菱形肌练习（普拉提床），
第 188 页

直坐－抱树（普拉提床），
第 189 页

直坐－敬礼（普拉提床），
第 190 页

腿部练习

站姿腿部推举（稳踏椅），
第 282 页

全身综合练习 II

直体伸展（普拉提床），
第 178 页

侧屈和旋转

美人鱼（普拉提床），第 214 页

背部伸展

蛙泳（普拉提床），第 219 页

可选

向下卷动，第 26 页

高级器械训练计划

41 项练习，用时约 60 分钟

可选

向下卷动，第 26 页

准备练习

长躯席卷（普拉提垫），
第 58 页

仰卧脊椎转动（普拉提垫），
第 50 页

双腿伸展（普拉提垫），
第 64 页

单腿伸展（普拉提垫），
第 62 页

准备练习

十字交叉（普拉提垫），
第 106 页

足部练习

双脚平行–脚跟与双脚平行–
脚趾（稳踏椅），第 269 页

双脚 "V" 字形–脚趾（稳踏
椅），第 270 页

双脚 "V" 字形张开式–脚跟
和双脚 "V" 字形张开式–脚
趾（稳踏椅），第 271 页

提踵（稳踏椅），
第 272 页

足部练习

单腿脚跟和脚趾式（稳踏
椅），第 273 页

腹部练习

猫背伸展（稳踏椅），第 275
页，或全屈体（稳踏椅），
第 276 页

百次拍击（普拉提床），
第 135 页或协调训练（普拉
提床），第 136 页

髋部练习

蛙式（凯迪拉克床），
第 238 页

髋部划圈（凯迪拉克床），
第 239 页

髋部练习

步行式（凯迪拉克床），
第 240 页

自行车式（凯迪拉克床），
第 241 页

脊椎分节运动

塔式（凯迪拉克床），
第 244 页

拉伸练习

全弓步（普拉提床），
第 167 页

全身综合练习 I

膝拉伸–反向（普拉提床），
第 174 页

355

全身综合练习 I

向下伸展（普拉提床），
第 175 页

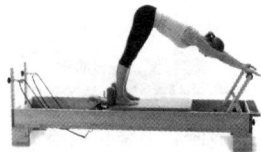

大象（普拉提床），第 176 页

向上伸展（普拉提床），
第 177 页

手臂练习

向后划船 I（普拉提床），
第 196 页

向后划船 II（普拉提床），
第 198 页

手臂练习

向前划船 I（普拉提床），
第 200 页

向前划船 II（普拉提床），
第 202 页

腿部练习

单腿滑冰（普拉提床），
第 206 页

侧分腿（普拉提床），
第 205 页

全身综合练习 II

前置平衡（普拉提床），
第 179 页

全身综合练习 II

后置平衡－预备（普拉提床），
第 180 页

侧屈和旋转

侧压－短箱（普拉提床）
第 212 页，或侧压（梯桶）
第 292 页

背部伸展

牵引拉力带 I（普拉提床）
第 220 页，或天鹅式（梯桶）
第 294 页

牵引拉力带 II（普拉提床），
第 221 页

可选

向下卷动，第 26 页

开始练习普拉提后，你可能会期待着发生积极的改变。对于不同的人来说，普拉提的意义也不同。练习成果在很大程度上取决于个人的目标和决心。引用约瑟夫·普拉提的话："10 节课程后，你会感觉到变化；20 节课程后，你会看到变化；30 节课后，你会收获一个全新的身体。"有些会即刻发生变化：身体意识和排列、肌肉的激活、压力的释放、活力的恢复、灵感。但若要有明显的生理变化，必须持续锻炼至少6 个星期。约瑟夫·普拉提在 *Return to Life Through Contrology* 中写道："如果你每周坚持练习 4 次，只需3 个月，就会发现身体正朝理想的状况发展，同时活力会恢复并有精神上的升华。"没有坚持就不会有深刻变化。普拉提不是可以快速治愈一切疾病的良药，它是一个精心设计的身心锻炼系统。只有勤奋练习，才会带来积极的变化和健康。

约瑟夫·普拉提认为这是一种生活方式，应该将其融入日常活动中。我看过关于他的影像，他甚至展示了如何正确地洗澡。普拉提先生是一个意志坚定的人，对自己的体系及其普及有着坚定的信念。

著名编舞者乔治·巴兰钦评价普拉提是一位"身体方面的天才"。他很早就拥有身心结合的力量，理解每个人都是复杂的个体。他将人体的运动视为一个错综复杂的模式。他是一名理想主义者，相信人类可以更好。他引领了健身行业史上最伟大的潮流之一。他所倡导的理念至今才被真正理解、接收并通过研究被证实。在提升人们健康程度和生活质量方面，约瑟夫·普拉提可谓一个传奇。

在本书的结尾部分，补充一个小小的愿望：希望我们都能慷慨地分享知识和生活经验，促进共同发展。享受这个令人受启发的旅程！

扫码听资深普拉提导师
为你解答新手常见问题

图书在版编目（CIP）数据

普拉提训练全书 / （美）瑞尔·艾萨考维兹
（Rael Isacowitz）著；张展鹏，徐靖，吕同梅译. --
北京：人民邮电出版社，2018.2
ISBN 978-7-115-47223-6

Ⅰ. ①普… Ⅱ. ①瑞… ②张… ③徐… ④吕… Ⅲ.
①健身运动—基本知识 Ⅳ. ①G883

中国版本图书馆CIP数据核字(2017)第296307号

版权声明

免责声明

作者和出版商都已尽可能确保本书技术上的准确性以及合理性，并特别声明，不会承担由于使用本出版物中的材料而遭受的任何损伤所直接或间接产生的与个人或团体相关的一切责任、损失或风险。

内 容 提 要

本书由在世界普拉提领域享有盛誉的普拉提大师瑞尔·艾萨考维兹创作。本书凝聚了瑞尔30多年的普拉提教学经验，既有普拉提训练的基础理论，包括呼吸、运动解剖学及生理、人体姿态和身体排列等，又有从入门、初级、中级到高级的253个练习动作和3套训练计划，涵盖8大常见的普拉提器械，适合任何水平的普拉提练习者和教练阅读。

◆ 著　　　　[美] 瑞尔·艾萨考维兹（Rael Isacowitz）

　　译　　　　张展鹏　徐　靖　吕同梅

　　责任编辑　裴　倩

　　责任印制　周昇亮

◆ 人民邮电出版社出版发行　　　北京市丰台区成寿寺路 11 号

　　邮编　100164　　电子邮件　315@ptpress.com.cn

　　网址　http://www.ptpress.com.cn

　　天津千鹤文化传播有限公司印刷

◆ 开本：787×1092　1/16

　　印张：23.25　　　　　　　2018 年 2 月第 1 版

　　字数：675 千字　　　　　　2025 年 5 月天津第 37 次印刷

　　　著作权合同登记号　图字：01-2016-10062 号

定价：99.00 元

读者服务热线：(010)81055296　印装质量热线：(010)81055316

反盗版热线：(010)81055315